Ne laisses jamais
personne voler tes rêves !!!

David

Nos enfants
riches et brillants

Donnez un bon départ financier à vos enfants

Catalogage avant publication de la Bibliothèque nationale du Canada

Kiyosaki, Robert T., 1947-

    Nos enfants riches et brillants: donnez un bon départ financier à votre enfant

    Traduction de: Rich dad's rich kid, smart kid.
    Comprend des réf. bibliogr.

    ISBN 2-89225-536-8

    1. Enfants - Finances personnelles. 2. Finances personnelles. I. Lechter, Sharon L. II. Titre.

HG179.K6414 2003   332.024'054   C2003-941320-9

Cet ouvrage a été publié en langue anglaise sous le titre original:
RICH KID SMART KID, GIVING YOUR CHILD A FINANCIAL HEAD START
Published by Warner Books in association with CASHFLOW Technologies, Inc., Warner Business Books are published by Warner Books, Inc.,
1271 Avenue of the Americas, New York, NY 10020
Monopoly® is a registered trademark of Hasbro, Inc.
CASHFLOW is the trademark of CASHFLOW Technologies, Inc.

 are trademarks of CASHFLOW Technologies, Inc.

©, Les éditions Un monde différent ltée, 2003
Pour l'édition en langue française

Dépôts légaux: 3e trimestre 2003
Bibliothèque nationale du Québec
Bibliothèque nationale du Canada
Bibliothèque nationale de France

Conception graphique de la couverture:
OLIVIER LASSER

Version française:
JEAN-PIERRE MANSEAU

Photocomposition et mise en pages:
COMPOSITION MONIKA, QUÉBEC

ISBN 2-89225-536-8
(Édition originale: ISBN 0-446-67748-5, Warner Brooks, Inc. et CASHFLOW Technologies, Inc., New York)

Nous reconnaissons l'aide financière du gouvernement du Canada par l'entremise du Programme d'Aide au Développement de l'Industrie de l'Édition pour nos activités d'édition (PADIÉ).

Imprimé au Canada

Robert T. Kiyosaki et Sharon L. Lechter

Nos enfants
riches et brillants

Donnez un bon départ financier à vos enfants

Les éditions Un monde différent ltée
3925, Grande-Allée
Saint-Hubert (Québec)
Canada J4T 2V8
Tél.: (450) 656-2660
Site Internet: *htpp://www.umd.ca*
Courriel: *info@umd.ca*

Je dédie ce livre à tous les parents et les enseignants du monde entier.

Vous occupez le poste le plus important sur terre car nos enfants sont notre avenir!

Table des matières

Troisième partie

Découvrez le génie de votre enfant

Introduction

Pourquoi votre banquier
ne vous demande-t-il pas de lui montrer
votre bulletin scolaire?

L'instruction est plus importante aujourd'hui qu'à n'importe quelle autre époque de l'histoire de l'humanité. Tandis que nous laissons derrière nous l'âge industriel pour entrer dans l'ère de l'information, la valeur de l'instruction d'un individu ne cesse d'augmenter. Aujourd'hui la question est la suivante: Est-ce que l'instruction que votre enfant ou vous-même recevez à l'école est adéquate pour relever les défis de ce nouveau monde audacieux dans lequel nous entrons?

Pendant l'âge industriel, vous pouviez fréquenter l'école, obtenir votre diplôme et commencer une carrière. La plupart du temps vous n'aviez pas à acquérir davantage d'instruction pour réussir, pour la simple raison que les choses ne changeaient pas aussi rapidement à cette époque. En d'autres mots, l'instruction que vous receviez alors à l'école représentait amplement ce que vous aviez besoin de savoir pour la durée de votre vie.

Cependant, tandis que des millions de baby-boomers se préparent aujourd'hui à prendre leur retraite, plusieurs prennent conscience qu'ils n'ont pas suffisamment d'instruction pour faire face au nouveau monde actuel. Pour la première fois de l'histoire, un grand nombre de personnes très instruites doivent se mesurer aux mêmes problèmes économiques que d'autres moins instruites ont à affronter. Elles se retrouvent à maintes reprises dans la situation d'avoir à acquérir davantage d'instruction et de formation afin de satisfaire aux exigences de leur emploi régulier.

Comment mesurez-vous la réussite de votre instruction, de votre éducation?

Comment mesurez-vous la réussite de votre instruction, de votre éducation? Est-ce par votre dernier bulletin scolaire le jour où vous obtenez votre diplôme, disons à l'âge de 25 ans? Ou bien est-ce que la valeur de votre instruction ne peut être mesurée que lorsque vous prenez votre retraite, disons à l'âge de 65 ans?

Le dimanche 16 juillet 2000, mon journal local, le *Arizona Republic*, a fait paraître un article incluant les statistiques suivantes: «Environ 700 000 personnes âgées n'auront plus droit à leurs soins de santé intégrés, dispensés par *Medicare*, selon une étude rendue publique ce mois-ci par l'Association américaine des régimes de soins médicaux.»

L'article affirmait ensuite que le fait de fournir des soins de santé aux personnes âgées s'avérait trop dispendieux et n'était pas rentable pour les compagnies d'assurance. Les aînés vont donc perdre leur couverture d'assurance additionnelle au chapitre des soins de santé. Le problème des soins de santé pour les personnes âgées ne fera qu'augmenter tandis que 75 millions de baby-boomers atteindront l'âge de la retraite au cours des 10 prochaines années.

Éducation à la santé et statistiques sur le bien-être

Selon une étude menée par le ministère de la Santé, de l'Éducation et du Bien-être, parmi 100 personnes âgées de 65 ans, une d'entre elles est riche, 4 sont à l'aise, 5 travaillent encore, 56 ont besoin du soutien du gouvernement ou de leurs familles, et les autres sont décédées.

Ce livre n'a pas pour objectif de faire de vous la seule personne riche de ce groupe. Je me préoccupe plutôt de ces 56 personnes qui ont encore besoin de l'aide de quelqu'un d'autre. Je ne voudrais pas que votre enfant ou vous-même veniez vous ajouter à ces statistiques.

Les gens me disent souvent: «Je n'aurai pas besoin de beaucoup d'argent à l'âge de la retraite car mes frais de subsistance diminueront.» Bien qu'il soit vrai que vos frais de subsistance pourraient diminuer, il y a une chose qui augmente souvent de façon spectaculaire à la retraite, et ce sont les soins de santé. Et c'est pourquoi les organisations de soins de santé intégrés, selon l'article précédent, retireront aux aînés leur couverture additionnelle d'assurance médicale. Les personnes du troisième âge coûtent simplement trop cher à couvrir.

Au cours des prochaines années, il est évident que les soins de santé représenteront littéralement une question de vie ou de mort pour des millions de personnes âgées. Disons les choses comme elles sont: si vous avez de l'argent, vous avez plus de chances de vivre; si vous n'en avez pas, vous risquez davantage de mourir.

La question est la suivante: Est-ce que le niveau d'instruction de ces citoyens du troisième âge les a préparés à relever ce défi financier à l'heure de leur retraite?

La prochaine question est celle-ci: Qu'est-ce que la situation critique de ces personnes âgées a à voir avec l'instruction ou l'éducation de votre enfant?

Il y a deux réponses à ces deux questions.

La première réponse est que c'est votre enfant qui devra en fin de compte débourser pour les soins de santé de ces millions de personnes âgées si elles ne peuvent pas elles-mêmes se les payer.

La seconde réponse se résume à une autre question: Est-ce que l'instruction que reçoivent vos enfants les préparera à être suffisamment solides en matière de finances, au point de ne pas avoir besoin de faire appel au soutien du gouvernement sur les plans financier et médical quand ils prendront leur retraite?

Les règles ont changé

Pendant l'ère industrielle, la règle était de fréquenter l'école, d'obtenir de bonnes notes, de trouver un poste sûr, incluant la sécurité d'emploi et des indemnités, et d'y passer toute votre vie active. Après une trentaine d'années, vous preniez votre retraite et votre entreprise et le gouvernement s'occupaient alors de vous jusqu'à la fin de vos jours.

En cette ère de l'information, les règles ont changé. Elles sont maintenant les suivantes: Vous devez fréquenter l'école, obtenir de bonnes notes, trouver un emploi, puis vous recycler dans ce même emploi. Par la suite, il vous faut chercher une nouvelle entreprise et un nouvel emploi, et vous recycler à nouveau. Une fois de plus, vous partirez à la recherche d'une nouvelle entreprise et d'un nouveau poste, et vous vous recyclerez encore une fois en espérant et en priant d'avoir suffisamment d'argent de côté pour vous rendre bien au-delà de 65 ans, car en général vous vivrez bien plus vieux que cet âge.

Au cours de l'âge industriel, la théorie déterminante de cette ère était celle d'Albert Einstein: $E = mc^2$. À l'âge de l'information, la théorie déterminante de notre ère est la loi de Moore, qui a donné naissance à l'idéologie actuelle selon laquelle la somme des informations double à chaque 18 mois. En d'autres mots, pour aller à la même allure que le changement, vous devez pratiquement tout réapprendre à chaque 18 mois.

Pendant l'âge industriel, les changements se faisaient plus lentement. Ce que vous appreniez à l'école était valable pour une plus longue période de temps. À l'ère de l'information, ce que vous savez devient très rapidement dépassé. Ce que vous avez appris est important mais pas aussi essentiel que votre capacité d'apprendre rapidement, de changer, et de vous adapter à de nouvelles informations.

Mes deux parents ont grandi pendant la crise de 1929. À leurs yeux la sécurité d'emploi était essentielle, et c'est pourquoi il y avait toujours un peu de panique dans leurs voix quand ils disaient: «Tu dois aller à l'école pour obtenir un poste sûr avec une sécurité d'emploi.» De nos jours, au cas où vous ne l'auriez pas remarqué, les emplois abondent. Le défi consiste à ne pas vous laisser dépasser et distancer par les autres dans l'accomplissement de votre emploi actuel.

D'autres changements subtils et cependant significatifs se sont produits entre ces deux âges:

Pendant l'âge industriel, l'employeur était responsable de votre régime de retraite.

À l'âge de l'information, c'est l'employé qui en est responsable. Si vous n'avez plus d'argent après l'âge de 65 ans, c'est votre problème et non pas celui de votre entreprise.

À l'âge industriel, vous deveniez plus précieux en vieillissant.

À l'âge de l'information, vous devenez moins précieux en prenant de l'âge.

Au cours de l'ère industrielle, les gens demeuraient des employés pendant toute leur vie.

Au cours de l'ère de l'information, davantage de gens sont maintenant des travailleurs indépendants, agissant pour leur propre compte.

Au cours de l'âge industriel, les jeunes gens intelligents sont devenus des médecins et des avocats. Ils ont fait beaucoup d'argent.

Au cours de l'âge de l'information, les gens qui gagnent beaucoup d'argent sont les athlètes, les acteurs et les musiciens. Plusieurs parmi les médecins et les autres professionnels gagnent en fait moins d'argent de nos jours qu'ils n'en faisaient pendant l'âge industriel.

Pendant l'âge industriel, vous pouviez compter sur le gouvernement pour vous tirer d'affaire si votre famille et vous-même éprouviez des problèmes financiers.

Tandis que l'âge de l'information débute à peine, nous entendons de plus en plus de politiciens promettre de sauvegarder la sécurité sociale et d'autres programmes de mesures de protection instaurés par le gouvernement. Vous et moi sommes suffisamment intelligents pour savoir que quand des politiciens se mettent à faire des promesses pour sauvegarder quelque chose, il y a de fortes chances que ce qu'ils proposent de sauver ne soit déjà plus là.

Quand des changements se produisent, il y a habituellement une résistance. Au cours des dernières années, il existe plusieurs exemples de gens qui ont su reconnaître les opportunités qui surgissent lors d'une période de changements.

1. Bill Gates est devenu l'homme le plus riche du monde car les cadres plus chevronnés chez *IBM* ne se sont pas rendu compte que le marché et les règles changeaient. À cause de l'échec de ces cadres expérimentés à prévoir ces changements, les actionnaires de *IBM* ont perdu littéralement des milliards de dollars.

2. Aujourd'hui, nous nous retrouvons avec des entreprises de l'âge de l'information, lancées par des jeunes de 20 ans, et qui achètent des sociétés de l'âge industriel dirigées par des hommes de 45 ans (*AOL* et *Time Warner* en sont deux exemples).

3. De nos jours, des jeunes de 20 ans deviennent milliardaires parce que des cadres de 45 ans n'ont pas réussi à voir les occasions favorables que ces jeunes ont vues.

4. Aujourd'hui, nous avons des milliardaires de 20 ans qui ne doivent leur situation qu'à eux-mêmes et qui n'ont jamais eu un emploi auparavant. D'un autre côté, nous avons des hommes de 45 ans qui redémarrent dans la vie en se recyclant dans un nouvel emploi.

5. On prétend que dans un proche avenir les gens iront sur Internet pour faire des offres d'emplois plutôt que de poser leur candidature à un emploi. On affirme que les individus qui voudront des emplois qui durent plus d'un an (une plus grande sécurité) devront se contenter de moins d'argent pour une telle sécurité.

6. Au lieu d'espérer trouver un bon emploi avec une grande entreprise, de plus en plus d'étudiants lancent leurs propres entreprises dans leurs résidences universitaires. L'université *Harvard* possède même un bureau spécial qui aide les étudiants à développer leurs entreprises en «gestation». Cela leur est présenté comme un moyen de les aider à bâtir leur entreprise, mais en fait cela a été conçu à dessein pour inciter les étudiants à demeurer aux études.

7. Et dans un même temps, la moitié des employés d'un des employeurs les plus importants en Amérique gagnent si peu qu'ils se qualifient pour obtenir des coupons alimentaires. Qu'adviendra-t-il de ces employés quand ils seront trop âgés pour travailler? Leur instruction était-elle adéquate?

8. L'enseignement à domicile par les parents ne constitue plus une manifestation marginale d'éducation non traditionnelle. De nos jours, le nombre de jeunes que l'on instruit à la maison s'accroît de 15 % par année.

9. De plus en plus de parents sont en quête d'autres systèmes éducatifs, tels le système catholique, la méthode *Montessori*, ou l'école *Waldorf*, dans le but de retirer leurs enfants d'un système d'éducation désuet, géré par le gouvernement, qui ne répond pas aux besoins de leurs enfants. De plus en plus de parents prennent conscience que les premières années d'instruction de leurs enfants sont aussi importantes pour leur développement que les années d'université.

Le Super Camp est un environnement d'apprentissage intensif, à court terme, qui utilise les plus récentes techniques d'enseignement pour améliorer les résultats aux examens et accroître la confiance en soi des adolescents. Ce camp est parrainé par le forum sur le savoir et on peut obtenir d'autres renseignements en consultant *www.supercamp.com.*

10. En deux mots, l'âge de l'information amènera des changements économiques qui augmenteront de façon spectaculaire l'écart, le fossé entre les riches et les pauvres. Pour certaines personnes, ces changements seront une bénédiction; pour d'autres, ces changements à venir entraîneront une malédiction; et pour d'autres encore, ces changements ne feront aucune différence dans leurs vies. Comme le disait mon père riche: «Il y a des gens qui font en sorte de réaliser des choses; il y en a d'autres qui ne sont que des spectateurs; et il y a ces gens qui disent: "Que s''est-il donc passé?"»

L'instruction est plus importante que jamais auparavant

L'instruction est plus importante que jamais auparavant car les choses vont changer plus rapidement que tout ce que nous avons connu par le passé. Pour la première fois de l'histoire, ceux qui réussissent bien à l'école auront peut-être à faire face aux mêmes défis économiques que ceux qui ont éprouvé des difficultés dans leurs études. Nous avons tous besoin de prêter une attention toute particulière quand nos banquiers nous demandent de leur montrer nos états financiers plutôt que nos bulletins scolaires. Votre banquier essaie par ce moyen de vous communiquer quelque chose. Ce livre traite de ce que vos enfants ont besoin d'apprendre pour réussir dans la vie sur les plans personnel et financier.

Est-ce que l'instruction que vos enfants reçoivent aujourd'hui les prépare suffisamment à faire face à leur avenir?

Est-ce que le système scolaire répond aux besoins spéciaux de votre enfant?

Que font les parents quand leur enfant n'aime pas l'école ou qu'il obtient de mauvais résultats dans ses études?

Est-ce que les bonnes notes assurent la réussite financière et professionnelle de toute une vie?

Est-ce que votre enfant doit fréquenter une école traditionnelle pour obtenir l'instruction dont il a besoin?

À qui s'adresse ce livre?

Ce livre a été écrit pour les parents qui prennent conscience que le monde a changé et qui soupçonnent que le système actuel d'éducation ne répond peut-être pas adéquatement aux besoins spéciaux de leurs enfants. Ce livre a été écrit pour ces parents qui sont disposés à jouer un rôle plus actif dans l'éducation de leurs enfants, au lieu d'en laisser la responsabilité au système scolaire.

Il a été écrit pour aider les parents à préparer leurs enfants à affronter le vrai monde... ce monde qui vient après les études. Il a été écrit précisément pour les parents qui:

- veulent donner à leur enfant un bon départ dans la vie sans que cela leur coûte une fortune.
- veulent s'assurer que le talent naturel et que le mode d'apprentissage de leur enfant soient préservés, et que leur enfant termine ses études enthousiasmé à l'idée d'être quelqu'un qui continuera d'apprendre tout au long de sa vie.
- ont peut-être un enfant qui n'aime pas l'école ou un enfant qui a des difficultés d'apprentissage.

À propos de la structure de ce livre

Ce livre comporte trois parties:

La première partie est une vue d'ensemble de l'éducation à la fois de type classique et financière. Ceux qui ont lu mes autres livres savent déjà que j'ai eu deux figures paternelles au cours de ma vie. Un homme que j'appelais mon père riche était le père de mon meilleur ami Mike; et un autre homme que j'appelais mon père pauvre était mon vrai père. L'avantage que j'avais était que les deux hommes étaient des génies dans leurs propres domaines.

L'homme que j'appelais mon père pauvre était selon moi un éducateur de génie du milieu scolaire. À partir de 9 ans, j'ai commencé à éprouver de sérieux problèmes à l'école. Je n'aimais pas ce que j'apprenais et l'enseignement qu'on me prodiguait. Je ne voyais pas le rapport entre ce que j'étais forcé d'apprendre et la façon de le mettre en pratique dans le monde réel.

La première partie de ce livre décrit comment mon père pauvre mais instruit n'a pas cessé de me guider au cours de cette période très difficile de ma vie. N'eut été de mon père instruit, j'aurais laissé tomber l'école ou j'aurais échoué, et je n'aurais jamais obtenu mon attestation d'études.

La première partie de ce livre décrit également le processus éducatif que mon père riche a établi à mon intention. J'ajouterais que mon père riche était un véritable génie sur le plan financier et également un formidable pédagogue. Dans la première partie de ce livre, j'explique comment mon père riche a préparé mon jeune esprit afin que je puisse penser comme une personne riche. Entre 9 et 12 ans, grâce aux conseils de mon père riche, j'étais devenu absolument certain que je deviendrais très riche, que je réussisse ou non à l'école, ou que j'obtienne ou non un emploi hautement rémunéré.

Vers l'âge de 12 ans, je savais que le fait de devenir riche un jour avait bien peu à voir avec ce que j'apprenais à l'école. Sachant que j'allais devenir riche quel que soit mon rendement scolaire, cela m'a créé des problèmes d'attitude particuliers alors que je fréquentais encore l'école. La deuxième partie de ce livre explique comment mes deux pères ont contribué à contrôler mon problème d'attitude et à me guider afin que je termine mon cours collégial.

La deuxième partie traite de certaines actions simples et requises, sur les plans scolaire et financier, que des parents peuvent entreprendre pour préparer leur enfant à affronter le monde réel. J'amorce la deuxième partie par une histoire racontant comment j'ai presque échoué à l'école secondaire à cause de mes changements d'attitude au sujet de l'école. Dans la deuxième partie, vous obtiendrez davantage de détails sur les moyens utilisés par mon père instruit et mon père riche pour que je continue de fréquenter l'école, et comment mon père riche s'est servi de mes échecs scolaires pour me préparer à devenir riche.

Dans la seconde partie, mon père riche m'explique pourquoi son banquier ne lui a jamais demandé de lui montrer son bulletin scolaire. Mon père riche fournit l'explication suivante: «Mon banquier ne m'a jamais demandé si j'avais de bonnes notes. Il ne voulait voir que mes états financiers. Le problème est que la plupart des gens terminent leurs études en ne sachant pas ce que représentent des états financiers.»

Père riche disait aussi: «Comprendre le fonctionnement des états financiers est essentiel pour tous ceux qui veulent se bâtir une vie basée sur la sécurité financière.» Et dans ce monde d'aujourd'hui où il y a de moins en moins de sécurité d'emploi, il est essentiel que votre enfant ait les compétences nécessaires pour s'assurer une vie s'appuyant sur la sécurité financière.

Si nous considérons une vue d'ensemble de notre système éducatif actuel, il est évident que ce système se concentre sur deux secteurs principaux de l'éducation:

L'instruction scolaire: elle inculque la capacité de lire, d'écrire et de faire de l'arithmétique.

L'enseignement supérieur professionnel: il dispense la formation pour devenir médecin, avocat, plombier, secrétaire, ou quoi que vous vouliez faire pour gagner de l'argent à la fin de vos études.

Les États-Unis et plusieurs nations occidentales ont fait un excellent travail en rendant accessibles à leurs citoyens ces deux types fondamentaux d'éducation. Ce genre d'éducation a contribué grandement à l'avantage que l'Ouest possède dans le monde aujourd'hui. Le problème cependant, tel qu'énoncé précédemment, est que les règles ont changé. En cette ère de l'information, nous avons besoin davantage d'un nouvel enseignement, et non pas encore et toujours du même. Chaque étudiant a maintenant besoin de cette formation de base que mon père riche m'a transmise:

La formation financière: le genre d'éducation requise pour en arriver à transformer l'argent que vous gagnez dans votre profession en une richesse et une sécurité financières de toute une vie. Cette même formation financière que 700 000 citoyens du troisième âge n'ont pas reçue. Cette formation financière vous aidera à vous assurer que votre enfant ne terminera pas sa vie sur un échec financier, ou seul et sans un sou après avoir élevé sa famille et travaillé dur pendant toute sa vie.

La raison pourquoi votre banquier ne tient pas à consulter votre bulletin scolaire est qu'il veut voir à quel point vous êtes intelligent une fois vos études terminées. Il veut mesurer votre intelligence financière et non pas votre intelligence sur le plan scolaire. Vos états financiers constituent une bien meilleure mesure que votre bulletin scolaire.

La deuxième partie comporte certains exemples simples et concrets de choses que les parents peuvent faire pour donner à leur enfant un bon départ financier dans le monde réel des emplois et de l'argent.

La troisième partie traite de certaines des plus récentes percées technologiques dans le domaine de l'éducation qui accroîtront l'habileté des parents à découvrir chez leur enfant les aptitudes naturelles d'apprentissage et les talents innés. La troisième partie consiste à donner à votre enfant un bon départ sur le plan scolaire.

Il y a plusieurs années de cela, un des enseignants de Albert Einstein se moquait en disant: «On ne fera rien de bon avec lui.» Plusieurs professeurs pensaient qu'il avait l'esprit engourdi parce qu'il ne parvenait pas à apprendre par cœur.

Un an plus tard, quand on a dit à Albert Einstein qu'un inventeur renommé avait déclaré que la connaissance d'un fait était d'une importance vitale, monsieur Einstein ne fut pas de cet avis. Il a dit: «Une personne n'a pas besoin d'aller à l'école pour connaître des faits. Elle peut les apprendre dans les livres. La valeur d'une formation générale est qu'elle exerce l'esprit à réfléchir.» Il a également affirmé: «L'imagination est plus importante que le savoir.»

Tandis qu'un groupe de journalistes l'interrogeaient, l'un d'eux lui a demandé: «Quelle est donc la vitesse du son?» Albert Einstein a répliqué: «Je ne sais pas. Je ne garde pas à l'esprit des informations déjà disponibles dans des livres.»

Presque chaque parent que j'ai rencontré est persuadé que son enfant est intelligent et génial. Toutefois, quand cet enfant entre à l'école, son génie naturel est souvent écarté ou occupe un rôle secondaire dans le style d'apprentissage que le système éducatif fait ressortir comme étant la vraie façon d'apprendre. Mon père instruit et plusieurs autres pédagogues réalisent que le système scolaire actuel ne pourvoit pas à toutes les différentes aptitudes naturelles, innées chez les enfants.

Il est malheureux que notre système d'éducation actuel soit fortement compromis par la controverse et les idées démodées. Tandis que notre système actuel est peut-être conscient de plusieurs de ces percées dans le domaine pédagogique, les intrigues politiques et les formalités administratives, entourant la profession d'éducateur, empêchent plusieurs de ces nouveaux moyens innovateurs –

dans le but d'évaluer les aptitudes naturelles de votre enfant – de devenir une part intégrante du système.

Mon père instruit était le directeur du système d'éducation de l'État d'Hawaï. Il a fait tout ce qu'il a pu pour changer le système mais au lieu de cela c'est le système qu'il l'a broyé. Il m'a dit beaucoup plus tard : « Il existe trois types différents de professeurs et d'administrateurs dans le système. Il y a un groupe qui travaille assidûment à changer le système. Il existe un autre groupe qui œuvre avec assiduité à empêcher tout changement. Et le troisième groupe est indifférent à ce que le système change ou non. Ce groupe ne tient qu'à sa sécurité d'emploi et à son chèque de paie. Et c'est pourquoi le système est demeuré le même depuis plusieurs années. »

En conclusion

Mon père instruit me disait souvent : « Les professeurs les plus importants d'un enfant sont ses parents. Plusieurs parents disent à leurs enfants : "Va à l'école et étudie consciencieusement. Une bonne instruction est essentielle." Le problème est que plusieurs des parents qui prononcent ces mots ne continuent pas eux-mêmes leurs propres études et leur éducation. » Mon père instruit disait aussi : « Les parents sont les plus importants enseignants de leur enfant... mais les étudiants apprennent davantage en regardant qu'en écoutant. Les enfants sont habiles à remarquer les divergences entre les mots et les gestes. » Les enfants adorent prendre leurs parents sur le fait quand ces derniers disent une chose et en font une autre. Mon père riche avait l'habitude de dire : « Tes gestes parlent plus éloquemment que tes mots. » Il disait aussi : « Si tu veux être un bon parent, tu dois prêcher par l'exemple. »

Si vous avez des enfants, je vous remercie de démontrer de l'intérêt pour un livre sur l'éducation et pour la formation de vos enfants. La plupart des parents disent que l'éducation de leur enfant est importante, mais bien peu utilisent des livres traitant de l'éducation des enfants.

Première partie

«L'argent est une idée»

Quand j'étais un petit garçon, mon père riche me disait souvent: «L'argent est une idée .» Il enchaînait en disant: «L'argent peut être tout ce que tu veux qu'il soit. Si tu dis: "Je ne serai jamais riche", alors il y a de fortes chances que tu ne sois jamais riche. Si tu dis: "Je ne peux pas me le permettre", alors il y a fort à parier que tu ne le pourras pas.»

Mon père instruit disait à peu près la même chose en ce qui a trait à l'éducation. Est-il possible que chaque enfant soit né avec le potentiel d'être riche et intelligent? Il y a certaines personnes qui croient cela possible... et il y en a d'autres qui ne le croient pas. La première partie de ce livre est consacrée à protéger cette possibilité au nom de votre enfant.

Chapitre 1

Tous les enfants naissent
riches et intelligents

*M*es deux pères étaient de grands pédagogues. Tous deux étaient des hommes intelligents. Mais leur intelligence ne s'exerçait pas dans les mêmes domaines et ils n'enseignaient pas les mêmes choses. Néanmoins, quoi qu'ils aient été très différents l'un de l'autre, mes deux pères croyaient aux mêmes choses en ce qui a trait aux enfants. Ils croyaient tous deux que tous les enfants naissent riches et intelligents. Ils croyaient qu'un enfant apprend à être pauvre et apprend à croire qu'il est moins intelligent que d'autres enfants.

Mes deux pères étaient de grands pédagogues aussi car ils croyaient qu'on pouvait faire ressortir les aptitudes naturelles que chaque enfant possède en naissant. En d'autres mots, ils ne croyaient pas qu'on devait inculquer systématiquement des connaissances à un enfant, mais ils étaient persuadés en revanche qu'il fallait mettre en valeur les aptitudes naturelles de cet enfant.

Le mot *éducation* vient du mot latin *educare*, lequel signifie «extraire de». Malheureusement, pour plusieurs d'entre nous, nos souvenirs d'école représentent de longues séances pénibles de bourrage de crâne, pendant lesquelles on emmagasinait dans nos têtes des tas d'informations afin de les mémoriser en prévision de l'examen. On subissait ensuite l'examen et on oubliait par la suite ce qu'on venait tout juste d'apprendre.

Mes deux pères étaient de grands pédagogues parce qu'ils essayaient rarement de me bourrer le crâne avec leurs idées. Bien souvent, ils parlaient très peu, attendant plutôt que je leur pose des questions quand je voulais savoir quelque chose. Ou bien ils *me posaient* des questions pour découvrir ce que je savais, au lieu de *me dire* simplement ce qu'ils savaient. Mes deux pères étaient de grands professeurs et je les compte parmi les plus grandes bénédictions de ma vie.

Et n'oublions pas les mamans. Ma mère était une grande pédagogue et également un modèle de comportement. Elle a été mon professeure en ce qui a trait à l'amour inconditionnel, à la gentillesse, et à l'importance de se préoccuper d'autres personnes. Malheureusement, ma mère est décédée très jeune, à l'âge de 48 ans. Elle avait été malade la plus grande partie de sa vie, luttant avec un cœur affaibli par la fièvre rhumatismale qu'elle avait contractée au cours de son enfance. C'était sa capacité à être gentille et aimante avec les autres, malgré sa souffrance personnelle, qui m'a enseigné une leçon vitale. Bien souvent quand je suis irrité et que je voudrais lancer des paroles blessantes à d'autres, je pense simplement à ma mère et je cherche alors à être plus conciliant au lieu d'être fâché. Et dans mon cas, voilà une importante leçon dont j'ai besoin de me rappeler chaque jour.

J'ai déjà entendu dire que les hommes mariaient des femmes semblables à leurs mères, et je pourrais dire que c'est vrai en ce qui me concerne. Mon épouse, Kim, est également une personne extrêmement gentille et aimante. Je regrette que Kim et ma mère ne se soient jamais rencontrées. Je pense qu'elles auraient été les meilleures amies du monde, comme c'est le cas entre Kim et sa mère. Je voulais avoir une épouse qui serait aussi mon associée en affaires, car les plus heureux jours du mariage de mes parents ont été ceux-là où ils ont travaillé ensemble dans le *Corps des volontaires de la paix*.

Je me souviens quand le président Kennedy a annoncé la création du *Corps des volontaires de la paix*. Ma mère et mon père étaient tous les deux très excités à cette idée et ils souhaitaient ardemment faire partie de cette organisation. Quand on a offert à mon père le poste de directeur de la formation pour l'Asie du Sud-Est, il a accepté et a demandé que ma mère soit l'infirmière titulaire. Je crois que ce fut les deux années les plus heureuses de leur mariage.

Je n'ai pas bien connu la mère de mon meilleur ami Mike. Je l'ai vue quand j'allais manger chez eux, ce qui arrivait souvent, mais je ne peux pas dire que je l'ai vraiment connue. Elle consacrait beaucoup de temps à ses autres enfants tandis que Mike et moi passions presque tout notre temps avec son père à travailler. Néanmoins, toutes les fois où je me trouvais chez eux, la mère de Mike était aussi très gentille et attentive à ce que nous faisions. Je devinais qu'elle était une formidable partenaire de vie pour le père de Mike. Ils étaient affectueux, bienveillants, et intéressés à ce que l'un ou l'autre vivait.

Bien qu'étant une personne très réservée, la maman de Mike s'intéressait toujours à ce que Mike et moi apprenions à l'école ou dans l'entreprise. Par conséquent, quoique je ne la connaissais pas très bien, j'ai appris d'elle l'importance d'être à l'écoute des autres, en les laissant s'exprimer, et en étant respectueux de leurs idées même si elles entrent en conflit avec les vôtres. Elle était une grande communicatrice tout en demeurant très discrète.

Les leçons que ma mère et mon père m'ont apprises

Le nombre de familles monoparentales que je vois aujourd'hui m'inquiète. Le fait d'avoir eu une mère et un père comme professeurs a été important pour mon développement. Par exemple, j'étais plus gros et plus pesant que la plupart des enfants, et ma mère craignait toujours que je me serve de l'importance de ma taille et que je devienne un petit dur. Par conséquent, elle a insisté pour que je développe ce que les gens appelleraient de nos jours «mon côté féminin». Comme je le disais plus haut, elle était une personne très bienveillante et aimante, et elle voulait que je sois aussi un être bienveillant et aimant. Et je l'étais.

Un jour alors que j'étais en première année, je suis revenu à la maison avec mon bulletin scolaire sur lequel mon professeur avait écrit: «Robert a besoin d'apprendre à s'imposer davantage. Il me rappelle Ferdinand le Taureau (ce gros taureau de l'histoire qui au lieu d'affronter le matador s'assoit dans l'arène et hume les fleurs que les supporters lui lancent... et qui par pure coïncidence était une des histoires préférées de ma mère pour m'endormir). Tous les autres garçons s'en prennent à lui et le bousculent bien que Robert soit bien plus gros qu'ils ne le sont.»

Quand ma mère a lu le bulletin scolaire, elle en était ravie. Quand mon père est rentré à la maison et a lu le même bulletin scolaire, il s'est transformé en un taureau furieux, pas un de ceux-là qui hument les fleurs. «Comment se fait-il que les autres garçons te bousculent? Pourquoi les laisses-tu te marcher sur les pieds? Es-tu en train de devenir une poule mouillée?» a-t-il dit, en remarquant le commentaire au sujet de mon comportement plutôt que mes notes.

Quand je lui ai expliqué que je ne faisais que suivre les directives de maman, mon père s'est tourné vers ma mère et lui a dit: «Les petits garçons sont des petits durs. Il est important que tous les jeunes garçons apprennent à faire face aux petites brutes. S'ils n'apprennent pas à négocier avec les petits durs très tôt dans la vie, il leur arrive souvent de grandir tout en acceptant d'être brutalisés quand ils deviennent des adultes. Apprendre à être bienveillant est une des façons de traiter avec les petits durs, mais les bousculer en est une autre quand la bienveillance ne suffit pas.»

Se tournant vers moi, mon père m'a demandé: «Comment te sens-tu quand les autres garçons s'en prennent à toi?»

Éclatant en larmes, j'ai dit: «Je me sens lamentable. Je me sens impuissant et j'ai peur. Je ne veux pas aller à l'école. Je voudrais me défendre mais je veux aussi être un bon garçon et faire ce que maman et toi voulez que je fasse. Je déteste qu'on m'appelle *Patapouf* ou *Dumbo l'Éléphant*, et je n'aime pas qu'on me marche sur les pieds. Ce que je déteste le plus c'est d'être là, sans bouger, à me laisser faire. J'ai l'impression d'être un lâche et une poule mouillée. Même les filles rient de moi car je reste là à pleurer, sans réagir.»

Mon père s'est tourné vers ma mère et lui a lancé un regard furieux pendant quelques secondes, lui laissant savoir qu'il n'aimait pas ce qu'il venait d'apprendre. «Alors que veux-tu faire?» m'a-t-il demandé.

– J'aimerais rendre coup pour coup», ai-je dit. «Je sais que je peux les battre. Ce ne sont que de petits vauriens qui s'attaquent aux autres, et ils s'en prennent à moi parce que je suis le plus costaud de ma classe. Tout le monde me dit de ne pas les frapper parce que je suis plus gros qu'eux, mais je déteste tout simplement rester planté là et tout encaisser. Je souhaiterais pouvoir faire quelque chose. Ils savent que je ne ferai rien. Ils continuent donc de s'en prendre à moi devant tout le monde. J'aimerais les saisir par le collet et leur flanquer un bon coup de poing.

– Eh bien, ne les frappe pas», a dit mon père doucement. «Mais fais-leur comprendre par tous les moyens que tu ne les laisseras plus s'en prendre à toi. Tu es en train d'apprendre en ce moment une leçon très importante en ce qui a trait au respect de soi et à la défense de tes droits. Non, ne les frappe pas. Utilise ton intelligence pour trouver une façon de leur faire savoir que tu ne laisseras plus personne s'en prendre à toi dorénavant.»

J'ai cessé de pleurer. Je me sentais beaucoup mieux pendant que je m'essuyais les yeux, et un certain courage et de l'estime de soi ont réintégré mon corps. J'étais maintenant prêt à retourner à l'école.

Le jour suivant, mon père et ma mère ont dû se présenter à l'école. Le professeur et le directeur de l'école étaient très ennuyés. Quand mes parents sont entrés dans la pièce, j'étais assis sur une chaise dans un coin, avec de la boue sur mes vêtements. «Qu'est-il arrivé?» a demandé mon père en s'assoyant.

– Eh bien, je ne peux pas dire que les garçons ne l'ont pas cherché», a dit le professeur. «Mais après vous avoir écrit cette note sur le bulletin scolaire de Robert, je savais que quelque chose allait changer.

– Les a-t-il frappés?» a demandé mon père avec inquiétude.

– Non, il ne l'a pas fait», a dit le directeur. «J'ai tout vu. Les garçons ont commencé à taquiner votre fils. À ce moment-là, Robert leur a demandé d'arrêter au lieu de rester là sans rien dire... puis ils ont continué. Il leur a patiemment demandé de cesser à trois reprises, et ils l'ont simplement accablé encore plus de sarcasmes. Robert est alors retourné soudainement dans la classe, s'est emparé des boîtes à lunch des garçons, et les a vidées dans cette grosse flaque d'eau boueuse. Au moment où je traversais la pelouse en courant pour les rejoindre, les garçons ont attaqué Robert. Ils se sont mis à le frapper mais il n'a pas riposté.

– Qu'a-t-il fait?» a demandé mon père.

– Avant que je n'arrive sur place pour les séparer, Robert a empoigné deux garçons et les a précipités dans la même flaque d'eau boueuse. Et c'est ainsi qu'il fut éclaboussé de boue. J'ai envoyé les autres garçons à la maison pour qu'ils changent de vêtements car ils étaient trempés jusqu'aux os.

– Mais je ne les ai pas frappés», ai-je dit depuis le coin de la pièce.

Mon père a jeté un regard lourd vers moi, a mis son index sur ses lèvres indiquant que je devais me taire, puis il s'est tourné vers le directeur et le professeur et a dit : «Nous allons nous occuper de tout cela à la maison.»

Le directeur et le professeur ont fait signe que oui et le professeur a ajouté : «Je suis content d'avoir pu être le témoin privilégié du développement de ces événements au cours des deux derniers mois. Si je n'avais pas connu toute l'histoire menant à l'incident de la flaque d'eau boueuse, je n'aurais réprimandé que Robert. Mais vous pouvez être assurés que je vais faire en sorte de rencontrer également les parents des deux autres garçons. Je ne cherche pas à excuser Robert d'avoir précipité les garçons et leurs boîtes à lunch dans la boue, mais j'espère maintenant que cela mettra fin à cette brutalité qui se déroule entre les garçons.»

Le jour suivant, il y a eu une rencontre entre les deux garçons et moi. Nous avons parlé de nos différences et nous nous sommes serrés la main. Lors de la récréation ce jour-là, d'autres jeunes sont venus vers moi, m'ont serré la main et m'ont tapoté le dos. Ils me félicitaient d'avoir tenu tête aux deux petits durs qui s'en prenaient également à eux. Je les ai remerciés mais je leur ai dit également : «Vous devriez apprendre à mener vos propres batailles. Si vous ne le faites pas, vous passerez toute votre existence à vivre comme des poltrons, laissant les petites brutes de ce monde vous bousculer.»

Mon père aurait été fier de m'entendre répéter textuellement ce qu'il m'avait déjà dit. À partir de ce jour-là, ma première année d'école fut beaucoup plus agréable. J'avais acquis une précieuse estime personnelle, j'avais gagné le respect de ma classe, et la plus jolie fille de la classe est devenue ma petite amie. Mais ce qui était d'autant plus intéressant c'est que les deux petits durs sont devenus par la suite mes amis. J'ai appris à répandre la paix en étant fort, au lieu de permettre à la terreur et à la peur de perdurer si j'avais choisi d'être faible.

Au cours de la semaine qui suivit, j'ai appris plusieurs leçons précieuses de la vie de la part de mes parents grâce à cet incident de la flaque d'eau boueuse. Cet incident est devenu un sujet de discussion brûlant pendant le repas familial. J'ai appris que dans la vie il n'existe pas une bonne réponse ou une mauvaise réponse. J'ai appris que dans la vie nous avons tendance à faire des choix, et que chaque choix a une conséquence. Si nous n'aimons pas notre choix et la conséquence qui en découle, alors nous devrions envisager un nouveau choix avec une nouvelle conséquence.

Grâce à cet incident de la flaque d'eau boueuse, j'ai appris également de ma mère toute l'importance d'être à la fois bienveillant et aimant, et de mon père qu'il fallait être fort et prêt à lutter, à résister. J'ai appris qu'être trop bienveillant ou trop fort, ou seulement bienveillant sans être fort, cela pouvait s'avérer autolimitatif. De même qu'une trop grande quantité d'eau peut noyer une plante mourant de soif, notre comportement à nous les humains peut très souvent basculer trop loin dans une direction ou une autre.

Et comme me l'a dit mon père le soir du jour où nous sommes revenus du bureau du directeur: «Bien des gens vivent dans un monde en noir et blanc ou dans un monde du bien et du mal. Plusieurs personnes t'auraient donné le conseil suivant: "Ne rends jamais coup pour coup", et pourtant d'autres t'auraient dit: "Rends coup pour coup." Mais la clé pour réussir dans la vie est la suivante: Si tu dois rendre coup pour coup, tu dois savoir exactement dans quelle mesure tu peux riposter. Le fait de savoir exactement dans quelle mesure tu peux te permettre de riposter requiert beaucoup plus d'intelligence que de dire simplement: "Ne rends pas coup sur coup" ou "Rends coup sur coup."»

Mon père disait souvent: «La véritable intelligence consiste à savoir ce qui est *convenable* plutôt que ce qui est simplement *bien* ou *mal*. À l'âge de 6 ans, j'ai appris de ma mère qu'il me fallait être bienveillant et gentil... mais j'ai aussi appris que je pouvais être *trop* bienveillant et gentil. J'ai appris de mon père à être fort, mais j'ai également appris qu'il me fallait être intelligent et mesuré quant à ma force. J'ai souvent dit qu'une pièce de monnaie avait deux côtés. Je n'ai jamais vu une pièce de monnaie avec un seul côté. Mais nous oublions ce fait bien trop fréquemment. Nous croyons souvent que notre côté à nous, notre façon d'envisager les choses, est *le seul* côté ou le seul bon côté qui existe. Quand nous agissons ainsi, nous le faisons peut-être intelligemment, nous connaissons peut-être nos faits, mais nous limitons peut-être également notre intelligence.

Un de mes professeurs a dit un jour: «Dieu nous a donné un pied droit et un pied gauche. Dieu ne nous a pas donné un pied droit et un *mauvais* pied. Les humains font des progrès en faisant d'abord une erreur à droite, puis en en faisant une à gauche. Les gens qui ont la conviction qu'ils doivent *toujours avoir raison* sont semblables à ceux qui n'ont qu'un pied droit. Ils croient qu'ils font des progrès mais ils finissent habituellement par tourner en rond.»

Je pense qu'en tant que société il nous faut être plus intelligents en ce qui a trait à nos forces et nos faiblesses. Il nous faut apprendre à fonctionner plus intelligemment en tenant compte tout aussi bien de notre côté féminin que de notre côté masculin. Je me souviens de l'époque où je me fâchais contre un autre gars à l'école au cours des années 1960. À l'occasion, nous allions derrière le gymnase et nous nous battions à poings nus. Après un ou deux coups de poing, nous nous mettions à lutter jusqu'à ce que la fatigue nous gagne, puis le combat se terminait. Le pire qui nous soit arrivé fut de déchirer une chemise de temps à autre ou un saignement de nez occasionnel. Une fois le combat terminé, nous devenions souvent des amis.

De nos jours, les jeunes se fâchent rapidement et leur raisonnement se résume à ce qu'il y a de moins intelligent dans la morale du «bon et du mauvais». Ils sortent des revolvers et se tirent les uns les autres... et cela vaut aussi bien pour les gars et les filles. Nous sommes peut-être dans l'âge de l'information et les jeunes sont peut-être plus matérialistes que leurs parents l'étaient, mais nous pourrions tous apprendre à être plus intelligents en ce qui concerne nos informations et nos émotions. Comme je l'ai déjà dit, nous devons tous apprendre de nos pères et de nos mères, car avec tellement plus d'informations disponibles en ce monde, il nous faut devenir plus intelligents.

Ce livre est dédié aux parents qui veulent élever des enfants plus brillants, plus riches et également plus intelligents sur le plan financier.

Chapitre 2

Votre enfant est-il un génie?

«*Q*uoi de neuf?» ai-je demandé à un ami que je n'avais pas revu depuis plusieurs années. Il a tout de suite sorti son portefeuille et m'a montré une photo de sa fille de 11 mois. Souriant fièrement, il a dit: «Elle est tellement intelligente. Je n'en reviens pas à quel point elle apprend vite.» Pendant les 20 minutes qui suivirent, ce fier papa a raconté, en tenant compte des moindres détails, toutes les choses que sa brillante fille apprenait. Finalement, il a pris conscience qu'il n'avait pas cessé de parler et il a dit pour s'excuser: «Je suis désolé. Je suis tellement fier de ma fille. Je suis simplement émerveillé par son intelligence et par sa rapidité d'apprentissage. Je suis persuadé qu'elle a du génie.»

Une telle fierté se limite-t-elle à quelques nouveaux parents seulement? Je ne le crois pas. Du moins pas d'après mon expérience. S'il y a une chose que j'ai remarquée en observant des parents c'est qu'ils sont tous stupéfaits à quel point leurs enfants apprennent rapidement. Chaque nouveau parent que j'ai rencontré est persuadé que son enfant est le plus intelligent du monde, et peut-être même un génie. Et j'en conviens avec eux. Je crois que tous les enfants naissent géniaux. Mais dans le cas de plusieurs enfants, il arrive quelque chose à ce «génie particulier» en cours de route quand ils grandissent. Pour certains enfants, ce «génie» semble disparaître, être réprimé, ou emprunter d'autres directions.

Quoique mon épouse, Kim, et moi-même n'ayons pas d'enfants, les nouveaux-nés me fascinent toujours. J'aime les regarder dans les yeux. Quand je les regarde ainsi, je vois un regard inquisiteur qui me regarde fixement en ouvrant de grands yeux. Il est facile de constater que les enfants apprennent en faisant rapidement des progrès considérables. Je veux dire par là qu'ils apprennent de façon exponentielle. Leur base de connaissances doit certainement doubler à chaque seconde. Tout ce que leurs yeux touchent est nouveau, constitue un véritable émerveillement, et s'ajoute à leur banque de données à l'état brut sans trop de partis pris. Ils s'imprègnent de cette nouvelle expérience appelée la vie.

L'autre jour je suis allé rendre visite à un autre ami. Il était dans la piscine avec sa fille de trois ans. Tandis que je le saluais et que j'avançais vers la piscine, il a crié: «Regarde ma petite fille. Elle va devenir une nageuse olympique vedette.» J'ai observé cette petite fille se débattre bravement dans l'eau, presque se noyer, mais progresser quand même tout en nageant dans la direction de son père si fier. J'ai retenu mon souffle tandis que cette jeune enfant, qui ne portait pas de gilet de sauvetage et qui parvenait à peine à garder la tête hors de l'eau pour respirer, se frayait un chemin vers son père qui l'attendait à l'extrémité de la piscine. Finalement, j'ai soupiré de soulagement quand son père l'a entourée de ses bras en disant: «Voilà, ma brave petite nageuse. Tu vas devenir un jour une nageuse olympique vedette.» Et je pense que ce sera le cas.

Ce qui était étonnant à mes yeux, c'est que seulement une semaine auparavant cette même petite fille était terrifiée par l'eau. À peine une semaine auparavant, elle avait tellement peur de l'eau qu'elle a crié quand son père l'a mise dans la piscine. À présent, il l'appelle sa future nageuse olympique vedette. Cela constitue, selon moi, le genre d'apprentissage quantitatif que seul un génie est capable d'assumer... et chaque enfant naît avec la capacité d'apprendre à ce niveau.

Mon père croyait que tous les enfants naissent géniaux

Tel que je l'ai décrit dans un de mes livres précédents, mon vrai père était directeur du ministère de l'Éducation de l'État d'Hawaï à la fin des années 1960 et au début des années 1970. Plus tard, il a démissionné de son poste pour se porter candidat à titre de lieutenant-gouverneur de l'État, en tant que républicain, ce qui n'était pas la plus brillante de ses décisions. Il a choisi de se porter candidat à cause de son sens moral. Il était très bouleversé par les différents niveaux de corruption qu'il a découverts dans le gouvernement, et il voulait changer le système d'éducation.

En effet, mon père pensait qu'il pouvait faire quelque chose pour améliorer le système s'il se portait candidat à ce poste. Sachant qu'il allait probablement perdre, il s'est quand même porté candidat et il s'est servi de sa campagne pour jeter la lumière sur les injustices qu'il fallait redresser, selon lui. Mais comme nous le savons tous, le public ne vote pas toujours pour les candidats les plus honnêtes et sincères.

Je crois encore aujourd'hui que mon père était un génie dans le domaine des études. C'était un lecteur avide, un grand écrivain, un brillant orateur et un excellent professeur. Il a été le premier de sa classe tout au long de ses études et il a servi à titre de président de sa promotion. Il a reçu son diplôme de l'université d'Hawaï avec une bonne longueur d'avance sur le reste de sa classe, et il est devenu l'un des plus jeunes directeurs d'école de toute l'histoire d'Hawaï. Il fut invité à faire de la recherche du niveau maîtrise à l'université de Stanford, à l'université de Chicago et à l'université North-western. À la fin des années 1980, il a été choisi par ses pairs comme étant l'un des deux meilleurs éducateurs, au cours des 150 années d'histoire de l'enseignement public à Hawaï, et on lui a décerné un doctorat honorifique. Malgré le fait que je l'appelle mon père pauvre car il était toujours sans le sou quel que soit le montant d'argent qu'il gagnait, j'étais très fier de lui. Il disait souvent: «L'argent ne m'intéresse pas.» Il disait aussi: «Je ne serai jamais riche.» Et ces mots se sont avérés une prédiction qui avec le temps est devenue vraie.

Après avoir lu *Père riche, père pauvre*[1], plusieurs personnes disent: «Je souhaiterais avoir lu ce livre il y a 20 ans.» Certains demandent alors: «Pourquoi ne l'avez-vous pas écrit avant?» Ma réponse est la suivante: «Parce que j'ai attendu que mon père décède avant de l'écrire.» J'ai attendu pendant cinq ans par respect pour lui. Je sais que le livre l'aurait blessé s'il avait eu l'occasion de le lire... mais en esprit, je crois qu'il soutient les leçons que nous pouvons tous apprendre grâce à sa vie.

Dans ce livre, *Nos enfants riches et brillants*, plusieurs des idées qui traitent de l'apprentissage des jeunes et des raisons pourquoi tous les enfants naissent intelligents proviennent de mon père. L'histoire qui

---

1.   Publiés aux éditions Un monde différent, Saint-Hubert, Québec, 2000, 240 pages pour le tome 1 *Devenir riche ne s'apprend pas à l'école*, et en 2001 pour la suite: *Le Quadrant du CASHFLOW pour atteindre votre liberté financière*, 280 pages.

va suivre est celle d'un de mes camarades de classe qu'on a qualifié de génie quand il était très jeune. Cette histoire nous apprend aussi que nous sommes tous des génies d'une façon ou d'une autre.

Votre enfant possède-t-il un quotient financier élevé?

Quand on dit que quelqu'un a un quotient intellectuel élevé, qu'est-ce que cela signifie? Ce QI sert à mesurer quoi? Est-que le fait d'avoir un QI élevé vous garantit de réussir dans la vie? Avoir un QI élevé signifie-t-il que vous serez riche?

Quand j'étais en quatrième année, mon institutrice a annoncé à toute la classe: «Mes chers élèves, nous avons l'honneur d'avoir un génie parmi nous. C'est un enfant très talentueux et il possède un QI très élevé.» Elle a enchaîné en disant qu'un de mes meilleurs amis, Andrew, était l'un des plus brillants élèves à qui elle avait eu le privilège d'enseigner. Jusque-là, «Andy la fourmi», comme nous appelions tous Andrew, était simplement un des élèves de la classe. Nous l'appelions «Andy la fourmi» parce qu'il était tout petit et portait des lunettes épaisses qui le faisaient ressembler à un insecte. Il nous fallait maintenant l'appeler «Andy la fourmi intelligente».

Ne comprenant pas ce que signifiait le QI, j'ai levé la main et j'ai demandé à l'institutrice: «Qu'est-ce que le QI?»

Celle-ci a hésité un instant et elle a ensuite répondu: «QI signifie quotient intellectuel.» Puis, elle m'a lancé un de ces coups d'œil qui semblait dire: «À présent le sais-tu ce que veut dire QI?»

À vrai dire, le problème était qu'en fait je n'avais pas encore vraiment compris ce que signifiait le QI. J'ai donc levé la main à nouveau. L'institutrice a fait de son mieux pour m'ignorer, mais finalement elle s'est tournée vers moi et a dit d'un ton agacé: «Oui. Quelle est donc ta question cette fois-ci?

– Eh bien, vous avez dit que le QI représentait le quotient intellectuel, mais qu'est-ce que cela veut dire?»

Elle a alors lancé avec un peu d'impatience dans la voix: «Je t'ai déjà dit que si tu ne connais pas la définition d'un mot, tu dois la chercher dans le dictionnaire. Cherche donc – quotient intellectuel – dans ton dictionnaire.

– Très bien», ai-je dit avec un large sourire, prenant conscience qu'elle ne connaissait pas non plus la définition. Si elle l'avait su, elle l'aurait dit fièrement à toute la classe. Nous nous étions aperçus que lorsqu'elle ne savait pas quelque chose, elle ne l'admettait jamais, et qu'elle nous demandait de le chercher dans le dictionnaire.

Après avoir trouvé «quotient intellectuel» dans le dictionnaire, j'ai lu la définition à haute voix. Citant textuellement, j'ai lu: «Nom (1916): Un chiffre utilisé pour exprimer l'apparente intelligence relative d'une personne que l'on détermine en divisant son âge mental, tel que rapporté par un test standardisé, par son âge chronologique, et en multipliant le résultat par 100.» Après avoir pris connaissance de la définition, j'ai levé les yeux et j'ai dit: «Je ne comprends toujours pas ce que signifie le quotient intellectuel.»

Frustrée, l'institutrice a haussé le ton et a dit: «Tu ne comprends pas parce que tu ne veux pas comprendre. Si tu ne le comprends pas, il te faut faire toi-même des recherches sur le sujet.

– Mais c'est vous qui avez dit que c'était important», ai-je répliqué. «Si vous croyez que c'est important, vous pourriez au moins nous dire ce que signifie le quotient intellectuel et pourquoi c'est important.»

Sur ce, Andy la fourmi s'est levé et a dit: «Je vais l'expliquer à la classe.» Il a contourné son pupitre en bois et s'est dirigé vers le tableau noir en avant de la classe. Il a ensuite écrit sur le tableau:

(âge mental) 18 ans
(âge chronologique) 10 ans × 100 = 180 QI

«Donc, les gens disent que je suis un génie parce que j'ai 10 ans et que mes résultats du test standardisé sont ceux d'une personne de 18 ans.»

La classe est demeurée silencieuse pendant quelques instants pour digérer les informations que Andy venait tout juste d'inscrire sur le tableau.

«En d'autres mots, si on n'augmente pas notre capacité d'apprendre en vieillissant, alors notre QI pourrait diminuer», ai-je dit.

– C'est ainsi que je l'explique», a dit Andy. «Je suis peut-être un génie aujourd'hui, mais si je n'accrois pas mes connaissances, mon QI diminuera chaque année. Du moins c'est ce que cette équation représente.

– Donc, tu pourrais être un génie aujourd'hui et un sot demain», ai-je dit en riant.

– Très drôle», a dit Andy. «Mais c'est exact. Cependant, je sais que je n'ai pas à m'inquiéter que tu puisses me battre.

– Je prendrai ma revanche après l'école», ai-je répliqué. «Je te donne rendez-vous dans le champ intérieur du terrain de base-ball et nous verrons alors lequel de nous deux a le QI le plus élevé.» Sur ce, il a ri de même que d'autres écoliers dans la classe. Andy la fourmi était l'un de mes meilleurs amis. Nous savions tous qu'il était brillant et nous savions aussi qu'il ne serait jamais un grand athlète. Et pourtant, malgré le fait qu'il ne réussissait pas à attraper ou à frapper la balle, il faisait tout de même partie de notre équipe à part entière. Après tout, les amis sont là pour ça.

Quel est votre QI financier?

Alors comment mesure-t-on le QI financier des gens? Le mesurez-vous par le montant de leur salaire, de leurs avoirs, par le genre d'automobile qu'ils conduisent, ou par la grandeur de leur maison?

Plusieurs années plus tard, bien longtemps après la discussion à propos du génie de Andy la fourmi, j'ai demandé à mon père riche ce que signifiait pour lui le QI financier. Il m'a répondu à brûle-pourpoint: «Quand je parle d'intelligence financière, il ne s'agit pas de l'argent que tu gagnes mais du montant d'argent qu'il te reste et que tu fais travailler très dur à ton service.»

Toutefois, à mesure que le temps passait, il a clarifié encore davantage sa définition de l'intelligence financière. Il m'a dit un jour: «Tu sais que ton intelligence financière augmente si, en prenant de l'âge, ton argent te procure plus de liberté, de bonheur, de santé et de choix dans la vie.» Il a poursuivi en m'expliquant que bien des gens gagnaient plus d'argent en vieillissant, mais que leur argent leur rapportait moins de liberté car bien souvent ils ont de plus grosses factures à payer.

En somme, le fait d'avoir de plus grosses factures signifie que la personne doit travailler plus dur pour les régler. Selon mon père riche, cela n'était pas très intelligent sur le plan financier. Il m'a expliqué aussi qu'il voyait bien de gens gagner beaucoup d'argent, mais leur argent ne semblait pas les rendre plus heureux. À ses yeux, cela n'était pas non plus très intelligent sur le plan financier. «Pourquoi travailler pour de l'argent et être malheureux?» a-t-il dit, «si tu dois travailler pour de l'argent, trouve une façon de travailler et d'être heureux en même temps. C'est cela l'intelligence financière.»

Quand il était question de santé, il disait: «Bien trop de gens travaillent trop dur pour de l'argent et se tuent lentement eux-mêmes en agissant ainsi. Pourquoi travailler dur en sacrifiant le bien-être physique et mental de votre famille et de vous-même? Cela n'est pas intelligent sur le plan financier.» Il disait aussi: «Je ne crois pas aux crises cardiaques subites, les crises cardiaques et les autres maladies tel le cancer prennent du temps à se développer. Elles sont occasionnées par un manque d'exercices, une mauvaise alimentation et pas assez de joies dans notre vie, sur des périodes de temps prolongées. Des trois, je pense que le manque de joies est la plus importante cause de crises cardiaques et de maladies.» Il disait: «Trop de gens pensent à travailler plus dur plutôt que de chercher à avoir du plaisir et à profiter de ce magnifique présent qu'est la vie.»

Quand il me parlait de choix, il disait: «Je sais que la première classe d'un avion arrive à destination en même temps que la classe économique. La question n'est pas là. La question est la suivante: "As-tu le choix de voler en première classe ou en classe économique? La plupart des gens de la classe économique n'ont pas le choix."» Mon père riche a enchaîné en m'expliquant que l'intelligence finan-cière offrait à une personne plus de choix dans la vie: «L'argent représente le pouvoir car plus d'argent te donne plus de choix.»

Mais c'était sa leçon sur le bonheur sur laquelle il insistait de plus en plus en prenant de l'âge. Alors qu'il approchait de la fin de sa vie et qu'il avait davantage d'argent qu'il ne l'eut cru possible, il affir-mait de nouveau, encore et encore: «L'argent ne te rend pas heureux. Ne crois jamais que tu seras heureux le jour où tu seras riche. Si tu n'es pas heureux en cherchant à devenir riche, il y a de fortes chances que tu ne le sois pas quand tu seras enfin riche. Par consé-quent, que tu sois riche ou pauvre, assure-toi d'être heureux.»

Ceux parmi vous qui ont lu mes autres livres se rendent compte que mon père riche ne mesurait pas son QI financier selon les mesures financières traditionnelles. En d'autres mots, il n'était jamais vraiment fixé en ce qui a trait aux sommes d'argent qu'il pos-sédait, ou à l'étendue de ses biens, ou quant au nombre de ses valeurs en portefeuille. S'il me fallait définir à quelle sorte d'intelli-gence financière il se consacrait, je dirais celle de la «liberté».

Il adorait avoir la liberté de travailler ou de ne pas travailler et la liberté de choisir avec qui il travaillait. Il appréciait la liberté de pouvoir acheter tout ce qu'il voulait sans s'inquiéter du prix. Il aimait la santé, le bonheur et les choix qu'il pouvait se permettre parce qu'il était libre. Il aimait la liberté et la capacité financières qu'il possédait, et qui lui permettaient de faire la charité en aidant des causes auxquelles il croyait. Et au lieu de se plaindre des politiciens et de se sentir impuissant à changer le système, des politiciens venaient chez lui pour lui demander conseil (en espérant qu'il contribuerait à leurs campagnes). Il aimait avoir du pouvoir sur eux. «Ils me téléphonent, je ne leur téléphone pas. Chaque politicien veut le vote des pauvres mais ils ne sont pas à leur écoute. Ils ne peuvent vraiment pas se le permettre... et cela est tragique», disait-il.

Cependant, ce qu'il chérissait le plus était le temps libre que l'argent lui procurait. Il aimait avoir le temps de voir ses enfants grandir et de travailler à des projets qui l'intéressaient, qu'ils rapportent ou non de l'argent. Par conséquent, mon père riche mesurait son QI financier bien plus en termes de temps que d'argent. Les dernières années de sa vie furent les plus joyeuses car il passait le plus clair de son temps à donner de l'argent au lieu d'essayer de le conserver et de le garder précieusement. Il semblait éprouver autant de plaisir à le donner, à la manière d'un philanthrope, qu'il en avait eu à le gagner en tant que capitaliste. Il a vécu une vie riche, heureuse et généreuse. Qui plus est, il a eu une existence empreinte d'une liberté sans bornes, et c'est ainsi qu'il mesurait son QI financier.

Qu'est-ce que l'intelligence?

C'est mon véritable père, à la fois responsable de l'Éducation à Hawaï et un professeur très doué, qui est devenu finalement le précepteur de Andy la fourmi. Andy était tellement intelligent qu'il aurait dû être en première année du secondaire plutôt qu'en cinquième année du primaire. Sa mère et son père ont subi des pressions pour qu'il saute plusieurs classes. Toutefois, ils ont préféré qu'il demeure dans son groupe d'âge. Étant donné que mon vrai père était également un génie sur le plan scolaire, un de ces êtres qui obtiennent en deux ans un diplôme universitaire nécessitant quatre années d'études, il a compris ce que Andy vivait et il a respecté le souhait de ses parents.

De plus, à bien des niveaux, il a été d'accord avec eux, réalisant que les progrès scolaires n'étaient pas aussi importants que le développement sur les plans émotif et physique. Il convenait que Andy devait mûrir à la fois émotivement et physiquement avant d'aller au secondaire ou au collège avec des élèves plus âgés. Donc, après avoir suivi ses cours à l'école élémentaire avec des élèves réguliers, Andy allait rejoindre mon père, le directeur général de l'Éducation, et passait ses après-midi à étudier avec lui. De mon côté, je me rendais au bureau de mon père riche et c'est ainsi que j'ai commencé mon éducation dans le domaine de l'intelligence financière.

Je trouve cela intéressant de revenir en arrière et de réfléchir au fait que des pères différents ont décidé de leur propre chef de consacrer du temps à enseigner aux enfants d'autres parents. Il est heureux de constater que cela se produit encore aujourd'hui alors que bien des parents donnent spontanément de leur temps pour enseigner des sports, les arts, la musique, la danse, l'artisanat, les compétences en affaires, et bien d'autres choses encore.

Finalement, tous les adultes sont des professeurs d'une façon ou d'une autre... Et en tant qu'adultes, nous sommes bien plus des professeurs par nos gestes que par nos paroles. Quand notre institutrice a annoncé à la classe que Andy était un génie ayant un QI élevé, en fin de compte elle a également dit au reste de la classe que nous n'étions pas des génies. Je suis retourné à la maison et j'ai demandé à mon père quelle était sa définition de l'intelligence. Sa réponse était très simple. Il m'a dit: «L'intelligence est la capacité de faire des distinctions plus subtiles.»

Je suis resté là pendant quelques instants à ne pas comprendre ce qu'il venait de dire. Par conséquent, j'ai attendu qu'il me donne d'autres explications car étant donné qu'il était un authentique professeur, il ne pouvait pas me laisser là avec cette expression sotte sur mon visage. Puis, il s'est rendu compte que je n'avais pas compris sa définition, alors il s'est mis à parler le langage d'un jeune de 10 ans: «Sais-tu ce que le mot sport signifie?» a demandé mon père.

– Bien sûr», ai-je dit. «J'aime les sports.

– Très bien», a-t-il répliqué. «Y a-t-il une différence entre le football, le golf et le surf?

– Assurément», ai-je dit avec excitation. «Il existe d'énormes différences entre ces sports.

– Bien», a poursuivi mon père sur le même ton professoral. «On appelle ces différences des "distinctions".

– Tu veux dire que les distinctions et les différences, ça veut un peu dire la même chose?» ai-je demandé.

Mon père a fait signe que oui.

«Donc, plus je sais faire la différence entre deux choses, alors plus je suis intelligent?» ai-je demandé.

– C'est exact», a répondu mon père. «Alors tu as un QI beaucoup plus élevé que Andy dans les sports... mais Andy a un QI beaucoup plus élevé que le tien sur le plan scolaire. Ce que cela signifie vraiment c'est que la lecture est la meilleure façon d'apprendre d'Andy, et que ton meilleur moyen d'apprentissage à toi c'est l'action. Par conséquent, Andy a beaucoup plus de facilité à apprendre dans une salle de classe tandis que toi c'est sur le terrain de gymnastique que tu es le plus à l'aise. Andy apprendra l'histoire et les sciences rapidement tandis que toi tu apprendras le football et le base-ball rapidement.»

Je suis demeuré là silencieux pendant quelques instants. Mon père, étant un bon pédagogue, m'a laissé réfléchir jusqu'à ce que j'assimile ces distinctions. Finalement, je suis ressorti de ma réflexion et j'ai dit: «Donc, j'apprends en jouant des jeux et Andy apprend en lisant.»

Mon père a acquiescé de nouveau. Il a marqué un temps et a dit: «Notre système scolaire accorde une grande importance à l'intelligence scolaire. Par conséquent, quand ce système affirme que quelqu'un a un QI élevé, cela signifie que son intelligence scolaire est élevée. Le test actuel du quotient intellectuel mesure principalement le QI verbal d'une personne, ou sa capacité à lire et à écrire. Techniquement, une personne ayant un QI élevé en est une qui apprend rapidement en lisant. Toutefois cela ne parvient pas à mesurer l'intelligence globale d'une personne. Ainsi, ce genre de test ne mesure pas le QI artistique d'une personne, ni son QI physique, ou même son intelligence dans le domaine des mathématiques, lesquels domaines sont légitimement en droit d'être mesurés.»

J'ai enchaîné en disant: «Alors quand mon professeur dit qu'Andy est un génie, cela signifie qu'il a plus de facilité que moi à apprendre par la lecture, tandis que moi j'ai plus de facilité à apprendre en agissant?

– Oui», a répondu mon père.

Je suis resté là de nouveau à réfléchir. Je me suis mis à comprendre lentement de quelle façon ces nouvelles informations s'appliquaient à moi. «J'ai donc besoin de trouver des façons d'apprendre des choses qui correspondent le mieux à mon mode d'apprentissage», ai-je finalement dit.

Mon père a acquiescé. «Il te faut quand même apprendre à lire mais il semble que tu apprendras plus rapidement en agissant qu'en lisant. À bien des égards, Andy a un problème car il peut lire mais ne peut pas agir. À certains points de vue, il trouvera peut-être plus difficile que toi de s'adapter à la réalité. Il réussira tant et aussi longtemps qu'il demeurera dans le monde des études et des sciences. Et c'est pourquoi il éprouve des difficultés sur le terrain de base-ball ou à parler avec les autres garçons. Voilà pourquoi je crois qu'il est excellent que tes amis et toi lui permettiez de faire partie de vos équipes sportives. Vous lui enseignez ainsi des choses qu'un manuel scolaire ne pourrait jamais lui apprendre... des sujets et des aptitudes très importantes à la réussite dans la vraie vie.

– Andy est un grand ami», ai-je dit. «Mais il préférerait lire que de jouer au base-ball. Et je préférerais jouer au base-ball au lieu de lire. Donc, cela veut dire qu'il est plus intelligent dans la salle de classe parce que c'est son endroit de prédilection pour apprendre. Mais cela ne signifie pas qu'il est plus intelligent que moi. Son quotient intellectuel élevé signifie qu'il est un génie quand il s'agit d'apprendre au moyen de la lecture. Il me faut donc trouver une façon de faire davantage de distinctions plus rapidement afin que je puisse apprendre plus vite... en utilisant un moyen qui correspondra le mieux à mon mode d'apprentissage.»

Se multiplier en se divisant

Mon éducateur de père a souri: «Voilà la bonne attitude. Trouve une façon de faire des distinctions rapidement et tu apprendras rapidement. N'oublie jamais que la nature se multiplie en se divisant», a-t-il dit. «Tout comme une cellule croît en se scindant... il en va de même pour l'intelligence. À partir du moment où nous divisons une matière en deux parties, notre intelligence s'accroît. Si nous scindons ensuite ces deux parties en deux autres, nous en obtenons quatre, et notre intelligence est alors en train de se multiplier... de se multiplier en se divisant. C'est ce qu'on appelle l'"apprentissage quantique", et non pas l'"apprentissage linéaire".»

J'ai acquiescé, comprenant à quel point mon apprentissage pourrait être accéléré lorsque j'aurais vraiment saisi quelle est ma meilleure façon d'apprendre. «Quand j'ai commencé à jouer au base-ball, je n'en connaissais pas les rudiments», ai-je dit, «mais j'ai découvert très vite la différence entre un retrait au bâton, un coup de circuit et un point produit. Est-ce bien ce que tu veux dire quand tu affirmes que mon intelligence s'accroît en se divisant ou en faisant des distinctions plus subtiles?

– C'est exact», a répliqué mon père. «Et plus tu joueras à ce jeu, plus tu découvriras des distinctions nouvelles et plus subtiles. Ne trouves-tu pas que tu t'améliores à mesure que tu en apprends davantage?

– Oui», ai-je dit. «La première fois que j'ai joué au base-ball, je n'ai même pas pu frapper la balle. À présent, je peux frapper des coups retenus, des coups sûrs, des coups en flèche, ou frapper un coup de circuit l'autre côté de la clôture. Sais-tu que j'ai cogné trois coups de circuit cette année?» ai-dit fièrement avec un grand sourire.

– Oui, je sais», a répliqué mon père. «Et je suis très fier de toi. Et te rends-tu compte que plusieurs personnes ne connaissent pas la différence entre un coup retenu et un coup de circuit? Ils n'ont aucune idée de ce dont tu parles et ils sont absolument incapables de faire ce que tu fais.

– Alors mon QI de base-ball est vraiment élevé», ai-je dit en souriant.

– Très élevé», a dit mon père. «Tout comme le QI scolaire de Andy est vraiment élevé... mais il est incapable de frapper la balle.

– Tu peux le dire», ai-je répliqué. «Andy connaît peut-être la différence entre un coup retenu et un coup de circuit, mais il ne pourrait faire ni l'un ni l'autre si sa vie en dépendait.

– Et c'est là le problème quand on juge une personne à partir seulement de son QI scolaire», a rétorqué mon éducateur de père. «Bien souvent, des gens qui ont un QI scolaire élevé ne réussissent pas bien dans la vraie vie.

– Pourquoi en est-il ainsi?» ai-je demandé.

– C'est une bonne question à laquelle je n'ai pas vraiment de réponse. Je crois que c'est parce que les éducateurs se concentrent principalement sur les aptitudes intellectuelles, et non pas à convertir le savoir intellectuel en un savoir physique. Je crois également que nous, les éducateurs, punissons les gens qui commettent des erreurs, et si tu as peur de faire des erreurs, tu ne voudras pas te risquer à faire quoi que ce soit.

«Nous, dans le monde de l'éducation, mettons beaucoup trop l'accent sur la nécessité d'avoir raison et sur la peur d'avoir tort. C'est la peur de commettre une erreur et d'avoir ensuite l'air ridicules qui empêche les gens d'agir... et finalement, nous apprenons tous par l'action, en prenant des mesures. Nous savons tous que nous apprenons en commettant des erreurs. Cependant, dans notre système scolaire nous punissons les gens parce qu'ils en font trop. Le milieu de l'éducation est rempli de gens qui peuvent vous dire tout ce que vous avez besoin de savoir au sujet du base-ball, mais ils sont incapables de jouer eux-mêmes à ce jeu.

– Donc, quand notre institutrice dit que Andy est un génie, cela signifie-t-il qu'il est meilleur que moi?» ai-je demandé.

– Non», a dit mon père. «Mais à l'école il aura plus de facilité à apprendre que toi car son aptitude à la lecture se situe au niveau d'un esprit exceptionnel. D'un autre côté, sur le terrain de gymnastique tu vas apprendre plus rapidement que lui. Voilà tout ce que cela signifie.

– Par conséquent, le fait d'avoir un QI élevé signifie seulement qu'il apprend plus rapidement par la lecture... mais cela ne veut pas dire que je ne peux pas apprendre autant de choses que lui», a-je répliqué, cherchant à y voir plus clair. «En d'autres mots, je peux apprendre quelque chose si je le veux vraiment, n'est-ce pas?

– C'est exact», a dit mon père. «L'éducation est une question d'attitude... et si tu adoptes ce genre d'attitude positive en ce qui a trait à l'apprentissage, tu réussiras. Mais si tu adoptes une attitude de perdant, ou une attitude défaitiste relativement à l'apprentissage, alors tu n'apprendras jamais quoi que ce soit.»

J'ai sorti ma revue de base-ball de ma poche-revolver. Elle était usée et déchirée. «J'aime lire cette revue. Je peux dire le nombre de points accumulés, les moyennes au bâton et les salaires de tous les joueurs. Mais quand je lis cette revue dans la salle de classe, mon institutrice me l'enlève.

– Comme elle se doit de le faire», a dit mon père. «Mais elle devrait t'encourager à la lire après l'école.»

J'ai acquiescé. J'ai finalement compris pourquoi Andy avait un QI plus élevé. Mais ce qui est d'autant plus important, je me suis rendu compte de quelle façon j'apprenais le mieux. Ce jour-là, j'ai pris conscience que j'apprenais le mieux en agissant d'abord, puis en lisant ensuite sur le sujet. Par exemple, en ce qui a trait au base-ball, plus j'ai joué à ce jeu et plus j'ai voulu lire de choses à ce sujet. Mais si je n'avais pas pratiqué ce jeu, je n'aurais pas manifesté d'intérêt à lire des articles sur le base-ball.

Ce fut pour moi une façon d'apprendre ce qui me convenait le mieux, et cette façon-là j'allais continuer de l'apprendre pour le reste de ma vie. Si j'essayais d'abord quelque chose et que je trouvais cela intéressant, j'étais bien plus excité à l'idée de pouvoir lire des choses à ce sujet.

Mais si je ne pouvais pas d'abord être impliqué physiquement, ou si je devais me contenter seulement de lire sur un sujet, alors j'étais rarement intéressé et en conséquence je ne voulais pas lire à propos de ce sujet. N'ayant que 10 ans, j'en avais suffisamment appris ce jour-là. Ma capacité d'attention était épuisée. Saisissant mon gant de base-ball et mon bâton, j'ai franchi la porte pour aller faire des «distinctions plus subtiles» concernant le jeu de base-ball. Il me fallait améliorer mon QI au base-ball et la pratique était pour moi la meilleure façon d'y parvenir. De plus, je savais que si je ne continuais pas de m'entraîner, Andy la fourmi allait peut-être me remplacer un jour sur l'équipe.

Cette explication globale que m'a fournie mon père éducateur est la principale raison pourquoi j'ai terminé l'école secondaire et que je suis parvenu à survivre à un collège militaire fédéral très sévère, ayant un programme d'études rigoureux. Grâce à cette explication, j'ai su que le fait de ne pas posséder un QI scolaire élevé ne signifiait pas que je manquais d'intelligence. Cela voulait dire simplement qu'il me fallait trouver une façon d'apprendre me convenant au maximum.

Sans cette précieuse notion, j'aurais peut-être abandonné mes études secondaires longtemps avant d'avoir reçu mon diplôme. Personnellement, je trouvais que l'école manquait d'entrain, qu'elle était ennuyeuse et dénuée d'intérêt. La plupart des matières qu'il me fallait étudier ne m'intéressaient pas, mais j'ai trouvé quand même le moyen d'apprendre ces matières et de réussir aux examens. Ce qui m'a aidé à persévérer fut de savoir qu'une fois que j'aurais quitté l'école avec mon diplôme du collégial, ma véritable éducation allait commencer.

Combien y a-t-il d'intelligences différentes?

Au début des années 1980, un homme dénommé Howard Gardner a écrit un livre intitulé *Les Formes d'intelligence*[1]. Dans son livre, il a identifié sept intelligences différentes ou génies. Les voici:

1. *Verbale et linguistique:* C'est cette intelligence que notre système d'éducation utilise régulièrement pour mesurer le QI d'une personne. C'est la capacité innée d'une personne de lire et d'écrire des mots. C'est une intelligence très importante car c'est une des principales façons qu'ont les humains de rassembler et de partager des informations. Les journalistes, les écrivains, les avocats et les professeurs ont souvent la chance de posséder cette forme d'intelligence.

2. *Numérique:* C'est cette intelligence qui traite de données mesurées en nombres. Manifestement, un mathématicien aurait la chance d'avoir cette sorte d'intelligence. Un ingénieur diplômé devrait exceller à la fois sur le plan de l'intelligence verbale et linguistique, et sur le plan de l'intelligence numérique.

3. *Spatiale:* Voici l'intelligence que possèdent plusieurs personnes créatives – les artistes et les designers. Un architecte devrait exceller en même temps dans ces trois intelligences, car sa profession requiert des mots, des nombres et une conception graphique.

4. *Physique:* Voilà la sorte d'intelligence que plusieurs grands athlètes et danseurs ont la chance de posséder. Il y a aussi tous ces gens qui ne réussissent pas bien à l'école et qui, physiquement, sont doués. Ce sont souvent des gens qui apprennent en agissant, ce qu'on appelle souvent l'apprentissage manuel. Bien souvent, les gens qui possèdent cette sorte d'intelligence gravitent dans le domaine de la mécanique ou des métiers du bâtiment. Ils aiment probablement les ateliers de bois ou les cours

---

1. Publié aux éditions Odile Jacob.

de cuisine. En d'autres mots, ils sont des génies par la vue, le toucher et en accomplissant des choses. Une personne qui concevrait des voitures de course devrait posséder les quatre premières formes d'intelligence.

5. *Intrapersonnelle:* Voici le type d'intelligence souvent appelée «l'intelligence émotionnelle». C'est ce que nous nous disons à nous-mêmes, par exemple, quand nous sommes craintifs ou fâchés. Les gens échouent souvent dans un domaine, non pas par manque de connaissances intellectuelles mais parce qu'ils ont peur d'échouer. Par exemple, je connais plusieurs personnes intelligentes, ayant de bonnes notes, et qui ont moins de succès qu'elles devraient en avoir pour la simple raison qu'elles vivent dans la terreur de commettre une erreur ou d'échouer. Bien souvent les gens ne font pas d'argent pour la simple raison qu'ils ont encore plus peur de perdre de l'argent que d'éprouver du plaisir à en gagner.

Il existe un livre écrit par Daniel Goleman intitulé *L'Intelligence émotionnelle*[1] que je recommande aux gens de lire s'ils sont prêts à effectuer des changements significatifs dans leurs vies. Dans ce livre, monsieur Goleman cite Érasme de Rotterdam, l'humaniste du XVIe siècle, lequel affirme que la pensée émotionnelle peut être 22 fois plus puissante que la pensée rationnelle. En d'autres mots, le rapport est le suivant:

$$24:1$$
la pensée émotionnelle: la pensée rationnelle

Je suis tout à fait certain que la plupart d'entre nous ont expérimenté la supériorité de notre pensée émotionnelle sur notre pensée rationnelle, particulièrement quand nous sommes plus craintifs que logiques, ou quand nous disons quelque chose tout en étant conscients que nous n'aurions jamais dû le dire.

Je suis d'accord avec Daniel Goleman quand il affirme que l'intelligence intrapersonnelle est la plus importante de toutes. Je dis cela car l'intelligence intrapersonnelle contrôle ce que nous nous disons à nous-mêmes. C'est moi me parlant à moi-même, et vous à vous-même.

---

1. Les éditions Un monde différent ont produit une cassette audio qui est un condensé de ce succès de librairie.

6. *Interpersonnelle:* C'est le type d'intelligence que l'on retrouve chez ces gens qui peuvent parler facilement avec d'autres personnes. Les gens qui possèdent cette intelligence sont souvent des communicateurs charismatiques, de grands chanteurs, des prédicateurs, des politiciens, des acteurs, des vendeurs et des conférenciers.

7. *Environnementale:* C'est la sorte d'intelligence qui attire des humains vers la nature qui les entoure. Ce sont des gens qui ont le don inné de composer avec des choses telles que les arbres, les plantes, les poissons, l'océan, les animaux et la terre. C'est l'intelligence que possède les grands propriétaires terriens, les dompteurs d'animaux, les océanographes et les conservateurs de réserves naturelles.

Depuis que les distinctions précédentes entre les différentes intelligences ont été faites, plus de 30 autres intelligences ont été identifiées... donc nos connaissances en ce qui a trait à l'intelligence continuent de s'accroître car nous n'arrêtons pas de faire des distinctions plus subtiles.

Les gens qui échouent à l'école

Les gens qui ne réussissent pas bien à l'école, même s'ils essaient très fort, n'ont pas une intelligence verbale et linguistique puissante. Ces gens n'apprennent pas en restant assis immobiles, en écoutant des cours, ou en lisant. Ils apprennent, ou bien ils sont doués, dans d'autres domaines.

Mon véritable père était assurément doué sur le plan de l'intelligence verbale et linguistique. C'est pourquoi il lisait bien, écrivait bien et possédait un QI élevé. Il était aussi un grand communicateur, ce qui signifie qu'il était également excellent dans le domaine de l'intelligence interpersonnelle.

D'un autre côté, mon père riche était doué dans la seconde catégorie de la liste... l'intelligence numérique. Il était classé au-dessous de la moyenne dans les aptitudes verbales et linguistiques. Et c'est pourquoi, selon moi, il n'est jamais retourné à l'école. Il écrivait et lisait avec difficulté. Cependant, c'était un brillant orateur et ses habiletés interpersonnelles étaient excellentes. Il avait des centaines d'employés qui aimaient travailler pour lui.

De plus, il n'avait pas peur de prendre des risques, ce qui signifie que son intelligence intrapersonnelle était très puissante. En d'autres mots, il possédait la capacité de consacrer toute son attention sur des détails numériques, de même que l'habileté de prendre des risques dans le domaine de l'investissement. Et il était également capable de bâtir des entreprises pour lesquelles les gens aimaient travailler.

Mon vrai père était solide dans la plupart des «intelligences», mais sa peur de perdre de l'argent était sa faiblesse. Quand il a essayé de lancer sa propre entreprise et que cette dernière s'est retrouvée à court d'argent, il a paniqué et s'en est allé réintégrer un emploi. Une intelligence intrapersonnelle: voilà l'atout qu'un grand entrepreneur doit posséder, surtout s'il démarre une entreprise sans argent.

La personne qui tombe et se relève à nouveau fait appel à l'intelligence intrapersonnelle, ou à l'intelligence émotionnelle. Les gens surnomment souvent cette forme d'intelligence la «ténacité» ou la «détermination». Quand des gens font certaines choses et se sentent terrifiés au moment de les accomplir, ils font appel à leur intelligence intrapersonnelle. Les gens appellent cela du «cran» ou du «courage». Quand une personne commet une erreur et possède l'intelligence intrapersonnelle qui lui permet de l'admettre et de s'excuser, on appelle souvent cette intelligence de l'«humilité».

Pourquoi certaines personnes réussissent mieux que d'autres

Quand j'examine la vie de Tiger Woods, il m'est facile de comprendre pourquoi il est une si grande vedette. Pour en arriver à être un excellent étudiant, à être accepté à l'*Université Stanford*, à être éventuellement le meilleur joueur de toute l'histoire du golf, et à être une star aussi influente dans les médias, il lui fallait être un génie dans les sept catégories d'intelligences de notre liste.

Comme vous le dira n'importe quel golfeur, le golf requiert une impressionnante intelligence physique, mais ce qui est plus important encore, le golf exige une formidable intelligence intrapersonnelle. C'est pourquoi tellement de gens disent que le golf est un jeu qui se joue à l'intérieur de soi.

Quand vous regardez Tiger à la télévision, vous comprenez pourquoi on le paie autant d'argent pour faire de la publicité pour des produits. On le paie beaucoup car c'est un grand communicateur, ce qui veut dire que son intelligence interpersonnelle est très puissante. Il est très charismatique et convaincant en tant que star des médias. Il est un héros aux yeux de millions de personnes à travers le monde et c'est pourquoi les entreprises aiment qu'ils fassent de la publicité pour leurs produits.

À la fin des années 1930, l'*Institut Carnegie* a fait une étude sur les gens qui réussissent. Cette étude a démontré que l'expertise technique comptait pour moins que 15 % relativement à la raison de leur succès. En d'autres mots, certains médecins ont plus de succès que d'autres, et cela n'est pas nécessairement attribuable à l'école qu'ils ont fréquentée ou à leur degré d'intelligence. Nous connaissons tous des gens qui excellaient à l'école et qui sont très intelligents, et pourtant ils ne réussissent pas dans la vraie vie. Quand vous examinez les sept différentes catégories d'intelligences, vous pouvez identifier certaines des autres raisons qui concourent à la réussite ou à l'échec d'une personne. En d'autres mots, vous pouvez faire des distinctions additionnelles, ce qui représente le fondement de l'intelligence.

L'étude de l'*Institut Carnegie* signalait que 85 % de la réussite d'une personne dans la vie était attribuable à «des aptitudes en ergonomie[1]». La capacité à communiquer et à bien s'entendre avec les autres était bien plus importante que l'expertise technique.

Le bureau du recensement américain en ce qui a trait à l'engagement, la formation et la gestion a mené une étude qui met en lumière le point soulevé par l'*Institut Carnegie*. On a demandé à 3 000 employeurs: «Quelles sont les principales compétences que vous recherchez quand vous engagez des gens?» Les 6 principales compétences étaient les suivantes:

1. une bonne attitude;
2. de bonnes aptitudes en communication;
3. une expérience de travail antérieure;

---

1. N. du T.: Étude scientifique qui vise à adapter le mieux possible le milieu physique à l'activité humaine de manière que le travailleur donne un rendement optimum avec le minimum d'efforts, de fatigue et d'inconvénients. Multidisciplinaire, l'ergonomie fait appel à la physiologie, à la psychologie expérimentale, à la médecine du travail, à l'anatomie et aux sciences physiques et sociales, mais elle sert aussi aux ingénieurs, aux architectes, aux urbanistes, aux constructeurs de machines et à tous ceux qui sont responsables de l'aménagement des conditions de travail.

4.   ce que l'employeur précédent a dit concernant l'employé;

5.   quel degré de formation l'employé possède-t-il?

6.   combien d'années d'études l'employé a-t-il complétées?

Une fois de plus, l'attitude et les aptitudes dans le domaine de la communication ont surpassé les compétences techniques quand il s'agit de déterminer la réussite d'un emploi.

Trouvez votre catégorie d'intelligence et devenez un génie

Mon père, responsable de l'Éducation à Hawaii, savait que je ne réussirais pas bien à l'école. Il savait que le fait de rester assis dans une salle de classe, à suivre des cours, à lire des livres, et à étudier des matières sans aucun rapport avec des réalités physiques concrètes, ne correspondait pas à mon meilleur mode d'apprentissage. À vrai dire, il disait souvent: «Je doute fort que mes enfants puissent réussir à l'école.» Il savait que tous les enfants n'apprennent pas de la même manière.

Une de mes sœurs est une grande artiste, elle excelle dans les couleurs et le dessin. Elle travaille maintenant en tant que dessinatrice en publicité. Mon autre sœur est une religieuse et elle est très en harmonie avec l'environnement, avec toutes les créatures et les œuvres de Dieu. Mon frère préfère un apprentissage très physique. Il adore apprendre et faire des choses avec ses mains. Donnez-lui un tournevis et il cherchera à réparer des choses. C'est également un grand communicateur. Il aime parler aux gens et les aider à rendre service à d'autres personnes. Voilà pourquoi je pense qu'il aime travailler à la banque de sang. Il affectionne calmer les gens nerveux et leur demander de donner du sang pour en aider d'autres.

Je dirais que je possède de bonnes aptitudes intrapersonnelles qui me permettent de surmonter mes peurs et d'agir. C'est pourquoi j'aime être un entrepreneur et un investisseur, ou pourquoi j'ai pris plaisir à être un marine et à piloter un hélicoptère de combat au Viêt-nam. J'ai appris à transformer ma peur en une vive excitation.

Mon père était suffisamment intelligent pour encourager ses enfants à découvrir leur propre «génie» et leurs propres modes d'apprentissage. Il savait que chacun de ses enfants était différent, doté d'une intelligence distincte, et que chacun apprenait différemment... même si nous étions tous issus des mêmes parents. Quand il a découvert que j'étais vraiment intéressé par l'argent et le capitalisme, des sujets qui ne l'intéressaient aucunement, il m'a encouragé à trouver des professeurs qui pourraient m'enseigner ces matières. C'est pourquoi, à l'âge de 9 ans, j'ai commencé à étudier avec mon père riche. Bien que mon vrai père respectait mon père riche, ils ne voyaient pas du même œil plusieurs sujets.

Mon père, étant un grand pédagogue, savait que si un enfant était intéressé à une matière, cet enfant avait une meilleure chance de découvrir ses aptitudes naturelles. Il m'a permis d'étudier des matières qui m'intéressaient même s'ils n'aimaient pas particulièrement ces sujets. Et quand je n'obtenais pas de bonnes notes à l'école, il ne se fâchait pas, même s'il était le responsable du système d'éducation.

Étant conscient que l'école est importante, il savait aussi que ce n'était pas là que j'allais découvrir mon propre génie à moi. Il savait que si les enfants étudient ce qui les intéresse, ils découvriront ainsi leur propre génie et réussiront. Il savait que ses enfants étaient intelligents. Il nous le disait même si nous avions souvent de mauvaises notes à l'école. Étant un excellent professeur, il savait que la véritable définition de l'éducation consiste à faire ressortir votre «génie», votre propre intelligence, et non pas seulement à accumuler des connaissances dans votre cerveau.

Protégez le génie de votre enfant

Mon père était intransigeant en ce qui a trait à la protection du génie de tous les enfants. Il savait que le système scolaire reconnaissait principalement une seule forme de génie, l'intelligence verbale et linguistique. Il savait aussi que le génie individuel d'un enfant peut être étouffé à l'école, surtout si cet enfant n'excelle pas dans l'intelligence verbale et linguistique qui sert de base pour établir le QI.

Mon père se préoccupait donc de moi car j'étais un enfant très actif et que je détestais les matières ardues et ennuyeuses. Il savait que j'avais une capacité d'attention réduite et que j'allais avoir des problèmes à l'école. Pour ces raisons, il m'a encouragé à faire du sport et à étudier avec mon père riche. Il voulait que je demeure très actif et que j'étudie une matière qui m'intéresse, afin de s'assurer que mon amour-propre, lequel est étroitement lié à l'intelligence, demeure intact. Il a fait de même pour mes frères et sœurs.

De nos jours, on m'étiquetterait comme ayant un trouble déficitaire de l'attention, et on me ferait prendre des médicaments pour que je reste assis sur mon siège, tout en me forçant à étudier des matières qui ne m'intéressent pas. Quand des gens me demandent ce qu'est le trouble déficitaire de l'attention ou s'inquiètent à savoir s'ils l'ont, je leur dis que plusieurs d'entre nous ont ce trouble. Si nous ne l'avions pas, il n'existerait qu'une chaîne de télévision et nous serions tous assis là à la regarder comme des abrutis.

Aujourd'hui, le trouble déficitaire de l'attention pourrait également être connu sous l'appellation «faire du surf sur les chaînes» ou zapper. Quand nous en avons assez, nous appuyons simplement sur un bouton et nous partons à la recherche de quelque chose qui nous intéresse. Nos enfants n'ont malheureusement pas ce luxe à l'école.

La Tortue et le Lièvre

Mon père aime la fable classique de la *Tortue et du Lièvre*. Il avait l'habitude de dire à ses enfants: «Certains enfants à l'école sont plus intelligents que vous à certains égards. Mais n'oubliez jamais l'histoire de la *Tortue et du Lièvre*.» Il enchaînait en disant: «Certains enfants apprennent plus rapidement que vous. Mais cela ne veut pas dire qu'ils vous ont dépassés. Si vous étudiez à votre propre rythme et que vous continuez d'apprendre, vous en dépasserez d'autres qui apprennent rapidement mais qui s'arrêtent ensuite d'apprendre.»

Il disait aussi: «Ce n'est pas parce qu'un enfant a de bonnes notes à l'école qu'il réussira dans la vie. N'oubliez pas, votre véritable éducation commencera une fois que vous aurez quitté l'école.» C'est ainsi que mon père encourageait ses enfants à devenir des êtres qui ne cessent d'apprendre pendant toute leur vie, comme lui-même le faisait.

Votre QI peut baisser

Il est évident pour moi que la vie est une expérience d'éducation permanente. Tout comme le lièvre s'est couché et s'est endormi, bien des gens se coucheront et s'endormiront après avoir terminé leurs études. Dans ce monde d'aujourd'hui qui change rapidement, ce genre de comportement peut coûter cher. Réexaminez la définition du quotient intellectuel:

$$\frac{\text{Âge mental}}{\text{Âge chronologique}} \times 100 = \text{QI}$$

Par définition, techniquement parlant, votre QI baisse à chaque année quand vous vieillissez d'un an. C'est pourquoi l'histoire de mon père au sujet de la Tortue et du Lièvre est vraie. Quand vous assistez à une réunion des anciens du secondaire, vous pouvez souvent repérer les lièvres qui se sont endormis sur le bord de la route. Ils sont bien souvent ces étudiants dont on disait qu'ils avaient le plus de chances de réussir... mais ce ne fut pas le cas. Ils ont oublié que l'éducation à la vie se prolonge longtemps après la fin des études.

Découvrez le génie de votre enfant

«Votre enfant est-il un génie?» Je le crois et j'espère que vous le croyez aussi. À vrai dire, votre enfant a probablement plusieurs aptitudes naturelles. Le problème est que notre système d'éducation actuel ne reconnaît qu'une seule forme d'intelligence. Si l'intelligence de votre enfant n'est pas celle que le système reconnaît, il se peut que votre enfant apprenne à se sentir stupide à l'école au lieu de se sentir intelligent. Au pire, l'intelligence de votre enfant pourrait être ignorée ou amochée dans le système. Je sais que plusieurs enfants se sentent moins intelligents parce qu'on les compare avec d'autres enfants.

Plutôt que de chercher à discerner le génie unique ou l'intelligence exceptionnelle d'un enfant, on soumet tous les enfants à un seul et même test en ce qui a trait au QI. Les jeunes terminent leurs études en pensant qu'ils ne sont pas intelligents. Ces jeunes, qui finissent l'école en croyant qu'ils ne sont pas aussi intelligents que les autres, terminent leurs études avec un énorme handicap dans la vie. Il est essentiel que les parents identifient les aptitudes naturelles innées de leur enfant tôt dans la vie. Il est indispensable qu'ils encouragent leur enfant à développer ces aptitudes et à les protéger d'un système d'éducation qui favorise une seule forme d'intelligence.

Comme le disait mon père à ses enfants: «Notre système scolaire est conçu pour enseigner à certains enfants, mais malheureusement il n'est pas conçu pour enseigner à *tous* les enfants.» Quand des gens me demandent si je crois que tous les enfants sont intelligents, je leur dis: «Je n'ai jamais vu un bébé qui n'est pas curieux et pressé d'apprendre. Je n'ai jamais vu un bébé auquel il fallait dire d'apprendre à parler ou à marcher. Je n'ai jamais vu un bébé refuser de se relever après être tombé pendant qu'il apprend à marcher, et dire, tandis qu'il gît sur le plancher: "J'ai encore échoué. Je crois que je n'apprendrai jamais à marcher."»

«Je n'ai vu que des bébés qui se lèvent et tombent, se lèvent et tombent, se lèvent et tombent, puis qui se lèvent, restent debout, commencent à marcher, et à courir par la suite. Les bébés sont des créatures naturellement excitées à l'idée d'apprendre. D'autre part, j'ai rencontré bon nombre de jeunes qui s'ennuient à l'école, ou qui abandonnent l'école en colère ou sur un constat d'échec, ou bien en se jurant de ne plus jamais retourner aux études.»

Il s'est manifestement produit quelque chose dans l'existence de ces jeunes, en ce qui a trait à leur propension naturelle pour l'apprentissage, entre leur naissance et la fin de leurs études. Mon père disait: «Le travail le plus important d'un parent consiste à garder bien vivants l'amour d'apprendre et l'intelligence de ses enfants, surtout quand les enfants n'aiment pas l'école.»

Si mon père n'avait pas agi ainsi avec moi, j'aurais abandonné l'école longtemps avant d'obtenir mon diplôme. La majeure partie de ce livre décrit comment mon père clairvoyant s'y est pris pour garder bien vivant mon amour d'apprendre. J'ai continué de fréquenter l'école malgré le fait que je détestais cela. Il a entretenu mon amour d'apprendre en m'encourageant à développer mes différents «génies», même si je n'étais pas un génie sur le plan scolaire à l'école.

Chapitre 3

Donnez à vos enfants du pouvoir avant de leur donner de l'argent

*U*n jour, mon camarade de classe Richie m'a invité à passer la fin de semaine dans leur maison près de la mer. J'étais ravi. Richie était un des gars les plus sympathiques de l'école et tous voulaient être son ami. J'étais donc invité dans le nec plus ultra, sa maison de bord de mer, située dans un domaine privé à environ 20 kilomètres de chez moi.

Ma mère m'a aidé à mettre mes effets dans mon sac de voyage et a remercié la mère et le père de Richie quand ils sont venus me chercher. J'ai passé une fin de semaine merveilleuse. Richie avait son propre bateau et plusieurs autres super jouets. Nous nous sommes amusés du matin jusqu'au soir. Quand ses parents m'ont ramené à la maison, j'avais le teint bronzé, j'étais éreinté et exalté.

Au cours des jours qui ont suivi, je n'ai parlé que de cette fin de semaine à l'école et à la maison. J'ai parlé du plaisir ressenti, des jouets, du bateau, de l'excellente nourriture, et de la superbe maison de bord de mer. Le jeudi soir, j'ai demandé à ma mère et mon père si nous pouvions acheter une maison à proximité de celle de Richie. C'est à ce moment-là que mon père a craqué. Il en avait assez entendu.

«Ça fait maintenant quatre jours que notre famille entend parler de ta fin de semaine dans la maison de Richie. Je suis fatigué d'en entendre parler. À présent, tu voudrais qu'on achète une maison de bord de mer. C'est le comble! Il ne manquait plus que cela! Crois-tu que je suis fait... en argent? La raison pourquoi nous n'achetons pas une maison de bord de mer très coûteuse est que je n'en ai pas les moyens.

«Je peux à peine payer les factures et mettre de la nourriture sur la table. Je m'éreinte à travailler toute la journée, je reviens à la maison où les factures que je ne peux pas payer m'attendent, et en plus de tout ça tu voudrais que je nous achète une maison sur le bord de la mer. Que je t'achète un bateau peut-être? Eh bien, mes moyens ne le permettent pas. Je ne suis pas riche comme les parents de Richie. Je vous nourris et je vous habille, et je peux à peine le faire. Si tu veux vivre comme Richie, alors pourquoi ne déménages-tu pas chez lui?»

Plus tard ce soir-là ma mère est venue dans ma chambre et a refermé doucement la porte derrière elle. Elle avait dans la main une pile d'enveloppes. S'assoyant sur le bord de mon lit, elle a dit: «Ton père vit beaucoup de stress sur le plan financier.»

J'étais étendu là, dans la pénombre de ma chambre, à regarder ma mère tandis qu'une confusion émotionnelle étreignait tout mon être. À peine âgé de 9 ans, j'étais triste, ébranlé, fâché et déçu. Je n'avais pas voulu offenser mon père. Je savais que nous traversions une période difficile sur le plan financier. J'avais juste voulu partager avec ma famille un peu de bonheur et une image de la belle vie... une vie que l'argent peut acheter... une vie à laquelle nous pouvions peut-être aspirer.

Ma mère s'est mise à me montrer des factures, plusieurs avec des chiffres écrits en rouge. «Nous sommes à découvert à la banque, et en plus nous avons toutes ces factures à payer. Certaines accusent même deux mois de retard pour leur paiement.

– Je sais maman, je sais», ai-je dit. «Je ne voulais pas le contrarier. Je voulais seulement amener un peu de plaisir et de bonheur au sein de notre famille. Je voulais simplement partager avec la famille ce à quoi pourrait ressembler une vie avec de l'argent.»

Ma mère a passé sa main sur mon front et a ramené mes cheveux vers l'arrière. «Je sais que ton intention était bonne. Je sais que cette maison n'a pas tellement respiré le bonheur, ces derniers temps. Mais en ce moment nous éprouvons des difficultés financières. Nous ne sommes pas des gens riches et nous ne le serons probablement jamais.

– Pourquoi?» ai-je demandé, suppliant presque dans le but d'obtenir une quelconque explication.

– Nous avons tout simplement trop de factures à payer, et ton père ne gagne pas autant d'argent que ça. En plus de tout cela, la mère de ton père, ta grand-mère, vient de lui demander s'il pouvait lui faire parvenir de l'argent pour leur venir en aide. Ton père a reçu cette lettre aujourd'hui et il s'inquiète car eux aussi traversent une période difficile. Nous ne pouvons tout simplement pas nous permettre d'acheter ces choses que les parents de Richie peuvent se payer.

– Mais pourquoi?» ai-je demandé.

– Je ne sais pas pourquoi», a dit ma mère. «Je sais seulement qu'on n'a pas les moyens que ces gens ont. Nous ne sommes pas des gens riches comme eux. Ferme les yeux à présent et endors-toi. Tu vas à l'école demain matin et il te faut acquérir une bonne instruction si tu veux réussir dans la vie. Si tu obtiens une excellente instruction, alors tu pourras peut-être devenir riche comme les parents de Richie.

– Mais papa a une bonne instruction et toi aussi maman», ai-je répliqué. «Alors pourquoi ne sommes-nous pas riches? Nous n'avons qu'une pile de factures. Je ne comprends pas», ai-je dit doucement. «Je ne comprends pas.

– Peu importe, mon fils. Ne t'inquiète pas pour la question d'argent. Ton père et moi-même allons régler nos problèmes d'argent. Tu dois aller à l'école demain. Il te faut donc passer une bonne nuit de sommeil.»

À la fin des années 1950, mon père a dû abandonner son programme d'études supérieures au niveau du doctorat, à l'université d'Hawaï, parce qu'il avait trop de factures à payer. Il avait projeté de rester aux études et d'obtenir son doctorat en éducation. Mais avec une épouse et quatre enfants, les factures se sont accumulées. Puis ma mère, mes deux sœurs et moi-même avons été malades, et mon frère est tombé en bas d'un mur et il a fallu l'hospitaliser. Le seul qui n'était pas à l'hôpital ou qui n'avait pas besoin de soins médicaux était mon père. Il a renoncé à son doctorat, il a déménagé la famille sur une autre île et il s'est mis à travailler à titre d'adjoint du directeur général de l'Éducation de l'île d'Hawaï. Il allait par la suite assumer ce poste, et revenir ensuite habiter à Honolulu où il est devenu le directeur général de l'Éducation pour tout l'État d'Hawaï.

Ce sont les raisons pourquoi notre famille avait autant de factures à payer. Il a fallu des années pour les acquitter, mais aussitôt qu'une série de factures était réglée, nous nous retrouvions à devoir de l'argent pour quelque chose d'autre qui enfonçait de nouveau notre famille dans les dettes.

À l'époque où j'avais 9 ans et que j'ai rencontré des camarades de classe comme Richie, je savais qu'il y avait une grande différence entre ma famille et celle de plusieurs de mes camarades de classe. Dans *Père riche, père pauvre*, j'ai décrit comment, par un véritable coup de chance à cause d'une ligne de délimitation des quartiers, j'ai fréquenté l'école élémentaire des enfants riches au lieu de l'école assignée aux enfants de la classe moyenne et aux pauvres. Le fait d'avoir des amis riches, tout en faisant partie d'une famille criblée de dettes, a représenté un tournant décisif dans l'orientation de ma vie alors que je n'avais que 9 ans.

Est-ce que ça prend de l'argent pour faire de l'argent?

Une des questions qu'on me pose le plus souvent est celle-ci: «Est-ce que ça prend de l'argent pour faire de l'argent?»

Ma réponse est la suivante: «Non, vous n'en avez pas besoin.» J'enchaîne en disant: «L'argent provient de vos idées car l'argent n'est qu'une idée.»

Une autre question souvent posée: «Comment puis-je investir si je n'ai pas d'argent à investir? Comment puis-je investir si je n'ai même pas les moyens de régler mes factures?»

Ma réponse est la suivante: «La première chose que je recommanderais est de cesser de dire: "Je n'en ai pas les moyens."»

Je sais que pour bien des gens mes réponses sont peu convaincantes, étant donné que bien souvent les gens recherchent des réponses immédiates sur la façon d'obtenir rapidement quelques dollars pour pouvoir les investir, et avancer ensuite dans la vie. Je veux que les gens sachent qu'ils ont le pouvoir et la capacité d'avoir tout l'argent qu'ils veulent... s'ils le veulent vraiment. Et on ne trouve pas ce pouvoir dans l'argent. Ils ne le trouveront pas non plus à l'extérieur d'eux-mêmes.

Ce pouvoir se trouve dans leurs idées. Il n'a rien à voir avec l'argent. Il a rapport avec le pouvoir... le pouvoir de leurs idées. La bonne nouvelle est que ça ne prend pas d'argent pour faire de l'argent... il s'agit simplement de consentir à changer quelques idées. Changez quelques idées et vous pourrez acquérir du pouvoir sur l'argent au lieu de permettre à l'argent d'avoir une emprise sur vous.

Mon père riche disait souvent: «Les gens pauvres le sont pour la simple raison qu'ils ont de piètres idées.» Il disait aussi: «La plupart des gens pauvres apprennent de leurs parents toutes leurs idées concernant l'argent et la vie. Vu que nous n'enseignons rien à l'école au sujet de l'argent, les idées en ce qui a trait à l'argent sont transmises des parents aux enfants d'une génération à l'autre.»

Dans mon livre, *Père riche, père pauvre*, la première leçon de mon père riche était la suivante: «Les riches ne travaillent pas pour l'argent.» Mon père riche m'a enseigné à mettre l'argent à mon service. Quoique je ne comprenais pas pourquoi la famille de Richie était plus riche que la nôtre quand j'avais 9 ans, plusieurs années plus tard j'ai su pourquoi. La famille de Richie savait mettre l'argent à son service et elle a transmis ce savoir à ses enfants. Richie est encore un homme très riche qui continue de s'enrichir.

Aujourd'hui, chaque fois que nous nous croisons nous demeurons les meilleurs des amis, et quand nous nous rencontrons nous partageons la même amitié depuis 40 ans. Il arrive que nous ne nous voyions pas pendant 5 ans, et pourtant chaque fois que nous nous rencontrons de nouveau, nous avons l'impression de nous être vus la veille.

Je comprends maintenant pourquoi sa famille était plus riche que la mienne; je le vois transmettre ce savoir à ses enfants. Mais c'est bien plus que les simples rudiments de l'argent que je vois Richie léguer à sa progéniture. Je le vois leur transmettre le pouvoir sur l'argent. Et c'est ce pouvoir sur l'argent qui rend les gens riches... pas seulement l'argent. C'est ce pouvoir sur l'argent que je veux que ce livre vous transmette pour que vous puissiez le léguer à vos enfants.

Dans mon livre *Père riche, père pauvre*, l'anecdote de mon père riche qui me privait de mes 10 sous de l'heure, dans l'accomplissement d'un travail pour lui, a provoqué toute une réaction de la part de nos lecteurs. En d'autres mots, il m'a fait travailler sans me payer.

Un ami médecin m'a téléphoné après avoir lu le livre et a dit: «Quand j'ai lu que ton père riche t'a fait placer des conserves sur les étagères dans son magasin sans même te donner un salaire, j'ai bouilli de colère. Je comprends quel est ton message, mais je ne suis pas d'accord. C'était cruel. Il faut rémunérer les gens. Tu ne peux pas t'attendre à ce que quelqu'un travaille pour rien, surtout quand quelqu'un d'autre fait de l'argent.»

Les gens riches n'ont pas besoin d'argent

Quand mon père riche m'a enlevé mes 10 sous de l'heure, il me retirait cet argent pour que je puisse trouver mon pouvoir sur l'argent. Il voulait que je sache que je pouvais faire de l'argent sans argent. Il voulait que je découvre le pouvoir de *créer* de l'argent plutôt que d'apprendre à *travailler* pour de l'argent. Père riche disait: «Si tu n'as pas besoin d'argent, tu gagneras beaucoup d'argent. Les gens qui ont besoin d'argent ne deviennent jamais vraiment riches. C'est la nécessité qui te dérobe ton pouvoir. Tu dois travailler dur et apprendre à ne jamais avoir besoin d'argent.»

Malgré le fait qu'il donnait de l'argent de poche à ses autres enfants, il n'en accordait pas à son fils Mike, et il ne nous payait pas pour travailler pour lui. Il disait: «En donnant de l'argent de poche à un enfant, vous lui enseignez à travailler pour l'argent au lieu d'apprendre à créer de l'argent.»

Comprenez-moi bien, je ne suis pas *en train de dire* que vos enfants devraient travailler gratuitement. Et je ne dis pas de ne pas donner à votre enfant de l'argent de poche. Je ne serais pas assez insensé pour vous dire quoi dire à votre propre enfant, étant donné que chaque enfant est différent, tout comme chaque situation. Ce que je dis c'est que l'argent provient des idées, et que si vous voulez sincèrement donner un bon départ à votre enfant dans la vie, je serais très vigilant quant à vos idées et à celles de vos enfants.

Il existe un adage très employé: «Un voyage de mille kilomètres commence par un premier pas.» Un adage plus précis serait: «Un voyage de mille kilomètres commence avec l'*idée* d'effectuer le voyage.» Quand il s'agit d'argent, plusieurs personnes entreprennent le voyage de leur vie avec de piètres idées ou des idées qui les limitent plus tard dans leur existence.

Quand donc devons-nous enseigner à un enfant ce qu'il doit savoir sur l'argent?

On me demande souvent: «À quel âge dois-je enseigner à mon enfant ce qu'il doit savoir sur l'argent?»

Ma réponse est la suivante: «Quand votre enfant commence à s'intéresser à l'argent.» Puis j'ajoute: «J'ai un ami qui a un fils de 5 ans. Si je tenais un billet de 5 $ ou un de 20 $ et que je demandais à cet enfant: "Lequel des deux veux-tu?" Quel est donc le billet que l'enfant choisirait?» La personne qui me pose cette question dit souvent sans aucune hésitation: «Le billet de 20 $.» Et je réplique: «C'est exact, même un enfant de 5 ans comprend déjà la différence entre un billet de 5 $ et un de 20 $.»

Mon père riche m'a privé de mes 10 sous de l'heure car je lui ai demandé de m'enseigner à être riche. Il ne l'a pas fait car il voulait m'enseigner quelque chose à propos de l'argent – et il y a là une différence. Si l'enfant ne veut pas nécessairement apprendre à être riche, alors les leçons devraient manifestement être différentes.

Une des raisons pourquoi mon père riche accordait de l'argent de poche à ses autres enfants est qu'ils n'étaient pas intéressés à devenir riches. Il leur a donc enseigné des leçons différentes en ce qui a trait à l'argent. Bien que les leçons étaient différentes, il leur a quand même enseigné à avoir le pouvoir sur l'argent au lieu de passer toute une vie à avoir besoin d'argent. Comme le disait mon père riche: «Plus vous avez besoin d'argent, moins vous avez de pouvoir.»

Le groupe d'âge entre 9 et 15 ans

Différents psychologues en milieu scolaire m'ont affirmé que les âges entre 9 et 15 ans sont cruciaux dans le développement d'un enfant. Ce n'est pas là une science exacte, et divers experts diront des choses différentes. Je ne suis pas un expert dans le développement de l'enfant; voyez donc dans ce que je dis des lignes directrices générales plutôt que des paroles qui découlent d'une expérience professionnelle.

Un spécialiste à qui j'ai parlé m'a dit que, vers l'âge de 9 ans, les enfants commencent à se détacher de l'identité de leurs parents et se mettent en quête d'une identité qui leur est propre. Je sais que c'était vrai dans mon cas car à l'âge de 9 ans j'ai commencé à travailler avec mon père riche. Je voulais me détacher de la vision qu'avaient mes parents de notre monde ; j'avais donc besoin d'une nouvelle identité.

Un autre expert a dit qu'entre 9 et 15 ans les enfants développent ce qu'ils appellent leur «formule gagnante». Ce spécialiste a décrit la formule gagnante comme étant l'idée que se fait l'enfant de ses meilleures chances de survie et de ses possibilités de gagner. Je savais dès l'âge de 9 ans que l'école ne faisait pas partie de ma formule gagnante, surtout après qu'on ait qualifié mon ami Andy de génie, et moi non. Je pensais que j'avais une meilleure chance d'être une vedette du sport ou d'être riche que d'exceller dans le domaine scolaire comme Andy et mon père. En d'autres mots, si un enfant pense qu'il est bon à l'école, sa formule gagnante serait peut-être de fréquenter l'école et d'obtenir son diplôme avec distinction. Si l'enfant ne réussit pas à l'école, ou n'aime pas l'école, cet enfant devrait peut-être chercher une formule différente.

Cet expert a souligné aussi quelques autres points dignes de mention concernant les formules gagnantes. Il a dit que les conflits entre les parents et l'enfant commencent quand la formule gagnante de réussite de l'enfant n'est pas la même que celle des parents. L'expert a également dit que les problèmes familiaux débutent quand les parents se mettent à imposer leur formule gagnante à l'enfant sans respecter d'abord la formule de l'enfant.

Nous parlerons davantage de l'importance de la formule gagnante d'un enfant plus avant dans ce livre. Mais avant de continuer d'accorder à votre enfant le pouvoir sur l'argent, il vaut la peine de mentionner ce qui suit à l'intention des adultes.

Cet expert a également dit que plusieurs adultes éprouvent des problèmes parvenus à un certain âge, quand ils se rendent compte que les formules gagnantes qu'ils ont trouvées quand ils étaient jeunes ne sont plus gagnantes pour eux aujourd'hui. Plusieurs adultes recherchent alors un changement de carrière ou d'emploi. Certains continuent d'essayer de faire fonctionner la formule même après avoir réalisé qu'elle ne marche pas. D'autres font une dépression, croyant qu'ils ont échoué dans la vie, au lieu de prendre conscience que c'était une formule gagnante qui a cessé de l'être.

En d'autres mots, les gens sont généralement heureux quand ils sont satisfaits de leur formule gagnante. Les gens deviennent malheureux quand ils en ont assez de leur formule, ou quand cette formule n'est plus gagnante, ou quand ils se rendent compte que leur formule ne les amène pas où ils veulent aller.

La formule gagnante de Al Bundy

Si vous cherchez un exemple de gens qui vivent avec des formules gagnantes qui ne fonctionnent plus, jetez un coup d'œil à la comédie de situation télévisée *Married with Children* (Marié avec des enfants). J'ai d'abord détesté cette émission; j'ai refusé de la regarder. Mais je me rends compte maintenant que j'ai peut-être détesté cette émission parce qu'elle me rejoignait profondément. Pour ceux qui ne connaissent pas l'émission, Al Bundy, la vedette de cette comédie de situation, est un ex-joueur vedette de football à l'école secondaire. La seule chose notable qu'il ait faite a été de marquer quatre touchés à l'école secondaire *Polk*.

D'autre part, son épouse a réussi à l'école en utilisant la sexualité comme élément important de sa formule gagnante. Étant donné qu'il était vedette de football, elle lui a permis d'avoir des relations et elle est devenue enceinte. Ils se sont mariés et ils ont eu des enfants... de là le titre *Married with Children*. Vingt ans plus tard, il est devenu un vendeur de chaussures qui garde constamment à l'esprit le souvenir de ses quatre touchés au football. Il continue de penser, d'agir et de parler des choses qu'il faisait quand il était une vedette de football. Sa femme reste à la maison à regarder la télévision et elle continue de s'habiller de façon sexy comme à l'époque où elle fréquentait l'école secondaire.

Leurs deux enfants suivent les traces de leurs parents. Je parviens à saisir l'humour de cette comédie car je me reconnais dans le personnage de Al Bundy. Je me revois en train de revivre ma gloire passée sur le terrain de football et dans les fusiliers marins. Étant capable de me moquer de cette émission et de ma propre vie, je peux me rendre compte que bien des gens sont des Al et Peg Bundy dans la vie de tous les jours. Cette comédie télévisée est un exemple de formule gagnante qui a cessé de l'être.

Des formules gagnantes puissantes

Quand il s'agit d'argent, bien des gens développent une formule gagnante sans aucun pouvoir. En d'autres mots, il arrive souvent que des gens créent une formule perdante, en ce qui a trait à l'argent, parce qu'ils n'ont pas de pouvoir. Aussi étrange que cela puisse paraître, ils créent une formule qui leur fait perdre de l'argent car c'est la seule formule qu'ils connaissent.

Par exemple, j'ai rencontré récemment un homme coincé dans une carrière qu'il déteste maintenant. Il dirige une concession d'automobiles pour son père. Il fait un bon revenu mais il est malheureux. Il n'aime pas être l'employé de son père et il déteste être connu comme étant le fils du patron. Et pourtant il reste là. Quand je lui ai demandé pourquoi il restait là, il m'a répondu: «Eh bien, je ne crois pas que j'aurais pu construire cette concession *Ford* de ma propre initiative. J'ai donc pensé qu'il était préférable que je tienne jusqu'au bout, jusqu'à ce que mon père prenne sa retraite. En outre, je gagne beaucoup trop d'argent pour abandonner.» Sa formule consiste à gagner avec de l'argent, mais il y perd en ne cherchant pas à savoir à quel point il pourrait être puissant s'il brisait les liens qui l'enchaînent à sa sécurité.

Un autre exemple d'une formule gagnante qui, au bout du compte, s'avère perdante est l'histoire de l'épouse d'un ami qui conserve un emploi qu'elle aime mais dans lequel elle n'arrive à rien sur le plan financier. Au lieu de changer sa formule en acquérant certaines nouvelles compétences, elle accomplit des petits boulots pendant les fins de semaine et elle se plaint ensuite qu'il ne lui reste pas assez de temps à consacrer à ses enfants. Sa formule est manifestement celle-ci: «Travailler dur dans ce que j'aime et me résigner.»

Découvrez le pouvoir de créer une formule gagnante qui marche

Une des choses les plus importantes que les parents peuvent faire consiste à aider leurs enfants à créer des formules gagnantes qui marchent. Et il est très important que les parents sachent comment s'y prendre sans perturber le propre développement de l'enfant.

Récemment, un pasteur bien connu m'a téléphoné pour me demander si je voulais bien prendre la parole dans son église. Le nombre de fois où je fréquente une église est au mieux très inégal. Ma famille se rendait dans une église méthodiste, mais à l'âge de 10 ans j'ai commencé à m'intéresser à d'autres religions. J'ai fait cela car j'étudiais alors la Constitution des États-Unis et je me suis intéressé à l'idée de la séparation de l'église et de l'État, et à la liberté de choix sur le plan religieux. Par conséquent, je demandais à mes camarades de classe quelle église ils fréquentaient, et j'offrais de les accompagner. Cela ne rendait pas ma mère très heureuse. Je lui ai cependant rappelé que la Constitution me permettait la liberté de choix sur le plan religieux.

Pendant quelques années, j'ai pris plaisir à cette expérience qui consistait à aller dans les différentes églises que mes camarades de classe fréquentaient. Je suis entré dans des églises surchargées d'ornements et dans d'autres qui étaient très dépouillées; j'ai pénétré dans des églises qui se trouvaient au cœur même de grandes demeures, et je suis même allé dans une église constituée tout au plus de quatre mâts, d'un toit en tôle, sans aucun mur. C'était tout une expérience que d'être assis dans cette église et de se faire tremper par la pluie battante. J'ai décidément ressenti l'esprit ce jour-là.

Je me suis également fait un devoir de visiter les lieux de culte de plusieurs différentes confessions: les luthériens, les baptistes, les bouddhistes, les juifs, les catholiques, les pentecôtistes, les musulmans et les hindous. J'en aurais fréquenté davantage mais la ville où je vivais était petite et il ne me resta bientôt plus de confessions différentes à visiter. J'ai bien aimé mon expérience mais quand j'ai atteint l'âge de 15 ans, mon intérêt pour la fréquentation des églises a décliné et j'y suis retourné de moins en moins fréquemment.

Par conséquent, quand le pasteur Tom Anderson m'a demandé d'être l'orateur invité dans son église, j'étais à la fois flatté et honteux de mon piètre record de présences à l'église. Quand je lui ai dit qu'il y avait des gens beaucoup plus qualifiés pour prendre la parole dans son église, il a répliqué: «Je ne vous demande pas de livrer un message sur la religion. Je vous demande de nous partager vos leçons au sujet de l'argent.»

Quand il a dit cela, j'ai été complètement déconcerté et j'ai ri tout bas. N'en croyant pas mes oreilles, j'ai dit: «Vous voulez que je me rende dans votre église et que je parle d'argent?

– Oui», a-t-il répliqué avec un sourire moqueur. «Pourquoi ma requête vous paraît-elle donc si étrange?»

J'ai ri tout bas à nouveau. Il me fallait poser la question encore une fois: «Vous voulez dire que vous voulez que j'aille dans votre église, que je me tienne dans la chaire où vous vous trouvez normalement, et que je parle d'argent à votre assemblée des fidèles?»

Et le pasteur a dit une fois de plus: «Oui. Qu'y a-t-il d'étrange à cela?»

Je suis resté là avec un large sourire, à regarder ce célèbre homme de Dieu, un pasteur ayant une assemblée de fidèles de 12 000 membres, juste pour m'assurer qu'il était convaincu de ce qu'il me demandait de faire. «Car à l'église j'ai appris que l'amour de l'argent est mauvais. J'ai aussi appris que les pauvres ont une meilleure chance d'aller au ciel que les riches. Il y avait une leçon au sujet d'un chameau, d'un homme riche et du chas d'une aiguille. Je n'ai jamais vraiment compris cette leçon, mais je n'ai pas aimé ce message car je projetais déjà à cette époque de devenir un homme riche. Voilà pourquoi je trouve étrange que vous vouliez que je vienne dans votre église pour dire à vos fidèles comment devenir riches.»

Cette fois-ci le pasteur Tom se cala dans son fauteuil en arborant un large sourire. «Eh bien, je ne sais pas quelles églises vous fréquentez», dit-il, «mais ce n'est certainement pas ce que j'enseigne dans cette église.

– Mais n'existe-t-il pas certains groupes religieux qui répandent l'idée que l'argent représente le mal?» ai-je demandé. «N'y a-t-il pas certaines personnes qui croient que les pauvres ont plus de chances d'aller au ciel que les riches?

– Oui, c'est exact», a répliqué le pasteur. «Différentes églises enseignent des choses différentes. Mais ce n'est pas ce que je veux enseigner dans mon église. Le Dieu que je connais aime les riches et les pauvres pareillement.»

Tandis que le pasteur Tom Anderson continuait sa réflexion, j'ai repensé à ma propre expérience au sujet de l'église et à la culpabilité que j'ai souvent ressentie parce que je voulais vraiment devenir riche. J'avais peut-être mal interprété le message de l'église. En d'autres termes, je me suis senti coupable et j'ai donc entendu un message de culpabilité. Quand j'ai partagé cette idée avec Tom, il a dit quelque chose qui m'a obligé à m'appuyer de nouveau sur le dossier de mon fauteuil. Il a dit: «Parfois 30 grammes de perception nécessite 1 000 kilogrammes d'enseignement pour changer notre façon de percevoir quelque chose.»

J'ai retenu ces mots de sagesse. J'ai réfléchi à ce qu'il avait dit pendant un long moment. L'intensité de cette pensée et la justesse de ces mots sont d'une grande profondeur. Trois mois plus tard j'ai pris la parole devant son assemblée des fidèles. Le privilège de m'adresser à ces gens du haut de la chaire a été une expérience qui m'a aidé à changer 30 grammes de ma propre perception des choses.

30 grammes par opposition à 1 000 kilogrammes

Mon père riche disait souvent: «Tu ne pourras jamais enseigner à un pauvre à être riche. Tu peux seulement enseigner à un riche à être riche.»

Mon père pauvre disait souvent: «Je ne serai jamais riche. L'argent ne m'intéresse pas.» Et: «Je n'en ai pas les moyens.» C'était peut-être le fait d'avoir toutes ces factures des services médicaux à payer ou le fait d'avoir à se débattre sur le plan financier pendant la majeure partie de sa vie adulte qui l'a amené à dire de telles choses. Mais je ne le crois pas. Je pense que ce sont ses 30 grammes de perception qui lui ont occasionné la plus grande partie de ses problèmes financiers.

Quand Sharon L. Lechter, ma coauteure, m'a demandé si je voulais écrire ce livre pour les parents, j'ai saisi l'occasion. C'est ma rencontre avec le pasteur Tom Anderson qui a suscité ma passion en ce qui a trait à l'écriture de ce livre, car ce sont les parents qui peuvent le plus influencer les perceptions d'un enfant à propos de la vie.

Tel que je l'ai mentionné précédemment, mon épouse Kim et moi-même n'avons pas d'enfants; je n'ose donc pas dire aux parents comment être de meilleurs parents. Mes écrits expriment comment aider à façonner les perceptions d'un enfant relativement à l'argent. La chose la plus importante qu'un parent peut faire quand il s'agit d'argent est d'influencer la perception de son enfant à ce sujet. Je voudrais que les parents donnent à leurs enfants cette perception selon laquelle l'enfant a le pouvoir sur l'argent, au lieu d'être un esclave de l'argent. Comme le disait mon père riche: «Plus tu as besoin d'argent, moins tu as de pouvoir sur l'argent.»

De nos jours, les jeunes gens obtiennent des cartes de crédit très tôt dans la vie. Vous vous rappelez peut-être pour l'avoir lu dans *Père riche, père pauvre* que ma coauteure et associée en affaires, Sharon Lechter, s'est jointe à moi car son propre fils était criblé de dettes de cartes de crédit au collège. Et ce, malgré le fait qu'elle est une comptable agréée et qu'elle lui enseignait ce qui lui semblait être de saines aptitudes à la gestion de l'argent. Même après avoir appris à bien gérer son argent, son fils a succombé à la tentation de porter tous ses achats sur ses cartes de crédit. Sharon a alors compris que si son enfant éprouvait de tels problèmes, des millions d'autres jeunes et leurs parents devaient également éprouver des problèmes financiers dès leurs plus jeunes années.

Point n'est nécessaire d'être né pauvre pour devenir pauvre

Plusieurs personnes sont pauvres parce qu'elles apprennent à l'être à la maison. Les gens peuvent également développer une piètre perception d'eux-mêmes, malgré le fait qu'ils sont issus de familles riches et de la classe moyenne. Quelque chose leur est arrivé sur la route de la vie et ils ont acquis la perception qu'ils seraient toujours pauvres. Et comme l'affirme le pasteur Tom Anderson, cela nécessite souvent 1 000 kilogrammes d'enseignement pour changer cette perception. Dans le cas de mon père, il a continué de travailler plus dur, à gagner plus d'argent. Mais même 1 000 kilogrammes d'argent, comme 1 000 kilogrammes d'enseignement, ne changeront peut-être pas ce 30 grammes de perception.

Quand j'ai fait faillite et que j'ai perdu ma première entreprise, la chose la plus difficile que j'ai eu à faire a été de préserver la perception que j'avais de moi-même. N'eut été des leçons de mon père riche sur la perception de soi, je ne sais pas si je m'en serais remis et si je serais devenu plus fort grâce à cette expérience.

J'ai des amis qui ont fait faillite et même s'ils ont récupéré leur argent, cette expérience a affaibli la perception qu'ils avaient d'eux-mêmes. C'est pourquoi quand je m'adresse à des parents, je commence mes leçons en parlant de l'importance d'être conscients et de protéger les perceptions que leur enfant a de lui-même.

Le propos principal de ce livre est d'enseigner à vos enfants comment avoir une solide perception d'eux-mêmes dans le but de les aider à surmonter les hauts et les bas de la vie sur les plans financier, scolaire, professionnel, dans leurs rapports avec autrui et à travers les autres défis que connaîtront leurs existences. Ce livre vous aidera à enseigner à votre enfant comment se ressaisir et bâtir une perception de soi plus solide sur le plan financier malgré les hauts et les bas de la vie. Comment protéger la perception que j'avais de moi a été l'une des leçons les plus importantes que mes deux pères m'ont enseignées. L'un de mes pères m'a enseigné comment en ressortir plus fort sur le plan scolaire quand j'éprouvais des difficultés, et l'autre m'a enseigné comment devenir plus fort sur le plan financier.

Plusieurs personnes acquièrent une piètre perception d'elles-mêmes sur la route de la vie. Cela est perceptible dans leurs voix quand elles disent des choses telles que:

- «Je suis tellement criblée de dettes que je ne peux pas m'arrêter de travailler.»
- «Je n'ai pas les moyens de démissionner.»
- «Si je pouvais seulement gagner quelques dollars de plus...»
- «La vie serait beaucoup plus facile si je n'avais pas d'enfants.»
- «Je ne serai jamais riche.»
- «Je ne peux pas me permettre de perdre de l'argent.»
- «J'aimerais lancer ma propre entreprise, mais j'ai besoin d'une paie régulière.»
- «Comment pourrais-je me permettre d'investir quand je ne peux même pas payer mes factures?»
- «Je vais solliciter un prêt sur la valeur nette de ma maison afin de régler mes cartes de crédit.»
- «Ce n'est pas tout le monde qui peut être riche.»
- «Je ne me soucie pas de l'argent. L'argent n'est pas si important à mes yeux.»
- «Si Dieu avait voulu que je sois riche, Dieu m'aurait donné de l'argent.»

Comme le disait mon père riche: «Plus tu as besoin d'argent, moins tu as de pouvoir.» Bien des gens ont réussi à l'école et ont décroché cet emploi hautement rémunéré. Mais étant donné qu'on ne leur a pas enseigné comment mettre l'argent à leur service, ils ont travaillé dur pour l'argent et se sont enfoncés dans des dettes à long terme. Plus ils ont besoin d'argent et plus ils en ont besoin longtemps, et plus leur perception d'eux-mêmes devient confuse.

J'ai des amis qui sont des étudiants professionnels. Certains d'entre eux sont allés à l'école pendant toute leur vie et n'ont pas encore occupé un emploi. J'ai un ami qui a deux maîtrises et un doctorat. Il ne possède pas 1 000 kilogrammes d'enseignement, il en possède 10 000, et il continue de se débattre sur les plans professionnel et financier. Je soupçonne que c'est un de ces 30 grammes de perception qui se dresse encore sur son chemin.

L'argent ne vous rend pas riches

Bien des gens accumulent de l'argent dans l'espoir de devenir riches tandis que d'autres collectionnent des diplômes et d'excellentes notes dans l'espoir de devenir plus intelligents. Mon combat personnel a consisté à surmonter la piètre perception financière que j'avais de ma famille, et cette autre perception selon laquelle je n'étais pas aussi intelligent que les autres enfants. Ce sont des perceptions que je n'avais pas vraiment jusqu'au jour où j'ai commencé à me comparer à d'autres jeunes. En d'autres termes, je ne savais pas que j'étais pauvre jusqu'à ce que je rencontre des enfants issus de familles riches; et je ne savais pas vraiment comment mesurer mon intelligence jusqu'à ce qu'on me compare à d'autres jeunes ayant de meilleures notes.

Et c'est pourquoi le titre de ce livre est *Nos enfants riches et brillants*. Je crois sincèrement que tous les enfants naissent avec le potentiel d'être riches et brillants... tant et aussi longtemps que cette *perception* d'eux-mêmes est renforcée et sera à l'abri de ces *milliers de kilogrammes* d'enseignement qu'ils recevront à l'école, à l'église, en affaires, dans les médias et dans le monde en général. La vie est suffisamment difficile, mais elle peut s'avérer encore plus pénible si votre perception de vous-même est que vous n'êtes pas intelligent et que vous ne serez jamais riche. Le rôle le plus important qu'un parent peut jouer consiste à façonner, à nourrir, et à protéger la perception que les enfants ont d'eux-mêmes.

Comment enseigner aux adultes à oublier ce qu'ils ont appris

Étant donné que j'enseigne à des adultes, je trouve cela plus facile d'enseigner à une personne riche à être plus riche et à une personne intelligente à l'être davantage. Il est très difficile d'enseigner à quelqu'un comment être riche quand tout ce qu'on entend de nos jours se résume à ce qui suit:

- «Mais que faire si je perds mon argent?»
- «Mais il te faut avoir un emploi sûr et permanent.»
- «Que voulez-vous dire par travailler sans être payé? Vous devez rémunérer les gens!»
- «Ne t'enfonce pas dans les dettes.»

- « Sois donc une personne qui travaille dur et qui épargne de l'argent. »
- « Ne prends pas de risques. »
- « Si je deviens riche, je deviendrai malveillant et arrogant. »
- « Les riches sont cupides. »
- « Nous ne discutons pas d'argent pendant les repas. »
- « L'argent ne m'intéresse pas. »
- « Je n'en ai pas les moyens. »
- « C'est tellement cher. »

Des questions ou des affirmations comme celles qui précèdent proviennent de perceptions personnelles fondamentales, bien enracinées. J'ai découvert que lorsque j'augmentais le coût de mes cours de centaines ou de milliers de dollars, plusieurs de ces commentaires disparaissaient comme par enchantement et que je pouvais ensuite livrer en paix la matière de mes cours.

Ne dites jamais : « Je n'en ai pas les moyens »

Mon père riche n'était pas un thérapeute diplômé, et pourtant il était suffisamment intelligent pour savoir que l'argent n'est qu'une idée. Il défendait à son fils et à moi-même de dire : « Je n'en ai pas les moyens », dans le but de nous aider à changer les perceptions que nous avions de nous-mêmes. C'est pourquoi il nous faisait dire à la place : « Comment puis-je en avoir les moyens ? » Je me rends compte qu'en disant constamment : « Je n'en ai pas les moyens », je renforçais la perception que j'avais de moi-même, comme le fait une personne pauvre.

En disant : « Comment puis-je en avoir les moyens ? » je renforçais la perception que j'avais de moi-même, comme le fait une personne riche. Je vous recommande de ne pas dire en présence de votre enfant : « Je n'en ai pas les moyens. » Et quand votre enfant vous demandera de l'argent, vous vous voudrez peut-être lui dire : « Dresse-moi une liste de 10 choses différentes que tu peux faire, légalement et moralement, afin de pouvoir te procurer par toi-même ce que tu veux, sans que tu aies à me demander de l'argent. »

Si vous examinez ces deux formulations, vous verrez que : « Comment puis-je en avoir les moyens ? » ouvre votre esprit à considérer les possibilités d'accumuler des richesses. « Je n'en ai pas les moyens», d'autre part, ferme votre esprit à toute possibilité d'atteindre ce que vous désirez.

Comme je l'ai mentionné au début de ce livre, le mot *éducation* provient du latin *educare*, ce qui signifie «extraire de». En étant simplement conscients des mots que nous prononçons, nous pouvons découvrir les perceptions que nous avons de nous-mêmes. En changeant nos mots, nous pouvons commencer à changer nos perceptions de soi, si nous voulons les modifier. Donc, en me rappelant simplement à moi-même de dire: «Comment puis-je en avoir les moyens?» j'ai été capable de faire ressortir la personne riche qui se trouve à l'intérieur de moi. En disant: «Je n'en ai pas les moyens» j'ai renforcé la personne pauvre qui était déjà à l'intérieur de moi.

La vie commence par des perceptions

L'autre jour, j'étais interviewé par un journaliste qui m'a demandé: «Dites-moi comment vous êtes devenu millionnaire.»

Et j'ai répliqué: «J'ai lancé des entreprises et j'ai acheté des immeubles.»

Le journaliste a alors répondu: «Eh bien, ce n'est pas tout le monde qui peut faire ça. Je sais que j'en suis incapable. Dites-moi ce que je peux faire pour devenir millionnaire.»

J'ai alors répliqué: «Eh bien, vous pouvez garder votre emploi et acheter des immeubles.»

Et le journaliste a répondu: «Mais le marché de l'immobilier est trop élevé. Je n'en ai pas les moyens et je ne veux pas gérer des immeubles. Dites-moi que puis-je faire d'autre.»

Je lui ai dit alors: «Eh bien, le marché boursier est très favorable en ce moment. Pourquoi n'investissez-vous pas dans des titres?

– Parce que le marché boursier est trop risqué. Il pourrait bien s'effondrer d'une journée à l'autre. Et j'ai une femme, des enfants, et des factures à payer. Je n'ai donc pas comme vous les moyens de perdre de l'argent», a dit le journaliste.

Finalement, j'ai compris que je faisais ce que mon père riche m'avait enseigné de ne pas faire. Je donnais des réponses à quelqu'un qui avait d'abord besoin d'un changement au niveau de sa perception. J'ai donc cessé de répondre et j'ai commencé à poser des questions. Je lui ai dit: «Dites-moi comment vous pouvez devenir millionnaire.»

Il a dit: «Eh bien, je peux écrire un livre et en vendre quelques millions d'exemplaires comme vous l'avez fait.

– Très bien», ai-je dit en haussant le ton. «Vous écrivez bien et je crois que c'est une excellente idée.

– Mais que vais-je faire si je ne trouve pas un agent pour représenter mon livre? Et que vais-je faire si cet agent m'escroque? Vous savez, j'ai déjà écrit un livre mais personne n'a voulu lire ce livre», a répliqué le journaliste. Il abordait un nouveau sujet mais sa perception de lui-même restait la même.

La chose la plus importante par où un parent peut commencer consiste à développer et à protéger les perceptions de soi de l'enfant. Nous avons tous des perceptions particulières des gens qui nous entourent, qu'elles soient exactes ou mauvaises. Vous pensez peut-être qu'un individu est soit un crétin, un être stupide, une personne intelligente, ou quelqu'un de riche. Je me souviens d'une fille quand je fréquentais l'école secondaire que je croyais arrogante et prétentieuse. Donc, bien que j'étais attiré par elle, la perception que j'avais d'elle a fait en sorte que je ne l'ai pas invitée à sortir.

Puis un jour, j'ai fini par lui adresser la parole et j'ai trouvé qu'elle était gentille, chaleureuse et amicale. Après avoir changé la perception que j'avais d'elle, je l'ai finalement invitée à sortir. Sa réponse fut la suivante: «Oh, j'aurais souhaité que tu me le demandes bien avant. Je viens tout juste de commencer à fréquenter Jerry, et lui et moi nous nous voyons de façon assidue.» La morale de cette histoire est celle-ci: tout comme nous avons certaines perceptions des autres, nous avons aussi souvent certaines perceptions de nous-mêmes – et tout comme on peut changer les perceptions que nous avons des autres, ainsi les perceptions que les gens ont d'eux-mêmes peuvent être changées.

Être riche et intelligent n'est qu'une perception

Mon véritable père, le pédagogue, m'a parlé d'une célèbre étude menée dans le système scolaire de Chicago il y a un certain nombre d'années de cela. Les gens qui effectuaient cette recherche en éducation ont demandé à un groupe de professeurs de les aider. On a dit aux enseignants qu'on les avait choisis à cause de leurs aptitudes supérieures à titre de professeurs. On leur a également dit que seuls des enfants très doués seraient placés dans leurs salles de classe. On a affirmé aux professeurs que ni les enfants ni leurs parents ne seraient au courant de l'expérience car les chercheurs voulaient savoir quelles allaient être les performances des enfants très doués, ces derniers ne sachant pas à quel point ils sont doués.

Comme on s'y attendait, les professeurs ont rapporté que les enfants avaient accompli des performances exceptionnelles. Ces mêmes professeurs ont signalé que le fait de travailler avec ces enfants s'était avéré absolument charmant, et ils souhaitaient pouvoir travailler constamment avec des enfants aussi doués.

Ce projet comportait un ordre du jour secret. Ce que les professeurs ne savaient pas c'est qu'eux-mêmes n'avaient pas d'aptitudes exceptionnelles à l'enseignement. Ils avaient été choisis au hasard. En outre, les enfants n'avaient pas été choisis pour leurs aptitudes innées ou pour leurs dons. Eux aussi avaient été choisis au hasard. Mais étant donné que les attentes étaient grandes, les performances furent élevées. Vu que les enfants et les professeurs étaient perçus comme des êtres intelligents et exceptionnels, ils ont accompli des performances exceptionnelles.

Qu'est-ce que cela signifie? Cela veut dire que les *perceptions* que vous avez de vos enfants peuvent influer grandement sur le déroulement de leurs vies. En d'autres termes, si vous pouvez discerner le génie dans votre enfant, vous aiderez votre enfant à devenir plus intelligent. Si vous percevez votre enfant comme s'il était riche, vous l'aiderez à devenir plus riche. Et si vous enseignez à vos enfants à avoir ces mêmes perceptions, ils auront bien plus de chances que le reste du monde voit également ces mêmes perceptions que vos enfants auront d'eux-mêmes, et le reste du monde les traitera en conséquence.

Et à mes yeux c'est là que l'éducation de votre enfant commence. Et c'est pourquoi je dis: «Donnez à vos enfants le pouvoir avant de leur donner de l'argent.» Aidez-les à développer une solide perception de soi et vous les aiderez à devenir des enfants riches et brillants. S'ils n'ont pas cela, alors toute l'éducation ou l'argent qu'il y a ici-bas ne les aidera pas. S'ils l'ont, le fait de devenir plus riches et plus intelligents deviendra de plus en plus facile.

Des présents que m'ont offerts mes deux pères

Il est fort possible que les deux plus beaux présents que j'ai reçus m'aient été donnés par mes deux pères à une époque où j'éprouvais le plus de difficultés dans la vie. Quand on m'a renvoyé de l'école secondaire, mon père pédagogue m'a toujours rappelé à quel point j'étais intelligent. Alors que j'étais en train de perdre littéralement ma chemise en affaires, mon père riche n'a pas cessé de me rappeler que les vrais de vrais gens riches ont perdu bien plus qu'une seule entreprise. Il disait également que c'étaient les pauvres qui perdaient le moins d'argent et qui vivaient dans l'extrême peur de perdre le peu qu'ils avaient.

Donc, un de mes pères m'encourageait à transformer mes échecs scolaires en points forts. Et mon père riche m'encourageait à transformer mes pertes financières en gains financiers. Ils enseignaient peut-être des matières différentes mais à bien des égards mes deux pères disaient la même chose.

Lorsque les enfants entrevoient le pire en eux-mêmes, c'est alors le travail des parents de n'y voir que le meilleur. Vous remarquerez que cela fonctionne non seulement avec les jeunes enfants, mais également avec les adolescents.

Quand les choses sont au pire dans la vie de votre enfant, vous, en tant que parents, avez alors une occasion formidable – l'occasion d'être les meilleurs professeurs et les meilleurs amis que votre enfant n'aura jamais.

Chapitre 4

Si vous voulez être riche,
vous devez faire vos devoirs

Mes parents et ceux de Mike nous rappelaient constamment de faire nos devoirs. Mais il y avait une différence: ils ne recommandaient pas le même genre de devoirs.

«As-tu fait tes devoirs?» demandait ma mère.

– Je vais les faire aussitôt la partie terminée», était ma réponse.

– Tu as joué suffisamment longtemps! Arrête de jouer immédiatement et ouvre tes livres. Si tu n'obtiens pas de bonnes notes, tu n'iras pas au collège, et tu n'obtiendras pas ensuite un bon emploi», me disait-elle sur un ton de réprimande.

– D'accord, d'accord. Je vais laisser tomber la partie mais après avoir acheté un autre hôtel.

– Écoute ta mère et laisse tomber cette partie. Je sais que tu aimes ce jeu mais c'est maintenant le temps d'étudier.»

C'était la voix de mon père et il n'avait pas l'air très heureux. Sachant très bien que je ne devais pas demander plus de temps pour jouer, j'ai cessé immédiatement et j'ai commencé à ranger les pièces du jeu. Cela m'a fait de la peine de ranger les petites maisons vertes, les hôtels rouges et les titres de propriétés que j'avais passé des heures à acquérir. J'étais sur le point de contrôler un côté entier de ce jeu de société. Cependant, je savais que mes parents avaient raison. Je devais subir un examen le jour suivant et je n'avais pas encore commencé à étudier.

C'était une période de ma vie où j'étais complètement fasciné par le jeu de *Monopoly®*. J'y ai joué régulièrement entre 8 et 14 ans, et c'est alors que j'ai commencé à jouer au football à l'école secondaire. Je soupçonne que j'aurais continué à jouer au *Monopoly* régulièrement si j'avais pu trouver davantage de jeunes de mon âge pour y jouer. Mais quand on fréquente l'école secondaire, c'est un jeu sur lequel les autres jeunes «lèvent un peu le nez». Bien que j'aie joué à ce jeu moins fréquemment, je n'ai jamais cessé de l'aimer, et une fois que j'ai été assez vieux, j'ai commencé à jouer à ce jeu dans la vie de tous les jours.

Des composantes de base que mon père riche m'a offertes

Outre une perception de soi solide et saine, les devoirs à domicile (dans le sens où je l'entends) sont l'une des plus importantes composantes de base qui mènent à la richesse.

Dans mes précédents livres, j'ai expliqué comment j'avais appris les rudiments de l'argent tandis que je travaillais pour mon père riche, de l'âge de 9 ans jusqu'à mes années de collège. En échange de mon labeur, il passait des heures à nous enseigner, à son fils et à moi, toutes les informations nécessaires pour gérer une entreprise, de même que les aptitudes requises pour devenir un investisseur. Il y a bien des samedis où j'aurais préféré aller faire du surf avec mes amis ou jouer à un quelque autre sport; pourtant je me retrouvais assis dans le bureau de mon père riche, à assimiler l'enseignement de cet homme qui allait devenir un jour l'un des citoyens les plus riches à Hawaï.

Au cours d'une de ces leçons du samedi, mon père riche a demandé à Mike et à moi: «Savez-vous pourquoi je serai toujours plus riche que ces gens qui travaillent pour moi?»

Mike et moi sommes restés sans expression pendant quelques instants, cherchant dans notre tête une réponse appropriée. À prime abord, cela semblait être une question stupide, mais connaissant père riche, nous savions qu'il y avait dans cette question quelque chose d'important à apprendre. Finalement, j'ai avancé ce que je croyais être la réponse évidente à cette question: «Parce que vous gagnez plus d'argent qu'eux», ai-je dit.

– Oui», a dit Mike, acquiesçant en signe d'approbation. «Après tout, tu possèdes l'entreprise et tu décides combien tu vas gagner et combien ils vont gagner.»

Père riche s'est appuyé sur le dossier de son fauteuil en arborant un grand sourire. «Eh bien, c'est vrai que je décide du salaire de chacun. Mais la vérité est que je gagne moins que plusieurs des employés qui travaillent pour moi.»

Mike et moi avons regardé son père avec un regard méfiant. «Si tu possèdes cette entreprise, comment se fait-il que d'autres gens sont mieux payés que toi?» a demandé Mike.

– Eh bien, il y a plusieurs raisons à cela», a répliqué père riche. «Voulez-vous que je vous en parle?

– Bien sûr», a répliqué Mike.

– Eh bien, quand on lance une entreprise, on est souvent à court d'argent comptant, et le propriétaire est habituellement le dernier à être payé.

– Tu veux dire que les employés sont toujours payés en premier?» a demandé Mike.

Père riche a alors acquiescé. «C'est exact. Et non seulement ils sont payés en premier mais bien souvent ils reçoivent davantage que moi quand je finis par être payé.

– Mais pourquoi est-ce ainsi?» ai-je demandé. «Pourquoi donc posséder une entreprise si vous êtes payé le dernier et que vous êtes le moins payé?

– Parce que c'est ce qu'un propriétaire d'entreprise doit souvent faire au début s'il projette de bâtir une entreprise prospère.

– Cela n'a aucun sens», ai-je répliqué. «Dites-moi donc pourquoi vous le faites alors?

– Parce que les employés travaillent pour l'argent et que je travaille pour bâtir un actif», a dit père riche.

– Par conséquent, à mesure que tu construiras cette entreprise, ta paie augmentera?» a demandé Mike.

– Il se peut que oui, il se peut que non. Je dis cela car je veux que vous sachiez la différence entre l'argent et un actif», a poursuivi père riche. «Il est possible que je m'accorde ou non un salaire ultérieurement, et ce n'est pas pour le chèque de salaire que je travaille dur. Je travaille avec ardeur dans le but de construire un actif dont la valeur augmente. Je vendrai peut-être un jour cette entreprise pour des millions de dollars, ou il se peut que j'engage un président pour la diriger à ma place un de ces jours, et j'irai alors lancer une autre entreprise.

– Donc, bâtir une entreprise c'est bâtir un actif selon vous. Et l'actif est plus important à vos yeux que l'argent», ai-je dit, faisant de mon mieux pour comprendre la distinction entre l'argent et un actif.

– C'est exact», a répliqué père riche. «Et la seconde raison pourquoi je suis moins payé est que j'ai déjà d'autres sources de revenus.

– Vous voulez dire que vous avez de l'argent qui provient d'autres actifs?» ai-je demandé.

Père riche a fait signe que oui de nouveau. «Et c'est la raison pourquoi je vous ai posé cette question en premier lieu. C'est pourquoi je vous ai demandé pourquoi je serai toujours plus riche que mes employés, sans égard à qui fait le plus d'argent en salaire. Je fais de mon mieux pour vous enseigner une leçon très importante.

– Et quelle est cette leçon?» a demandé Mike.

– La leçon est la suivante: Vous ne devenez pas riches dans le cadre d'un emploi, vous devenez riches à la maison», a dit père riche avec force, en s'assurant que nous ne prenions pas ses mots à la légère.

– Je ne comprends pas», ai-je commenté. «Que voulez-vous dire par vous devenez riches à la maison?

– Eh bien, c'est dans le cadre d'un emploi que vous *gagnez* votre argent. Et c'est à la maison que vous décidez de ce que vous allez *faire* avec votre argent. Et c'est ce que vous faites avec votre argent après l'avoir gagné qui fait de vous quelqu'un de riche ou de pauvre», a répliqué père riche.

– C'est comme les devoirs à domicile», a dit Mike.

– C'est exact», a dit père riche. «C'est précisément le nom que je leur donne. Apprendre à devenir riche, j'appelle cela "mes devoirs à domicile".

– Mais mon père emporte beaucoup de travail à la maison», ai-je dit presque sur la défensive. «Et nous ne sommes pas riches.

– Eh bien, ton père apporte du travail à la maison mais il ne fait pas vraiment ses devoirs à domicile comme ta mère fait du ménage», a dit père riche, «ce n'est pas ce que je veux dire quand je parle de "devoirs à domicile".

– Ou des travaux dans l'arrière-cour» ai-je ajouté.

Père riche a acquiescé. «Oui, il y a une différence entre les travaux dans l'arrière-cour, le travail scolaire que tu ramènes à la maison, le travail que ton père apporte de son bureau à la maison et le genre de devoirs à domicile dont je parle.» C'est à ce moment-là que mon père riche m'a dit quelque chose que je n'ai jamais oublié: «La principale différence entre les riches, les pauvres et la classe moyenne est ce qu'ils font dans leurs loisirs.

– Leurs loisirs», ai-je dit sur un ton interrogateur. «Que voulez-vous dire par leurs loisirs?»

Père riche nous a souri pendant un moment. «Où pensez-vous que cette entreprise en restauration a commencé?» a-t-il demandé. «Croyez-vous que cette entreprise est sortie de nulle part?

– Non», a dit Mike. «Maman et vous avez lancé cette entreprise à notre table de cuisine. C'est là que vous avez démarré toutes vos entreprises.

– C'est exact», a dit père riche. «Te souviens-tu du premier petit magasin avec lequel nous avons commencé il y a plusieurs années?»

Mike a alors acquiescé. «Oui, je m'en rappelle», a-t-il dit. «C'était une période très difficile pour la famille. Nous avions si peu d'argent.

– Et combien de magasins avons-nous maintenant?» a demandé père riche.

– Nous en possédons cinq», a répliqué Mike.

– Et combien de restaurants avons-nous?» a demandé père riche.

– Nous en possédons sept», a dit Mike.

Tandis que j'étais assis là à écouter, j'ai commencé à faire quelques nouvelles distinctions. «La raison pourquoi ce restaurant vous rapporte moins est que vous avez des revenus qui proviennent de plusieurs autres entreprises?

– C'est en partie la réponse», a dit père riche avec un grand sourire. «Le reste de la réponse se trouve sur cette planchette de jeu de *Monopoly*. En arriver à comprendre le jeu de *Monopoly* est le meilleur devoir à domicile que tu puisses faire.

– Le *Monopoly*?» ai-je demandé en souriant. J'avais encore l'impression d'entendre la voix de ma mère me dire de laisser tomber le jeu de *Monopoly* et de faire mes devoirs. «Que voulez-vous dire quand vous affirmez que le *Monopoly* est une sorte de devoirs à domicile?

– Laisse-moi te montrer», a dit père riche tandis qu'il ouvrait le jeu le plus connu au monde. «Qu'arrive-t-il quand tu passes à "Go"? a-t-il demandé.

– Je touche 200 $», ai-je répliqué.

– Par conséquent, chaque fois que tu passes à "Go", c'est comme si tu touchais ton salaire. N'est-ce pas exact?

– Oui. Je suppose», a dit Mike.

– Et pour gagner la partie, que devez-vous faire?» a demandé père riche.

– Nous devons acheter des terrains», ai-je dit.

– C'est exact», a dit père riche. «Et le fait d'acheter des terrains constitue vos devoirs à domicile. C'est cela qui vous rend riches, et non pas votre chèque de salaire.»

Mike et moi sommes restés assis là, silencieux, pendant une longue période de temps. Finalement, j'ai osé poser une question à père riche: «Donc, voulez-vous dire qu'un gros salaire ne rend pas riche?

– Tu as parfaitement raison», a dit père riche. «Ce n'est pas un chèque de salaire qui te rendra riche, c'est ce que tu feras avec ce chèque qui fera de toi une personne riche, pauvre, ou de la classe moyenne.

– Je ne comprends pas», ai-je dit. «Mon père dit toujours que s'il avait une grosse augmentation de salaire, nous serions riches.

– Et c'est ce que la plupart des gens pensent», a dit père riche. «Mais la réalité est la suivante: plus la majorité des gens gagnent d'argent, plus ils deviennent criblés de dettes. Il leur faut donc travailler plus dur.

– Et pourquoi en est-il ainsi?» ai-je demandé.

– C'est à cause de ce qu'ils font à la maison, pendant leurs loisirs», a dit père riche. «La plupart des gens ont un plan dérisoire ou une piètre formule relativement à l'utilisation de leur argent après l'avoir gagné.

– Alors où donc une personne trouve-t-elle une bonne formule pour devenir riche?» a demandé Mike.

– Eh bien, une des meilleures formules de richesse se trouve juste ici dans le jeu de *Monopoly*», a dit père riche, en montrant du doigt la planchette de jeu.

– Quelle formule?» ai-je demandé.

– Eh bien, comment parvenez-vous à gagner la partie?» a demandé père riche.

– On achète plusieurs terrains, puis on commence à mettre des maisons sur ces derniers», a répondu Mike.

– Combien de maisons?» a demandé père riche.

– Quatre», ai-je dit. Quatre maisons vertes.

– Très bien», a dit père riche. «Et après avoir obtenu ces quatre maisons vertes, que faites-vous ensuite?

– On remet ces quatre maisons vertes à la banque et on achète un hôtel rouge», ai-je dit.

– Et c'est là une des formules de grande richesse», a dit père riche. «Ici même sur la planchette de jeu du *Monopoly* vous avez une des meilleures formules de richesse du monde. C'est une formule que plusieurs personnes ont suivie pour devenir plus riches que dans leurs rêves les plus fous.

– Vous me faites marcher», ai-je dit quelque peu incrédule. «Ça ne peut pas être aussi simple.

– Ça l'est», a confirmé père riche. «Pendant des années j'ai pris l'argent que je gagnais dans mon entreprise et j'ai acheté tout simplement des terrains et de l'immobilier. Je gagne ensuite ma vie grâce aux revenus provenant de ces terrains et de ces biens immobiliers, et je continue de bâtir mes entreprises. Plus mes entreprises me rapportent, et plus j'investis d'argent dans l'immobilier. Voilà la formule d'une grande richesse pour bien des gens.

– Si cela est aussi simple, pourquoi n'y a-t-il pas davantage de gens qui utilisent cette formule?» a demandé Mike.

– Parce qu'ils ne font pas leurs "devoirs à domicile"», a dit père riche.

– Est-ce la seule formule de richesse qui existe?» ai-je demandé.

– Non», a dit père riche. «Mais c'est un plan très valable qui a très bien réussi pour bon nombre de personnes riches au cours des siècles. Il a fonctionné autrefois pour des rois et des reines et il marche encore aujourd'hui. La différence est que de nos jours tu n'es pas obligé d'être un noble pour posséder des terrains, de l'immobilier.

– Donc, tu as joué au *Monopoly* dans la vie de tous les jours?» a demandé Mike.

Père riche a alors fait signe que oui. «Il y a plusieurs années, j'ai décidé pendant que je jouais au *Monopoly* que mon projet d'acquérir de grandes richesses consisterait à bâtir des entreprises, et à faire en sorte que mes entreprises me procurent ensuite des terrains et des biens immobiliers. Et c'est exactement ce que j'ai fait. Même quand nous n'avions pas beaucoup d'argent, je revenais à la maison et je continuais à chercher des aubaines dans le domaine de l'immobilier.

– Faut-il que ce soit nécessairement dans l'immobilier?» ai-je demandé.

– Non», a dit père riche. «Mais quand tu vieilliras et que tu commenceras à comprendre le pouvoir des corporations et du droit fiscal, tu saisiras pourquoi l'immobilier est l'un des meilleurs investissements qui soient.

– Dans quoi d'autre pouvons-nous investir?» a demandé Mike.

– Bien des gens aiment bien les actions et les obligations», a dit père riche.

– Avez-vous des actions et des obligations?» ai-je demandé.

– Bien sûr», a dit père riche. «Mais j'ai quand même plus de biens immobiliers.

– Pourquoi?» ai-je demandé.

– Eh bien, parce que mon banquier me prête facilement de l'argent pour acheter de l'immobilier, mais il fronce les sourcils quand il s'agit de m'en prêter pour acheter des actions. Je peux donc augmenter le rendement de mon argent grâce à l'immobilier et le droit fiscal favorise ce domaine. Mais nous nous écartons du point important.

– Et quel est-il ce point?» ai-je demandé.

– Le point important est le suivant: tu deviens riche à la maison, pas au travail», a dit père riche. «Je veux vraiment que vous compreniez cela. Cela m'est parfaitement égal que vous achetiez des biens immobiliers, des actions ou des obligations. Mais je me soucie que vous compreniez que la plupart des gens ne deviennent pas riches dans leur milieu de travail. Vous vous enrichissez à la maison en faisant vos devoirs à domicile.

– Je viens d'assimiler la leçon», ai-je dit. «Alors quand vous terminez votre travail ici au restaurant, où allez-vous ensuite?

– Ça me fait plaisir que tu le demandes», a dit père riche. «Allez, suivez-moi. Allons faire un promenade en automobile. Je vais vous montrer où je vais une fois le travail terminé.»

Quelques minutes plus tard nous sommes arrivés devant une large étendue de terrain avec des tas de maisons construites sur plusieurs rangées. «Voici 20 arpents de biens immobiliers de première qualité», a dit père riche en montrant du doigt l'immense terrain.

«Des biens immobiliers de première qualité?» ai-je dit cyniquement. Je n'avais peut-être que 12 ans mais je savais reconnaître un quartier de HLM quand j'en voyais un. «Cet endroit a l'air affreux!

– Eh bien, laisse-moi t'expliquer quelque chose», a dit père riche. «Essayez d'imaginer que ces habitations sont les maisons vertes sur la planchette de jeu du *Monopoly*. En êtes-vous capables?»

Mike et moi avons acquiescé lentement, essayant de notre mieux de solliciter à fond nos imaginations. Les maisons n'étaient pas d'un vert aussi vert que celles sur la planchette de jeu du *Monopoly*. «Mais où donc est le grand hôtel rouge?» avons-nous demandé presque simultanément.

– Il s'en vient», a dit père riche. «Il arrive mais ce ne sera pas un hôtel rouge. Au cours des prochaines années, notre petite ville s'agrandira dans cette direction. La ville a annoncé un projet selon lequel le nouvel aéroport serait situé de l'autre côté de cette propriété.

– Donc, ces maisons et cet immense terrain seront situés entre la ville et l'aéroport?» ai-je demandé.

– Tu as tout à fait raison», a dit père riche. «Un jour, quand le moment sera propice, je ferai démolir ces HLM et je transformerai cette grande étendue de terrain en une zone d'industries légères. Et alors je contrôlerai l'une des étendues de terrain les plus précieuses dans cette ville.

– Que ferez-vous alors?» a demandé Mike.

– Je vais suivre la même formule», a dit père riche. «Je vais acheter d'autres maisons vertes et quand le temps sera venu je les transformerai en hôtels rouges, ou en zones d'industries légères, ou en immeubles résidentiels, ou selon les besoins de la ville à ce moment-là. Je ne suis pas un homme super intelligent mais je sais comment me conformer à un plan couronné de succès: je travaille dur et je fais mes devoirs à domicile.»

Quand Mike et moi avions 12 ans, père riche avait entamé sa démarche pour devenir l'un des hommes les plus riches d'Hawaï. Non seulement avait-il déjà acheté cet immense terrain dans un but industriel, mais il avait aussi fait l'acquisition d'une superbe propriété foncière au bord de la mer en utilisant la même formule. À l'âge de 34 ans, l'homme d'affaires peu connu qu'il avait été auparavant cédait la place à un homme d'affaires riche et puissant. Il avait bien fait ses devoirs.

Dans mon livre *Père riche, père pauvre*, la première leçon de père riche est que les riches ne travaillent pas pour l'argent. Au lieu de cela, les riches font en sorte que leur argent soit à leur service. J'ai aussi écrit au sujet de Ray Kroc, le fondateur de *McDonald's*, qui a dit: «Mon entreprise n'est pas fondée sur le hamburger, elle est fondée sur l'immobilier.»

Étant alors un jeune garçon, je me suis toujours souvenu du choc que je ressentais à comparer la leçon que je tirais de la planchette de jeu du *Monopoly* à la leçon de la vraie vie que j'apprenais grâce à mon père riche et à plusieurs autres individus fortunés. Leur richesse était vraiment obtenue de cette façon que père riche appelait «en faisant leurs devoirs». Dans mon cas, l'idée que la richesse s'acquérait à la maison et non dans un lieu de travail a constitué une puissante leçon que m'a apprise mon père riche. Mon vrai père amenait beaucoup de travail à la maison, mais il faisait très peu de devoirs.

Quand je suis revenu du Viêt-nam en 1973, je me suis tout de suite inscrit à un cours d'investissement dans l'immobilier annoncé à la télévision. Le cours coûtait 385 $. Ce seul cours a fait de mon épouse et moi des millionnaires, et les revenus provenant de l'immobilier que nous avons vendu – en utilisant la formule que ce cours nous enseignée – a «acheté» notre liberté.

Mon épouse et moi n'avons plus jamais besoin de travailler à nouveau. Nous le devons aux revenus sans exploitation active de l'immobilier qui proviennent de nos placements immobiliers. Par conséquent, ce cours de 385 $ m'a apporté quelque chose de bien plus important que l'argent. Les informations que nous avons acquises pendant ce cours a procuré à mon épouse et à moi quelque chose de bien plus important que la sécurité d'emploi. Ce cours nous a «acheté» la sécurité et la liberté financières. Nous avons travaillé dur dans nos emplois et nous avons également fait nos devoirs.

Comme le disait mon père riche quand il jouait au *Monopoly* avec Mike et moi: «Tu ne deviens pas riche dans le cadre d'un emploi, tu deviens riche à la maison.»

Les Motley Fools ne sont pas des fous

À mon avis, un des meilleurs livres sur l'investissement a été écrit par deux frères qui se sont donné le nom de Motley Fools. Leur livre *The Motley Fool Investment Guide* est sur la liste des livres à succès depuis plusieurs années.

Récemment, ils avaient ceci à dire sur leur site Web au sujet de l'utilisation de jeux comme outils pédagogiques:

«... en plus du plaisir qu'ils procurent et de l'interaction sociale qu'ils encouragent et favorisent, les bons jeux aiguisent votre intelligence. Ils vous obligent à réfléchir, à planifier, à risquer, parfois à deviner seulement ou à espérer... mais toujours – et c'est là la difficulté – les résultats, votre destinée, sont étroitement liés à ces réflexions, à ces gestes. L'acte d'agir et de gagner, ou celui d'échouer et d'apprendre, est un acte qui émerge naturellement de la pratique de ces jeux. L'un de nos leitmotivs «fous fous fous», qui est en fait la responsabilité personnelle, est enseigné et illustré à merveille par des jeux.»

Les jeux requièrent plus d'un type d'intelligence

Le système scolaire se concentre principalement sur le type d'intelligence verbale et linguistique. Dans un chapitre précédent j'ai parlé des défis qu'un enfant pourrait avoir à relever si son intelligence n'est pas verbale et linguistique, lequel type d'intelligence sert traditionnellement à mesurer le QI. À l'école, je n'excellais pas tellement à lire, à écrire, à écouter et à passer des examens. Le simple fait d'être assis dans une salle de classe m'était pénible. Étant hyperactif même aujourd'hui, j'apprends beaucoup mieux en faisant appel aux divers types d'intelligences que l'on trouve dans les apprentissages physique, interpersonnel, intrapersonnel, spatial et mathématique. En d'autres termes, j'apprends bien mieux en utilisant plus d'un type d'intelligence.

En effet, j'apprends infiniment mieux en agissant, en parlant, en travaillant en groupes, en coopérant, en étant compétitif et en ayant du plaisir. Quoique je puisse lire et écrire, ce sont pour moi les moyens les plus pénibles d'enregistrer et de diffuser les informations. Voilà pourquoi l'école était ardue pour moi et pourquoi j'aimais les jeux étant enfant, et pourquoi je les aime encore aujourd'hui à l'âge adulte. Pour apprendre et pour gagner une partie, plus d'un type d'intelligence est requis. Les jeux sont souvent de meilleurs professeurs que l'enseignant qui se tient debout devant la classe, à donner son cours.

Je n'aimais pas être assis dans l'espace clos d'une salle de classe. Je refuse encore aujourd'hui de m'asseoir dans un bureau. J'entends souvent des gens dire: «Un jour, j'aurai un bureau en coin avec des fenêtres sur deux côtés.» Je n'ai jamais voulu m'asseoir dans un bureau. J'ai possédé des immeubles de bureaux mais je n'ai pas de bureau. Si je dois tenir une réunion, je me sers de la salle de conférence de l'entreprise ou je vais dans un restaurant.

Étant jeune, je détestais être enfermé dans un espace restreint; j'éprouve la même chose aujourd'hui. La meilleure façon de me garder enfermé dans une petite pièce est de jouer à un jeu, et même aujourd'hui quand je vais travailler je continue de jouer à des jeux – mais cette fois-ci je joue au jeu de *Monopoly* avec du véritable argent. Je joue parce que c'est en fait ma meilleure façon d'apprendre.

Quand mon vrai père s'est rendu compte à quel point j'aimais les jeux et les sports, il a pris conscience que j'apprenais de mon mieux quand j'agissais plutôt qu'en écoutant seulement. Il savait que je n'aurais pas bien réussi dans une authentique institution d'enseignement de type classique. Réalisant que j'étais un apprenant axé sur l'action, il s'est mis à m'encourager à choisir une école qui enseigne aux étudiants à agir plutôt qu'à se contenter d'écouter. C'est pourquoi j'ai sollicité et obtenu du Congrès ma demande d'inscription à l'école navale et à celle de la marine marchande des États-Unis.

Je me suis inscrit dans des écoles qui, selon mon souhait, allaient m'envoyer en mer, à bord de navires, afin d'étudier partout à travers le monde. J'ai appris à être un officier du bord en étant sur un navire. Après l'obtention de mon diplôme, je suis entré dans les fusiliers marins pour y apprendre à voler, et j'ai adoré cela. J'ai aimé apprendre à bord d'un bateau et à l'intérieur du cockpit d'un avion.

J'ai été capable de tolérer le travail effectué dans une petite salle de classe parce que cela menait à l'apprentissage de la navigation et du vol dans des situations réelles. J'ai accepté d'étudier dans une salle de classe car je voulais apprendre, et, grâce à cette volonté d'apprendre, j'ai étudié avec plus d'ardeur, je ne trouvais pas cela fastidieux, je me sentais plus intelligent, et j'ai obtenu de meilleures notes. L'obtention de ces meilleures notes signifiait que je pouvais faire encore plus de choses excitantes comme de naviguer ou de voler vers Tahiti, le Japon, l'Alaska, l'Australie, la Nouvelle-Zélande, l'Europe, l'Amérique du Sud, l'Afrique et, bien sûr, le Viêt-nam.

Si mon vrai père ne m'avait pas expliqué les différents modèles d'apprentissage, j'aurais peut-être abandonné mes études. J'aurais probablement choisi une école conventionnelle, l'ennui m'aurait submergé, j'aurais beaucoup trop fait la fête, et j'aurais cessé d'assister à mes cours. Je déteste être confiné dans une pièce, je n'aime pas éprouver de l'ennui et subir des cours monotones, et je déteste étudier des matières que je ne peux pas «palper et sentir». Mon père était un véritable génie au point de vue verbal et linguistique. Cependant, il était assez intelligent pour savoir que ses enfants n'étaient pas des génies dans ce domaine.

La raison pourquoi il nous a rarement reproché de ne pas bien réussir à l'école, même s'il était le directeur de l'Éducation à Hawaii, est qu'il savait que ses quatre enfants avaient des méthodes d'apprentissage différentes. Au lieu de nous critiquer pour nos mauvaises notes, il nous a encouragés à trouver les façons d'apprendre qui naturellement nous convenaient le mieux. Mon vrai père comprenait également que j'avais besoin de mesures incitatives, d'une récompense à la fin de mes études. Je savais que j'étais suffisamment agressif et révolté pour ne pas suivre simplement son ordre «d'aller à l'école». Il me fallait être motivé.

«Va à l'école, obtiens de bonnes notes dans le but de décrocher un bon emploi et d'avoir ton propre bureau». Il était suffisamment intelligent pour savoir que le fait de me dire cela n'allait pas me motiver à aimer l'école. Il savait très bien que j'avais besoin d'étudier ce que je voulais étudier, d'apprendre avec les méthodes qui me convenaient le mieux, et qu'il me fallait obtenir une récompense sensationnelle à la fin de mes études. Il m'a aidé à comprendre cela au sujet de moi-même.

Et même s'il n'aimait pas l'idée que je joue au *Monopoly* pendant des heures avec mon père riche, il était un pédagogue assez intelligent pour savoir que je jouais pour les satisfactions que je pouvais retirer de ce jeu. Je sais que je pouvais y voir mon avenir. C'est pourquoi il m'a dit: «Va à l'école et découvre le monde. Tu peux jouer au *Monopoly* partout à travers le monde. Je n'ai pas les moyens de te faire parcourir le monde, mais si tu peux t'inscrire dans une école qui te laissera étudier partout dans le monde, tu aimeras l'éducation et l'instruction que tu recevras.»

Mon père n'a pas compris sur le coup que cette idée allait me rester dans la tête, mais ce fut le cas. Selon lui, le fait de voyager à travers le monde à jouer au *Monopoly* n'avait pas beaucoup de sens. Cependant, quand il m'a vu m'animer à l'idée de voyager à travers le monde pour étudier, il a commencé à m'encourager. Il a trouvé quelque chose qui m'a intéressé. Il a même commencé à aimer l'idée que je joue au *Monopoly*, même s'il ne pouvait pas comprendre pourquoi je voulais investir dans l'immobilier à travers le monde car cela ne faisait pas partie de sa réalité à lui; mais il se rendait compte que cela devenait une partie intégrante de la mienne. Étant donné que j'avais déjà une planchette de jeu de *Monopoly*, il s'est mis à emporter à la maison plus de livres sur les voyages en mer et à travers le monde.

Donc, au bout du compte, même mon père pédagogue ne voyait pas d'objections à ce que je joue au *Monopoly*. Il pouvait se rendre compte que c'était non seulement amusant mais que j'étais intéressé à ce jeu. Il a été capable de jumeler ce jeu avec des matières que je voulais étudier. Il a trouvé la récompense pour laquelle j'allais étudier avec beaucoup d'ardeur – et cette récompense se résumait à voyager à travers le monde et à jouer au *Monopoly* dans la vraie vie, dans la réalité de tous les jours. Cela lui semblait une réalité puérile et immature, et pourtant c'était une réalité qui parvenait à me stimuler.

D'une façon ou d'une autre, mon père savait que quand je jouais au *Monopoly* je pouvais voir mon avenir dans l'heureux dénouement de la partie. Il ne pouvait pas le voir, mais il savait que je pouvais concevoir cet avenir... et il a utilisé ce que je pouvais voir ou ce que je commençais à entrevoir comme stimulant pour me garder à l'école et que j'étudie de façon soutenue. Aujourd'hui, je voyage à travers le monde et je joue au *Monopoly* avec du véritable argent. Quoique mes aptitudes dans le domaine de la lecture et de l'écriture ne soient pas solides, je lis et j'écris parce que mon père pédagogue était suffisamment intelligent pour me trouver des matières qui m'intéressaient, au lieu de me forcer à lire et à écrire sur des sujets qui ne m'intéressaient aucunement.

La formule gagnante

L'une des choses les plus importantes que j'ai apprises du *Monopoly* est ma formule gagnante. Je savais que tout ce que j'avais à faire consistait à acheter quatre maisons vertes et à les transformer en un hôtel rouge. Je ne savais pas précisément comment j'allais y parvenir, mais je savais que je pouvais le faire... du moins c'est la perception que j'avais de moi-même à cette époque. En d'autres termes, entre les âges de 9 et 15 ans, j'ai appris que je n'étais pas un petit génie sur le plan scolaire comme mon ami Andy la fourmi. Quand j'ai découvert cette formule sur la planchette de jeu de *Monopoly*, et que je suis allé ensuite toucher et voir de mes propres yeux les maisons vertes de mon père riche, j'ai découvert la formule gagnante qui me convenait.

Je savais que la formule de mon père pauvre, qui consistait à étudier avec ardeur, à travailler dur pour obtenir la sécurité d'emploi et à passer toute la journée dans un bureau, ne me convenait pas. Cette prise de conscience était une bonne nouvelle pour moi. Mais comme je l'ai déjà dit, une pièce de monnaie possède deux côtés. La mauvaise nouvelle était que quand j'ai atteint 15 ans, la menace suivante avait peu d'impact sur ma motivation à étudier des matières que je ne voulais pas étudier : « Si tu n'étudies pas de ton mieux, si tu n'obtiens pas de bonnes notes, si tu ne décroches pas un bon emploi, tu ne réussiras pas. »

Quand je songe aux résultats d'examens pitoyables de bien des jeunes d'aujourd'hui, je crois que le même manque de motivation ou de détermination qui m'a affecté afflige aussi les jeunes aujourd'hui. Les jeunes ne sont pas stupides. À vrai dire, ils en savent beaucoup plus sur la vraie vie que plusieurs adultes. Une des raisons pourquoi le système scolaire éprouve beaucoup de problèmes à leur enseigner est que personne ne leur a fourni une vraie raison stimulante d'étudier de leur mieux et de continuer de fréquenter l'école.

Je crois que plusieurs jeunes seraient davantage intéressés à étudier s'ils commençaient à jouer au *Monopoly* en première année, et si on leur demandait ensuite lesquels parmi eux veulent se joindre au programme d'études: *«Qui veut être un millionnaire quand il recevra son diplôme?»* Si un enfant veut vraiment devenir un millionnaire, vous pourriez toujours lui faire suivre le même programme d'études que j'ai eu étant enfant. Il se peut que cet enfant soit vraiment apte à étudier ce programme car la récompense à la fin de ces études est palpitante et vaut amplement la peine d'avoir étudié pour l'obtenir.

Par conséquent, la bonne nouvelle est qu'en jouant au *Monopoly* j'ai trouvé ma formule gagnante. Je pouvais entrevoir mon avenir à la fin de la partie. Une fois que j'ai su que je pouvais le faire, j'ai voulu devenir millionnaire. Cela était pour moi très excitant et j'étais disposé à étudier pour y arriver. Mais plus important encore que le fait de devenir riche, je pouvais voir que mon avenir allait m'assurer ma liberté et ma sécurité financières à la fin de la partie.

D'après la perception que j'avais de moi-même, je n'avais pas besoin d'un emploi sûr, ou qu'une entreprise ou le gouvernement s'occupe de moi. À l'âge de 15 ans, je savais que je serais riche. Je ne faisais pas que le penser, je le savais. Quand j'ai su cela, la perception que j'avais de moi a pris son essor. Je savais que même si je n'avais pas de bonnes notes, même si je ne fréquentais pas une bonne école, ou même si je n'avais pas un bon emploi, j'allais quand même devenir riche un jour.

La mauvaise nouvelle est que je suis devenu plus agité en grandissant. N'eut été de mon père pédagogue et de mon père riche qui m'encouragèrent à rester à l'école et à obtenir mon diplôme, j'aurais probablement quitté l'école plus tôt. Je leur suis très reconnaissant pour la sagesse dont ont fait preuve mon père professeur, mon père riche et quelques professeurs du secondaire qui m'ont guidé au lieu de me faire des reproches au cours de cette période très difficile de ma vie. Grâce à leur aide, j'ai découvert une façon de vouloir continuer mes études et d'être un bon élève. Ils m'ont aidé à découvrir de quelle façon j'apprenais le mieux au lieu de me forcer à étudier de la manière que le système scolaire voulait que j'apprenne.

Mon père pédagogue a su discerner que j'apprends le mieux quand j'agis, plutôt que par la lecture et l'écoute. Il a avivé mes rêves de parcourir le monde et il a lié ces rêves au jeu de *Monopoly*. Grâce à ces connaissances, il a su trouver des façons de m'encourager à continuer mes études et de m'aider à trouver une école convenant parfaitement à mon mode d'apprentissage. Il ne se préoccupait pas de mes notes ou de faire en sorte que je fréquente une école prestigieuse où l'apprentissage intellectuel est supérieur. Il avait à cœur que je continue mes études, que j'obtienne un diplôme collégial et, surtout, que je n'arrête pas d'apprendre. En d'autres mots, mon vrai père a fait son devoir, ses devoirs.

Mon père riche m'a enseigné différentes choses grâce au jeu de *Monopoly*. Il m'a enseigné une des formules gagnantes des riches. Il a modifié la perception que j'avais de moi-même en m'enseignant que je pouvais gagner au jeu de la vie même en ne réussissant pas bien à l'école ou en n'ayant pas un emploi hautement rémunéré. Il m'a fait voir sa formule gagnante, une formule que j'ai adoptée pour toute la vie. En d'autres termes, mon père riche a également fait son devoir. Et comme il le disait souvent: «Tu ne deviens pas riche dans ton milieu de travail. Tu deviens riche en faisant tes devoirs, ton travail à la maison.»

Comment enseigner à des enfants riches et brillants

Au début de l'an 2000, l'une des principales entreprises de marketing de réseaux m'a demandé d'enseigner les rudiments de l'investissement à des jeunes de la «prochaine génération». Vu que j'étais curieux de savoir qui composait cette prochaine génération, on m'a dit que c'était des jeunes dont les parents réussissent très bien dans le domaine du marketing de réseaux.

Quand j'ai demandé pourquoi ces jeunes avaient besoin d'en savoir davantage à propos des investissements, on m'a répondu: «Parce que la plupart de ces jeunes gens vont hériter d'entreprises valant des millions de dollars et, dans certains cas, des milliards de dollars. Nous leur avons enseigné les principes et le fonctionnement de l'entreprise, et maintenant nous avons besoin que vous leur enseigniez les différentes notions reliées à l'investissement.» Grâce à cette réponse, j'ai su pourquoi on me demandait de leur parler.

J'ai passé deux jours dans un centre de ski à prendre la parole devant 75 jeunes gens, dont les âges s'échelonnaient entre 15 et 35 ans, sur l'importance d'investir. C'était agréable parce qu'on ne me posait aucune question comme celle-ci: «Où vais-je trouver l'argent pour investir?» Comme le disait mon père riche: «Il existe deux catégories de problèmes d'argent. L'un consiste à ne pas avoir suffisamment d'argent, et l'autre consiste à en avoir trop.» Et ces jeunes gens avaient le second problème.

Lors du deuxième jour de mon cours, je n'ai pas pu m'empêcher de remarquer à quel point ces jeunes gens étaient différents. Ils n'étaient pas comme plusieurs de ces jeunes que j'avais rencontrés précédemment. Même les adolescents étaient capables d'entretenir une conversation d'adultes à adultes et non pas d'adolescents à adultes, au sujet de l'argent, des affaires et des investissements. J'étais suffisamment âgé pour être leur père et j'ai eu souvent l'impression que je m'adressais à des pairs à la table d'un conseil d'administration.

J'ai pris conscience ensuite que ces jeunes gens avaient grandi au sein de l'entreprise, et que plusieurs d'entre eux géraient des marges brutes d'autofinancement et des portefeuilles de placement beaucoup plus importants que les miens. C'était pour moi une expérience qui me demandait une certaine humilité; et pourtant, malgré le fait que ces jeunes étaient déjà riches, il n'y avait pas chez eux cette arrogance, cette trop grande assurance, cette attitude distante que je retrouve à l'occasion chez certaines jeunes personnes.

Je me suis rendu compte que plusieurs de ces jeunes gens avaient grandi à la maison avec leurs parents, dans l'entreprise familiale. Non seulement étaient-ils à l'aise avec les adultes mais ils étaient également à l'aise à converser avec des adultes au sujet de l'argent et des affaires. J'avais déjà vu auparavant certains de ces jeunes, parfois âgés de 14 ans seulement, se tenir debout sur une scène devant 40 000 personnes et prononcer un discours qui a su inspirer tout l'auditoire. J'avais 37 ans la première fois que j'ai parlé en public, et c'était un discours ennuyeux.

Tandis que je conduisais ma voiture pour retourner vers l'aéroport, j'ai réalisé que mon meilleur ami, Mike, et moi-même avions vécu passablement la même expérience. J'ai également pris conscience qu'il avait étudié avec beaucoup plus d'ardeur au collège parce que sa récompense à la fin de ses études, à l'école commerciale, était de prendre la direction d'une entreprise de plusieurs millions de dollars. J'ai compris que j'étais aussi le bénéficiaire d'un parent qui travaillait à domicile et qui avait le temps d'enseigner à son fils et à moi les connaissances pratiques de la vie, applicables à la vie de tous les jours.

Quand je m'adresse à des gens qui ont l'intention de lancer une entreprise à partir de leur propre foyer – c'est-à-dire une entreprise de marketing de réseaux, une franchise, ou à une entreprise qu'ils lancent de leur propre initiative – je leur fais des commentaires sur ces jeunes gens que j'ai rencontrés pendant deux jours. Une entreprise basée à domicile peut fournir des avantages bien au-delà des sources additionnelles de revenus et des allégements fiscaux, et certains de ces avantages sont presque illimités et inestimables. Pour certaines personnes qui ont des enfants, une entreprise basée à domicile est le moyen pour elles de faire leurs devoirs et d'enseigner à leurs enfants à faire de même. Comme le disait mon père riche: «Tu ne deviens pas riche dans ton milieu de travail. Tu deviens riche à la maison.» Et il se peut que cela inclut une richesse qui va bien au-delà de l'argent.

À travers toute l'histoire, certaines des personnes les plus riches le sont devenues en débutant à la maison. Henry Ford a commencé dans son garage. L'entreprise *Hewlett-Packard* a été fondée dans un garage. Michael Dell a débuté dans son dortoir. Le colonel Sanders est devenu riche après avoir été forcé de faire faillite parce qu'une autoroute avait été construite au-dessus de son restaurant. Par conséquent, le conseil de mon père riche, selon lequel vous ne devenez pas riches dans votre milieu de travail, s'est avéré juste pour plusieurs personnes très riches.

Soit dit en passant, la planchette de jeu de *CASHFLOW 101*™ fut conçue sur la table de ma salle à dîner. Le livre *Père riche, père pauvre* qui a été vendu jusqu'ici à plus de deux millions d'exemplaires a été écrit dans notre chalet dans les montagnes. Les *CASHFLOW Technologies, Inc.* et le site Web *richdad.com*, sont une entreprise de plusieurs millions de dollars qui expédie et accorde des permis pour les produits éducationnels *Père riche* partout à travers le monde – et cette entreprise a vu le jour dans une chambre d'amis dans la maison de Sharon L. Lechter.

En fait, l'entreprise qui a démarré sur notre table de cuisine et qui a déménagé ensuite dans la maison de Sharon, se trouve maintenant dans un immeuble de bureaux et loue même des surfaces de bureaux à d'autres entreprises. Je n'ai toujours pas de bureau, car même aujourd'hui je n'aime pas être confiné dans une pièce. J'utilise la même formule gagnante que j'ai apprise avec l'aide de mes deux pères – dans le but de voyager à travers le monde et de jouer au *Monopoly* avec du véritable argent. En d'autres termes, je continue de faire mes devoirs, mon devoir.

Chapitre 5

De combien de formules gagnantes votre enfant aura-t-il besoin?

*E*n songeant à la vie de père riche et à celle de père pauvre, je me rends compte que l'un a mieux réussi que l'autre pour la simple raison qu'il possédait plus de *formules gagnantes.*

Un ami m'a téléphoné récemment pour me demander conseil. Adrienne a travaillé pour une importante entreprise pendant plusieurs années jusqu'à ce qu'on en réduise les effectifs au début des années 1990. Aucunement découragée et voulant depuis toujours démarrer sa propre entreprise, Adrienne a acheté une franchise d'agence de voyage grâce à ses économies et à l'indemnité de départ reçue de son ancienne entreprise.

Aussitôt qu'elle a pris en main les destinées de l'entreprise, les lignes aériennes ont commencé à réduire les commissions qu'elles versaient sur les billets vendus par les agents de voyages. Soudainement, au lieu d'obtenir une commission de 800 $ sur un billet, les compagnies aériennes lui ont versé un tarif uniforme de moins de 100 $, allant même jusqu'à 50 $. Elle doit maintenant faire face à la fermeture de son agence de voyage, mais cette fois-ci elle n'a plus d'économies et elle ne recevra pas d'indemnité de départ de sa propre entreprise. Sa franchise est mise en vente mais sa valeur a grandement diminué à cause des revenus décroissants versés par les lignes aériennes.

Je crois que l'une des raisons pourquoi Adrienne doit se débattre alors qu'elle a atteint un certain âge est qu'elle n'avait pas suffisamment de formules gagnantes pour la préparer à affronter n'importe quelle situation tout au long de sa vie. Adrienne n'est pas la seule personne que je connais qui se démène parce qu'elle est à court de formules gagnantes. Il y a beaucoup de gens qui ont bien réussi à l'école mais qui ont terminé leurs études sans avoir suffisamment de formules gagnantes pour réussir dans la vie. Ce chapitre-ci a été écrit pour les parents afin qu'ils préparent leurs enfants à acquérir suffisamment de formules gagnantes pour gagner au jeu de la vie.

Votre enfant a besoin de trois formules gagnantes au minimum

Voici les trois principales formules gagnantes dont un enfant a besoin pour faire l'apprentissage de la réussite financière et professionnelle plus tard dans la vie:

Une formule *d'apprentissage* gagnante;
Une formule *professionnelle* gagnante;
Une formule *financière* gagnante.

Comment trouver la formule d'apprentissage gagnante de votre enfant

Mon amie Adrienne réussissait très bien à l'école car elle apprenait rapidement et elle aimait l'école. Elle trouvait que la lecture, l'écriture et les mathématiques étaient des matières faciles à saisir. Adrienne a réussi son cours collégial sans le moindre effort et elle a obtenu plus tard un diplôme de bachelière ès arts. Vu qu'Adrienne se débrouillait bien à l'école, elle a aimé la fréquenter et ce fut pour elle une expérience positive.

Étant donné que son expérience scolaire avait été positive, je lui ai recommandé de fermer son agence de voyage et de retourner à l'école afin d'y apprendre une nouvelle formule professionnelle gagnante. Elle est maintenant aux études, à l'âge de 53 ans, afin d'obtenir les crédits nécessaires pour pouvoir s'inscrire à la faculté de droit.

Adrienne constitue un exemple qui illustre le point de vue de mon père sur les différentes formules d'apprentissage gagnantes, lesquelles correspondent à des gens différents. Là où la formule d'apprentissage gagnante d'Adrienne pourrait marcher dans son cas à elle, elle ne fonctionnerait probablement pas pour moi, dans ma situation. Je n'aimais pas l'école et je ne crois absolument pas retourner un jour dans les corridors de l'éducation institutionnelle à titre d'étudiant.

Comment développer une formule d'apprentissage gagnante

De la naissance jusqu'à environ 15 ans, voilà des années cruciales pour les enfants, car c'est la période où ils développent leurs propres formules gagnantes d'apprentissage. Si un enfant est heureux à l'école, apprend aisément et obtient de bonnes notes, cet enfant devrait développer une formule d'apprentissage gagnante qui a des chances de réussir.

Mais lorsque des enfants ont de la difficulté à apprendre à l'école parce qu'ils sont faibles en ce qui a trait à l'intelligence verbale et linguistique ou pour d'autres raisons, leurs années d'école pourraient s'avérer pénibles dans leur cas. Si des enfants éprouvent des difficultés à l'école à un âge aussi jeune, ou si on leur fait sentir qu'ils ne sont pas aussi intelligents que les autres enfants, il se peut qu'ils se mettent à développer une piètre estime de soi et une mauvaise attitude vis-à-vis l'école en général.

Certains enfants en arriveront peut-être à se sentir «stupides» et à croire qu'ils ne peuvent pas survivre à l'intérieur du système d'éducation. Il arrive qu'on les étiquette à l'aide de termes dont le véritable but est de mettre en évidence leurs soi-disant handicaps – des expressions ou des termes tels que «trouble déficitaire de l'attention» ou «retard au niveau de l'apprentissage» au lieu d'employer des qualificatifs convoités par tous: «il est doué», «brillant» ou «génial». En tant qu'adulte, je déteste être traité comme quelqu'un de «stupide» ou qu'on me fasse me sentir inférieur. Comment croyez-vous qu'un enfant de 12 ans ou moins puisse faire face à de telles étiquettes? Quel en est donc le prix sur les plans mental, émotionnel et physique?

Les systèmes d'évaluation scolaires sont une autre raison pourquoi les jeunes commencent à se sentir moins rassurés sur le plan scolaire. Dans la courbe normale d'un système d'évaluation, si nous avons 10 écoliers, 2 seront au sommet de la courbe, 2 autres se retrouveront au bas de la courbe, et les 6 autres seront au milieu de cette même courbe.

Dans les tests généraux de capacité scolaire, j'étais habituellement classé parmi les 2 % du haut de la courbe relativement au potentiel, mais parmi les 2 % du bas de la courbe en ce qui a trait aux notes. Par rapport à cette méthode de courbe normale servant à évaluer des écoliers, mon père pédagogue a souvent dit: «Le système scolaire n'est pas tant un système d'*éducation* qu'un système d'*élimination*.» Son travail de parent consistait à me rassurer à la fois mentalement et émotivement parlant, et à empêcher que je sois éliminé du système.

Un changement se produit à l'âge de 9 ans

Rudolf Steiner est un éducateur très influent et souvent controversé, dont les philosophies pédagogiques sont regroupées dans les écoles Waldorf, reconnues comme étant un des systèmes scolaires qui se développent le plus rapidement dans le monde d'aujourd'hui. Monsieur Steiner a souvent écrit et parlé de ce qu'il appelle ce changement qui se produit à l'âge de 9 ans. Les résultats de ses recherches établissent que vers l'âge de 9 ans les enfants commencent à se séparer de l'identité de leurs parents et à chercher la leur. Rudolf Steiner a découvert que cette période en est une souvent très solitaire pour l'enfant, une étape où il ressent l'isolement. L'enfant se met à la recherche de son propre «je» et non pas d'un «nous» comme dans sa famille.

Au cours de cette période, l'enfant a besoin d'apprendre des aptitudes pratiques de survie. Pour cette raison, dans le système Waldorf, on enseigne aux enfants de cet âge à faire des jardins, à construire un abri, à cuire du pain, et autres choses du même genre. Ce n'est pas qu'ils apprennent ces aptitudes en vue de futures professions; ils les apprennent plutôt pour être sûrs personnellement de pouvoir survivre par leurs propres moyens. Les enfants ont *besoin* de savoir qu'ils peuvent survivre pendant cette période où ils sont en quête de leur propre identité.

S'ils ne parviennent pas à développer un sentiment de sécurité personnelle au cours de cette période, les répercussions peuvent influer de façon spectaculaire sur l'orientation et les choix de vie des enfants. Manifestement, la manière de réagir de chaque enfant à cette crise d'identité est différente, et c'est pourquoi la sensibilité et les paroles bien pesées d'un parent s'avèrent vitales. Un professeur ayant 30 écoliers ne peut absolument pas être conscient des différents choix et besoins de chaque enfant à ce stade de la vie.

Mon père instruit ne connaissait pas l'œuvre de Rudolf Steiner, mais il était au courant de cette période de développement dans la vie d'un enfant. Quand il a remarqué que je ne réussissais pas bien à l'école, et à quel point le fait d'être l'ami d'Andy la fourmi m'avait affecté quand on m'a informé que Andy était un génie et moi non, il a commencé à m'observer et à me guider d'un peu plus près. Voilà pourquoi il m'a encouragé à pratiquer davantage les sports. Il savait que Andy apprenait en lisant et que j'apprenais en agissant. Il voulait que je sache que je pouvais moi aussi survivre sur le plan scolaire à ma façon à moi. Il a voulu que je découvre une façon de conserver ma confiance en moi à l'école, même si cela devait se produire grâce aux sports plutôt que sur le plan des études.

Notre famille avait également des problèmes d'argent à ce moment-là de ma vie. Je soupçonne que mon père instruit s'est rendu compte à quel point son incapacité à gagner suffisamment d'argent m'affectait. Il savait que je suis souvent revenu à la maison en surprenant ma mère en train de pleurer sur toutes les factures que nous avions à régler.

Je pense qu'il savait que j'allais probablement commencer à chercher une identité différente de la sienne, et c'est ce que j'ai fait. Je me suis mis à étudier avec mon père riche à l'âge de 9 ans. Quand j'y repense aujourd'hui, je me rends compte que je cherchais mes propres réponses sur comment j'aurais pu aider ma famille pendant cette période de troubles financiers. Je cherchais décidément une identité différente de celle de ma mère et de mon père.

La formule d'Adrienne par opposition à ma formule

Étant donné que l'expérience d'Adrienne à l'école avait été positive, il était donc tout à fait cohérent qu'elle retourne déambuler dans les corridors de l'éducation pour y apprendre une nouvelle profession. Ma formule d'apprentissage est différente. C'est la formule que j'ai apprise à l'âge de 9 ans, laquelle formule consiste à trouver un mentor et à apprendre par l'action, en agissant justement.

Aujourd'hui, je recherche encore des mentors pour apprendre en leur présence. Je cherche des mentors qui ont déjà accompli ce que je veux faire, ou bien j'écoute leurs cassettes qui me racontent ce qu'ils ont fait. Je lis également, mais seulement en désespoir de cause. Au lieu de retourner à l'école commerciale pour y apprendre des choses sur les affaires, j'ai créé ma propre entreprise car j'apprends en agissant plutôt qu'en m'assoyant dans une salle de classe. Je recherche donc un mentor, j'agis, je commets des erreurs, puis je cherche des livres et des cassettes qui me révèlent mes erreurs et ce que je peux apprendre d'elles.

Par exemple, quand la campagne de marketing d'une de mes entreprises s'est mise à battre de l'aile, je suis entré dans un important mode d'études et de recherches afin de trouver de nouvelles réponses. Aujourd'hui, je suis passablement bon dans le marketing... mais je ne le serais pas si j'étais resté assis simplement dans une salle de classe, à lire des livres, et à écouter des professeurs qui auraient ou qui n'auraient pas possédé leurs propres entreprises.

Chaque enfant possède une formule gagnante d'apprentissage unique et distincte. C'est la responsabilité des parents d'observer et de soutenir leur enfant dans le choix de la formule qui marchera le mieux pour cet enfant. Si l'enfant ne réussit pas bien à l'école, surveillez la situation de près sans étouffer l'enfant et soutenez-le pour qu'il découvre les meilleures façons pour lui d'apprendre.

Si vos enfants réussissent à l'école et aiment les études, comptez-vous chanceux. Laissez-les exceller et réjouissez-vous de l'expérience qu'ils vivent. S'ils n'aiment pas l'école, faites-leur savoir qu'ils sont quand même des «génies», et encouragez-les à découvrir leur propre façon d'apprendre dans un système qui ne reconnaît qu'un seul type d'intelligence.

S'ils peuvent apprendre à faire cela, ils vont acquérir d'excellentes aptitudes pédagogiques de survie dans la vie de tous les jours, dans ce monde qui requiert plusieurs types d'intelligences pour survivre. C'est ce que mon père m'a encouragé à faire. Il m'a encouragé à découvrir mes propres façons d'apprendre en dépit du fait que je détestais ce que j'apprenais. Cela a constitué une excellente formation en fonction de la vraie vie.

Comment devenir un étudiant professionnel

J'ai aussi remarqué que bien souvent les gens réussissent à l'école parce qu'ils ont peur de ne pas être capables de survivre. Les enfants apprennent qu'en obtenant de bonnes notes ils ont toutes les chances de survivre. Par conséquent ils acquièrent cette aptitude de survie que l'on appelle «obtenir de bonnes notes». Toutefois, si cela s'avère profitable pendant qu'ils sont jeunes, des problèmes surviennent quand ils grandissent et il se peut alors qu'ils aient besoin de partir et de dépendre d'autres aptitudes de survie... en fait d'autres aptitudes de survie essentielles dans la vie de tous les jours.

Je soupçonne que les écoliers qui apprennent à survivre en réussissant à l'école pourraient facilement devenir des étudiants professionnels, et il se peut que certains ne quittent jamais le système scolaire – certains deviendront peut-être docteurs en philosophie, recherchant la sécurité au moyen de la permanence dans leurs fonctions. Mon père instruit a compris qu'il engageait sa carrière dans cette voie, jusqu'à ce que sa famille tombe malade et qu'il soit forcé de faire face à la réalité. Il a dit alors: «Il est facile de rester à l'intérieur des murs de l'éducation si vous avez besoin que les murs de l'éducation vous abritent de la vie de tous les jours, de la réalité.»

L'érosion de la perception de soi

J'ai affirmé que les dettes et que l'absence d'un sentiment de sécurité financière peuvent éroder la perception financière qu'une personne a d'elle-même. En d'autres termes, si vous avez trop de revers financiers, ou si vous vous sentez piégé par votre besoin d'un emploi et de la sécurité d'un chèque de salaire, votre confiance en vous-même sur le plan financier peut devenir passablement instable. Il peut arriver la même chose à des enfants sur le plan scolaire, si on leur dit constamment qu'ils ne sont pas aussi brillants que tel ou tel autre.

Si mon père ne m'avait pas soutenu, j'aurais abandonné l'école très jeune pour la simple raison que personne n'aime qu'on lui donne l'impression qu'il est stupide. Je savais que je ne l'étais pas. Je savais que je m'ennuyais et que je n'étais pas intéressé par les matières enseignées. Et pourtant, mes mauvaises notes à l'école ont commencé à miner la perception que j'avais de moi-même sur le plan scolaire.

Mon père instruit m'a protégé pendant toute cette période pénible de ma vie. Même si j'obtenais de piètres notes ou que j'échouais à certains examens, il continuait de me rassurer en me disant que j'étais intelligent à ma façon et qu'il me fallait découvrir mes propres moyens d'apprentissage afin de survivre à l'école. N'eut été de son amour et de sa sagesse sur le plan scolaire, j'aurais sûrement laissé tomber l'école, blessé, fâché, et me sentant inférieur à ceux qui y réussissaient. En d'autres mots, si mon père instruit n'avait pas été là, j'aurais abandonné l'école en faisant l'apprentissage de la formule d'un perdant.

Que vos enfants réussissent ou non à l'école, soyez observateur et encouragez-les à découvrir leur propre formule d'apprentissage, car une fois qu'ils auront terminé leurs études et intégré le vrai monde, leur éducation commencera vraiment.

Certains professeurs trichent maintenant

La plupart des parents sont au courant que les résultats d'examens sont à la baisse, et que les pressions exercées sur les professeurs pour faire remonter ces résultats ont un effet néfaste sur les enseignants. Les pressions exercées sur les professeurs pour qu'ils haussent les résultats d'examens de leurs élèves font en sorte que certains enseignants trichent maintenant. Dans une banlieue opulente du Maryland, une directrice d'école a démissionné à cause d'une accusation de tricherie. Le numéro du 19 juin 2000 de la revue *Newsweek* a publié un article intitulé: «Quand des professeurs sont des tricheurs.»

Ce printemps s'est avéré une saison embarrassante pour les écoles publiques de la nation. Dans une banlieue du Maryland, la directrice d'une école élémentaire a démissionné le mois dernier après que des parents se soient plaints qu'on préparait leurs enfants à fournir les bonnes réponses en vue des examens de l'État.

En Ohio, des représentants de l'État enquêtent concernant une accusation de tricherie dans une école élémentaire de Columbus, laquelle école a récemment été louangée par le président Clinton pour avoir obtenu des résultats d'examens plus élevés. Et à New York, plus de 48 professeurs et administrateurs provenant de 30 écoles sont accusés d'avoir vivement conseillé à leurs étudiants de tricher dans divers tests standardisés de la ville et de l'État.

C'est tragique quand des enfants se font renvoyer pour avoir triché. Mais au moment où l'année scolaire prend fin, un nombre alarmant de professeurs et de directeurs font face à l'accusation d'avoir «arrangé» les résultats d'examens dont l'enjeu est très important car ils déterminent à la fois quel jeune obtiendra son diplôme et quel sera le budget annuel de tout le district.

L'article continue:

Les résultats élevés constituent le problème – et non pas les normes élevées – et ils sont devenus une sorte de quête du Saint-Graal.

Dans certaines régions du pays, des enseignants obtiennent des primes allant jusqu'à 25 000 $ s'ils «gonflent» les résultats de leurs étudiants. Dans d'autres endroits, les professeurs peuvent perdre leur emploi si leurs étudiants n'atteignent pas les résultats escomptés.

Et l'article affirme également que les écoles enseignent maintenant aux jeunes à passer des examens au lieu de leur inculquer une solide instruction. En d'autres termes, les professeurs fournissent les réponses aux élèves pour que ces derniers puissent passer les examens avec succès et obtenir ainsi des résultats plus élevés, et non pas dans le but qu'ils deviennent des jeunes plus instruits.

Cette façon d'enseigner en révélant d'avance les réponses des examens constitue selon certains experts une menace beaucoup plus sérieuse que la tricherie pure et simple. Renzulli appelle ce phénomène le programme d'études qui consiste à «mémoriser, à garder en mémoire et à régurgiter le tout». «C'est un contenu qui n'a aucun sens», dit Linda McNeil, une professeure d'enseignement à l'université Rice et auteure de *Contradictions of School Reform: The Educational Costs of Standardized Tests* (*Les Contradictions de la réforme scolaire: Les coûts éducationnels des tests standardisés*).

Elle dit qu'au Texas certains enfants consacrent plusieurs mois à ne faire rien d'autre qu'à se préparer pour les examens. «C'est comme si vous enseigniez mentalement aux jeunes à appuyer sur la touche *Effacement*», dit-elle. «Vous leur enseignez à oublier. La vraie tricherie est que vous êtes ainsi privé d'excellentes études régulières.»

De quelle façon les professeurs se sont-ils fait prendre?

Chaque fois que je dis que les jeunes sont plus intelligents que les adultes, de plus en plus d'adultes intelligents me lancent un

regard en biais. Et pourtant je me souviens avoir été beaucoup plus
«branché» sur le monde quand j'étais jeune que ce que mes professeurs ou mes parents le supposaient. J'étais au courant du premier
numéro de la revue *Playboy* bien avant que ma mère et ses amies en
entendent parler. De nos jours, grâce à Internet, les jeunes ont accès à
des choses à propos desquelles j'ai moi-même un peu peur de me
renseigner. Toutefois, nous continuons de traiter les jeunes comme
des enfants.

L'article du *Newsweek* enchaîne en affirmant que la directrice de
l'école du Maryland s'est fait prendre parce que les écoliers savaient
qu'elle trichait. Dans le même numéro du *Newsweek*, l'article suivant,
intitulé «Leçons amères», relatait toute l'histoire:

> Les jeunes ont été les héros au milieu de ce scandale. Que se
> produit-il quand les soi-disant modèles de comportement
> enseignent la malhonnêteté?

> Les premiers signes que quelque chose n'allait pas sont venus
> des écoliers. Tout en entretenant entre eux des conversations à
> voix basse dans les corridors et dans la cour de récréation, qu'ils
> révélaient ensuite à leurs parents après l'école, quelques éco-
> liers de 5e année se sont mis à décrire le comportement bizarre
> de leur directrice, tandis qu'elle surveillait les tests d'évaluation
> de l'État à la mi-mai. On dit que certains enfants qui avaient
> déjà terminé le test ont été rappelés par la directrice et qu'elle
> leur a demandé de «revoir» leurs réponses. «Vous voudrez
> peut-être jeter à nouveau un coup d'œil à cette réponse»,
> disait-elle d'après le témoignage des enfants. On a accordé à
> d'autres écoliers de 20 à 45 minutes additionnelles pour ter-
> miner l'examen. À un moment donné, au cours de la section
> d'études sociales du test, on raconte qu'elle a tenu une carte
> géographique et a pointé du doigt le pays à propos duquel les
> écoliers étaient questionnés.

> Les jeunes étaient embêtés et confus. «Certains écoliers disaient
> l'un à l'autre: "Je ne crois pas qu'elle a le droit de faire cela", a
> dit un écolier de 5e année à la revue *Newsweek*. L'écolier, un
> jeune garçon de 10 ans, a raconté qu'on lui avait accordé du
> temps additionnel pendant l'examen de mathématiques. "Il y
> avait une autre partie, dans la section des arts du langage",
> a-t-il continué, "où la directrice m'a aidé à obtenir la bonne
> réponse. Dans cette partie j'ai vraiment pensé qu'elle trichait,

mais j'ai cru en moi-même que si je disais quelque chose, je m'attirerais des problèmes." Le parent d'une autre écolière a dit au *Washington Post* que sa fille est revenue à la maison et lui a dit: "Maman, j'ai vraiment eu l'impression que c'était de la tricherie, mais pourquoi donc une directrice ferait-elle cela?"»

On ne leur apprend pas à apprendre

Il se produit quelque chose de tragique dans le système scolaire d'aujourd'hui. Le dimanche 7 mai 2000, mon journal local *The Arizona Republic* a publié un article dont le titre était le suivant: *Les écoles de Los Angeles feront éventuellement redoubler des milliers d'élèves:*

Los Angeles – Le second plus important système scolaire de la nation a renoncé à ses projets de faire redoubler un grand nombre d'élèves cette année, mais va tout de même en faire redoubler environ 13 500 cet automne quand le système scolaire cessera automatiquement de faire passer les élèves médiocres à la classe supérieure suivante.

Les représentants du *Unified School District* de Los Angeles s'attendaient au départ à faire redoubler jusqu'à un tiers des 711 000 élèves du système, soit 237 000 élèves, mais les directives en ce qui a trait à la promotion des élèves ont été assouplies car on s'inquiétait que le redoublement en bloc d'une foule d'élèves paralyse les écoles.

En d'autres termes, le système scolaire de Los Angeles a échoué à enseigner à plus d'un quart de million de jeunes les techniques de base de l'apprentissage. Plutôt que d'avoir un quart de million de jeunes qui ralentissent le système, à la façon d'une boule de cheveux qui obstrue un tuyau, le système a purement et simplement abaissé le niveau de ses exigences et expédie ces jeunes dans la vraie vie, dans le monde de tous les jours. À mon avis, ce ne sont pas les jeunes qui ont échoué, c'est le système.

Le pourquoi de l'augmentation des écoles privées et de l'enseignement à domicile par les parents

Les jeunes ne sont pas les seuls à se rendre compte qu'on les a trompés en ce qui a trait à une importante phase de l'éducation. Pendant des années, l'enseignement à domicile était considéré comme étant l'apanage d'un groupe marginal de parents radicaux.

Aujourd'hui, de plus en plus de parents retirent leurs enfants de l'école et les éduquent à la maison. On rapporte que le mouvement de l'enseignement à domicile par les parents augmente de 15 % par année.

Bien des gens disent que les enfants ne peuvent pas acquérir une bonne instruction à la maison. Pourtant cette année, la première année du nouveau millénaire, les parents-enseignants et leurs élèves ont remporté le concours national d'orthographe. De telles écoles à domicile se répandent avec audace et confiance, et les écoles qui adoptent les systèmes *Montessori* et *Waldorf* se multiplient rapidement. En d'autres termes, certains parents retirent au gouvernement la responsabilité d'éduquer leurs enfants.

Une formidable ressource pour ces parents est le site Web *www.homeschool.com*. Établi par Rebecca Kochenderfer, ce site possède une abondance d'informations à l'intention de tous les parents. Rebecca partage notre mission d'aider les parents à mieux préparer leurs enfants à affronter le monde dans lequel ils vivent.

Certaines préoccupations de mon père instruit

Il y a plusieurs années, mon père pédagogue a essayé de changer le système. Il était conscient que des enfants différents ont des types différents d'intelligences. Il savait aussi que ce genre de système en était un «à taille unique», lequel convenait à 30 % des jeunes et s'avérait abominable pour tous les autres. Il disait souvent: «Le système est pire qu'un dinosaure. Tout au moins, les dinosaures ont disparu... mais le système scolaire ne mourra pas. C'est pourquoi il est pire qu'un dinosaure. Le système d'éducation me fait penser à un alligator, ce reptile qui a survécu même après la disparition des dinosaures.» Il a enchaîné en disant: «La raison pourquoi le système scolaire ne change pas est que ce n'est pas un système conçu pour le changement. C'est un système conçu pour survivre.»

La plupart d'entre nous savent que les professeurs font de leur mieux pour éduquer les enfants. Le problème est que les professeurs travaillent dans un système qui a été conçu pour ne pas changer. C'est un système conçu pour la survie. C'est un système qui administre des médicaments à des écoliers pour ralentir leur rythme au lieu de se changer lui-même en s'activant. Alors, après avoir administré un médicament à des enfants hyperactifs, ils disent à ces mêmes enfants: «Ne prenez pas de drogues.»

À mes yeux, c'est là un système impitoyable. C'est le seul genre d'entreprise que je connais qui ne parvient pas à donner à ses clients ce qu'ils veulent et qui les blâme ensuite pour ses propres défaillances. Au lieu de reconnaître que leur système est ennuyeux et monotone, ils disent: «Votre enfant a une déficience en ce qui a trait à l'apprentissage.» Ils disent cela au lieu de dire: «Nous, en tant que système, avons une déficience en ce qui a trait à l'enseignement.» Comme je l'ai dit précédemment, c'est le seul type d'entreprise qui blâme ses clients pour ses propres manquements.

Mon vrai père s'est rendu compte depuis plusieurs années que ce système comporte d'énormes failles. Il a été très perturbé quand il a découvert que le système d'éducation en vigueur dans la plupart des pays de langue anglaise en est un qui tire son origine de la Prusse, il y a plusieurs centaines d'années de cela. Il est devenu profondément troublé quand il a pris conscience qu'il faisait partie d'un système qui n'avait pas été conçu pour éduquer les enfants, mais pour créer de bons soldats et d'excellents employés.

Il m'a dit un jour: «La raison pourquoi nous avons des mots comme "kindergarten" (jardin d'enfants) dans notre système scolaire est que notre système tire son origine de la Prusse, il y a de cela plusieurs centaines d'années. *Kinder* est un mot prussien signifiant "enfants", et *garten* signifie "jardin". En d'autres mots, c'est un jardin d'enfants conçu pour que l'État les éduque ou les endoctrine. C'est un système qui a été créé pour retirer aux parents la responsabilité de l'éducation, et pour éduquer les enfants qui serviront le mieux les volontés et les besoins de l'État.»

D'où vient le mot élémentaire

Mon père instruit disait aussi: «La raison pourquoi les premières années d'école sont appelées "élémentaires" est que nous, en tant qu'éducateurs, avons enlevé de l'apprentissage le véritable sujet d'intérêt et l'avons subdivisé en différents éléments. Quand vous enlevez du processus d'apprentissage le véritable sujet d'intérêt, l'éducation devient ennuyeuse.» Il a enchaîné en disant: «Par exemple, si un enfant est intéressé par les maisons, le sujet de la maison est enlevé et subdivisé en différents éléments, tels que les mathématiques, la science, l'écriture et les arts.

«Donc, les étudiants qui réussissent bien à l'école sont des étudiants qui s'intéressent aux mathématiques en tant que matière, ou à l'écriture en tant que matière, ou à la science en tant que matière. Mais l'étudiant qui s'intéresse à un sujet plus vaste, dans ce cas-ci une maison, crève souvent d'ennui. Son sujet d'intérêt a été enlevé et il ne reste à étudier que les éléments qui composent ce sujet. C'est de là que proviennent les termes *école élémentaire* ou *éducation élémentaire*, et c'est pourquoi autant d'élèves trouvent l'école ennuyeuse. Le sujet d'intérêt a été enlevé.»

Je crois que ce sont certaines des raisons qui expliquent l'augmentation des écoles privées et de l'enseignement à domicile par les parents. Ces derniers sont en train de reprendre le pouvoir de l'éducation des mains de l'État et ils remettent ce pouvoir aux parents et aux enfants.

De samouraïs qu'ils étaient, ils sont devenus des médecins et des professeurs

Au cours du système féodal au Japon, la lignée de la famille de mon père était issue de la classe des guerriers ou de la classe des samouraïs. Mais peu après que le commerce avec l'Ouest a été instauré par le commodore Perry, le système féodal a commencé à décliner. Les membres de la lignée paternelle de ma famille se sont mis à renoncer aux us et coutumes des samouraïs et à devenir des médecins à la place. Le père de mon père était supposé devenir un médecin, mais au lieu de cela il s'est enfui à Hawaï; il a donc rompu la chaîne. Même si mon grand-père n'était pas devenu médecin, on s'attendait à ce que mon père aille à la faculté de médecine, mais lui aussi a rompu la chaîne.

Quand j'ai demandé à mon père pourquoi il n'était pas devenu médecin, il m'a dit: «Quand j'étais à l'école secondaire, j'ai commencé à me demander pourquoi autant de mes camarades de classe étaient soudainement absents de l'école. Une certaine journée mon ami était présent à l'école, et le jour suivant il n'était plus là. Cela piqua ma curiosité et j'ai commencé à poser des questions à des responsables de l'école. J'ai découvert rapidement que les plantations de sucre et d'ananas exigeaient que le système scolaire fasse échouer un minimum de 20 % des enfants d'immigrants, originaires d'Asie.

«C'était là le moyen qu'employaient les plantations pour s'assurer de disposer d'un apport régulier de travailleurs manuels, sans instruction. Mon sang s'est mis à bouillir quand j'ai découvert cela. C'est à ce moment-là que j'ai décidé de me diriger dans le secteur de l'éducation plutôt qu'en médecine. Je voulais m'assurer que le système donnerait à chaque enfant la chance d'acquérir une bonne instruction, une excellente éducation. J'étais prêt à affronter de grandes entreprises et le gouvernement dans le but de m'assurer que chaque enfant aurait la meilleure éducation possible.»

Mon père s'est battu pour modifier le système pendant toute sa vie et il fut finalement vaincu dans sa tentative de le changer. Vers la fin de sa vie, il a été choisi par ses pairs comme étant l'un des deux meilleurs éducateurs, au cours des 150 années d'histoire de l'enseignement public à Hawaï. Bien qu'il ait été reconnu pour son courage par les gens du système d'éducation, ce système en question demeure le même dans son ensemble. Comme je l'ai déjà dit, c'est un système conçu pour la survie plutôt que pour le changement. Cela ne veut pas dire que le système n'a pas fait du bon travail dans le cas de bien des gens.

Il a fait de l'excellente besogne pour environ 30 % des gens qui se débrouillent bien à l'intérieur du système. Le problème est que le système actuel a été créé il y a plusieurs centaines d'années à l'époque de la réforme agraire, une période bien avant les autos, les avions, la radio, la télévision, les ordinateurs et Internet. C'est un système qui a échoué dans sa tentative de suivre le rythme des changements à la fois technologiques et sociologiques. C'est un système plus robuste qu'un dinosaure et aussi coriace qu'un alligator.

Voilà pourquoi mon père s'appliquait à nous éduquer à la maison, disant souvent à ses enfants: «Les bonnes notes ne sont pas aussi importantes que le fait de découvrir le type d'intelligence qui vous est propre.» En d'autres mots, chaque enfant apprend différemment. Il appartient aux parents de s'appliquer à observer de quelle façon chaque enfant apprend le mieux, et de soutenir ensuite cet enfant pour qu'il développe sa propre formule gagnante d'apprentissage.

Chaque fois que je vois des bébés, je vois de jeunes génies impatients d'apprendre. Je revois parfois ces mêmes jeunes génies quelques années plus tard en train de s'ennuyer à l'école, et qui se demandent pourquoi on les force à étudier des choses qui, selon eux, sont non pertinentes. Bien des étudiants disent se sentir insultés parce qu'ils sont classés en fonction de leur rendement dans ces mêmes matières qui ne les intéressent pas, et ils finissent ensuite par être étiquetés comme étant brillants ou pas tellement intelligents.

Un jeune homme m'a dit: «Ce n'est pas parce que je ne suis pas intelligent, c'est que je ne suis tout simplement pas intéressé. Dites-moi d'abord pourquoi je devrais être intéressé par tel ou tel sujet et à quoi il pourrait me servir, alors je l'étudierai peut-être.»

Le problème va bien au-delà des mauvaises notes. Mon père clairvoyant admettait, bien sûr, que les notes peuvent influer positivement ou négativement sur l'avenir d'un étudiant, mais il était tout aussi préoccupé par les répercussions que les mauvaises notes peuvent avoir sur la perception qu'un étudiant a de lui-même et sur son assurance. Il disait souvent: «Plusieurs jeunes entrent à l'école très excités à l'idée d'apprendre des tas de choses, mais ils cessent un jour de la fréquenter, n'ayant appris qu'à détester l'école.»

Son conseil était le suivant: «Si un parent a un de ses enfants qui apprend à détester l'école, le rôle le plus important de ce parent, à cette étape de la vie de son enfant, consiste à ne pas forcer l'enfant à avoir de bonnes notes. Le rôle primordial du parent est de s'assurer que l'enfant préserve son amour d'apprendre, d'en savoir davantage. Découvrez les aptitudes naturelles de vos enfants, découvrez aussi ce qu'ils veulent apprendre et entretenez leur curiosité au sujet des études et des connaissances en général, même ailleurs qu'à l'école.»

La réalité est que les enfants auront bien plus de choses à apprendre que nous n'en avons jamais eu. S'ils n'y parviennent pas, ils se feront distancer relativement aux deux prochaines formules gagnantes, lesquelles sont traitées dans le chapitre qui suit. C'est pourquoi, selon moi, le fait de développer la formule gagnante d'apprentissage de vos enfants à la maison est bien plus important que les notes qu'ils obtiendront à l'école. Et comme le disaient mon père clairvoyant et mon père riche: «Ta véritable éducation commence quand tu termines l'école et que tu fais ton entrée dans le vrai monde.»

Chapitre 6

Votre enfant sera-t-il dépassé
à l'âge de trente ans?

*Q*uand j'étais tout petit, mes parents supposaient que j'allais obtenir un diplôme, décrocher un emploi, être un employé loyal, que je grimperais jusqu'au sommet de l'échelle administrative et que j'y resterais jusqu'à ma retraite. Au moment de prendre ma retraite, j'allais recevoir la fameuse montre en or, je jouerais ensuite au golf dans une collectivité de retraités et je partirais au volant de ma voiturette de golf vers le coucher du soleil.

Plus vous prenez de l'âge, moins vous devenez précieux

L'idée d'un emploi pour la vie est un concept de l'âge industriel. Depuis que le mur de Berlin est tombé et que le Web mondial a été instauré en 1989, le monde et les règles de l'emploi ont changé. Une des règles qui a changé est la suivante: «Plus vous prenez de l'âge, plus vous devenez précieux» (pour votre entreprise). Cela était peut-être vrai au cours de l'âge industriel, mais les règles sont exactement l'opposé aujourd'hui. Pour plusieurs personnes en cette ère de l'information, plus vous prenez de l'âge, *moins* vous devenez précieux.

Voilà pourquoi il est essentiel que la formule gagnante d'apprentissage d'un enfant soit bien en place afin de se maintenir simplement à la même allure que les changements qui s'en viennent. La formule gagnante d'apprentissage d'un enfant doit être une formule d'apprentissage bien répétée pour que l'enfant soit à la hauteur de tous les changements de ses formules gagnantes professionnelles.

En d'autres termes, il y a fort à parier que votre enfant sera probablement dépassé à l'âge de 30 ans et aura besoin d'apprendre une nouvelle formule professionnelle pour en arriver simplement à suivre le rythme des changements professionnels réclamés par le marché. En fin de compte, si votre enfant entretient l'ancienne idée de pratiquer la même profession pendant toute sa vie et qu'il n'est pas prêt à apprendre autre chose et à changer rapidement d'orientation, il est très possible que votre enfant se laisse distancer année après année.

Les meilleures notes ne comptent pas

L'avenir n'appartient pas à l'enfant qui termine ses études avec les meilleures notes. Il appartient à l'enfant qui possède la meilleure formule gagnante d'apprentissage et les idées techniques les plus nouvelles. Un enfant doit apprendre à apprendre et cela est plus important que d'apprendre comment passer des examens pour obtenir de bonnes notes; apprendre comment changer et apprendre comment s'adapter plus rapidement que ses camarades de classe.

Pourquoi? Car plusieurs des compétences pour lesquelles des employeurs et des entreprises paieront de gros salaires à l'avenir ne sont pas enseignées dans les écoles de nos jours. Examinez le climat des affaires aujourd'hui. Les travailleurs le plus en demande sont ceux qui comprennent le Web, une matière qu'on n'enseignait pas à l'école il y a à peine quelques années. Les gens le moins en demande sont ceux de ma génération. Ils veulent de gros salaires mais ne connaissent pas grand-chose au sujet de l'âge de l'information.

Une pénurie de travailleurs

Il peut sembler étrange de parler de ces gens qui deviennent dépassés alors qu'il y a une pénurie de travailleurs. J'ai des amis qui ne sont pas inquiets et qui me disent: «Et alors, qu'est-ce que ça change que je vieillisse et que je possède des compétences limitées en informatique? Il y a des tas d'emplois disponibles, et je n'ai qu'à négocier mon salaire partout où je veux travailler.»

Nous connaissons une pénurie de travailleurs car nous nous trouvons dans une vague de prospérité économique. On mise des milliards de dollars sur des entreprises qui ne seront plus en affaires d'ici quelques années. Quand plusieurs de ces fragiles entreprises de nouvelles technologies commenceront à fermer par manque d'argent, le marché regorgera à nouveau de travailleurs et quand des sociétés se mettent à fermer leurs portes, d'autres entreprises ferment aussi les leurs.

Prospérité et débâcle

Pour mieux comprendre la prospérité actuelle et la pénurie d'emplois, il vaut mieux regarder quelques années en arrière à d'autres cycles d'expansion et de ralentissement.

1. En 1900, il y avait 485 constructeurs d'automobiles. Il n'en restait que la moitié vers 1908. Aujourd'hui, il n'en reste en principe que 3 sur 485.

2. En 1983, il y avait environ 40 fabricants d'ordinateurs en Amérique. Il y en a 4 aujourd'hui.

3. En 1983, *Burroughs, Coleco, Commodore* et *Zenith* étaient parmi les chefs de file dans la technologie des ordinateurs qui émergeaient alors. De nos jours, plusieurs jeunes gens qui travaillent dans le secteur de l'informatique n'ont jamais entendu parler de ces entreprises.

4. Les jeunes entreprises sur Internet investissent généralement beaucoup d'argent sur le marché. Mais qu'arrive-t-il quand elles ne parviennent pas à devenir rentables et que par la suite elles finissent par manquer d'argent? Allons-nous continuer à avoir une pénurie de travailleurs et beaucoup trop d'emplois hautement rémunérés?

5. La technologie ne tient pas compte du continent d'où vous venez. Presque chaque pays où je voyage aujourd'hui possède une région appelée «Silicon Valley». Il se peut que ceux qui font concurrence à votre enfant pour l'obtention d'un emploi ne soient peut-être même pas en train de lui faire concurrence dans ce pays – et ils n'exigeront sûrement pas le même salaire.

À quel âge êtes-vous trop âgé?

Alors que je me trouvais en Australie récemment, mon amie Kelly Richie m'a tendu le journal local, le *West Australian*. «Voilà», a dit Kelly. «Cet article résume ce que tu as essayé de dire aux gens depuis des années sur la façon de savoir à quel âge on devient trop âgé. Cela confirme que votre âge est maintenant relatif à votre profession.» En première page du numéro du 8 avril 2000 de ce même journal, on pouvait lire en gros titre: AVEZ-VOUS DÉPASSÉ CET ÂGE? L'édition couleur comportait les photographies d'un concepteur graphique, d'un gymnaste, d'un avocat et d'un mannequin. Sous chacune des photos de ces personnes représentant des professions différentes se trouvait une légende:

1. Concepteur graphique   trop vieux à partir de 30 ans
2. Gymnaste   trop vieux à partir de 14 ans
3. Avocat   trop vieux à partir de 35 ans
4. Mannequin   trop vieux à partir de 25 ans

En d'autres termes, dans ces professions, quand vous atteignez l'âge ci-dessus mentionné, vous êtes déjà trop âgé. L'article commençait par l'histoire d'un mannequin qui n'est pas un super modèle et qui gagne pourtant 2 000 $ par semaine. Vers l'âge de 28 ans, ce mannequin ne trouve plus de travail. Et comme l'explique l'article un peu plus loin:

> Bien des carrières tombent dans des pièges qui peuvent faire dérailler une carrière à 20, 25, 30, ou 40 ans. Cela se produit habituellement bien avant l'âge de la retraite. Ce peut être des pièges physiques: les charmes du mannequin se fanent; le corps d'un autre à l'allure sportive n'a plus la souplesse d'avant. Les pièges peuvent être sur le plan mental: le mathématicien qui commet davantage d'erreurs plus souvent; le publicitaire et le concepteur prodiges dont les idées ne rapportent plus beaucoup d'argent.

> Puis, ces pièges peuvent aussi être reliés à la résistance: des spécialistes des services de banque d'investissement et des avocats, exténués, divorcés, épuisés professionnellement vers l'âge de 40 ans. Cela ne signifie pas que vous ne travaillerez jamais plus dans ce genre de carrière, mais les occasions d'atteindre le sommet seront choses du passé. Vous allez devenir un perdant.

L'article continue ainsi:

> Ils sont passés depuis longtemps ces jours qui ont vu naître votre carrière alors que vous aviez 20 ans et que vous travailliez d'arrache-pied année après année, escaladant ou grimpant lentement chaque barreau de l'échelle jusqu'à ce que vous vous retrouviez finalement près du sommet à l'âge de 55 ans. De nos jours, une vérité implacable est que si vous ne réussissez pas vers 40 ans, vous ne réussirez jamais. Et dans certaines industries,

vous saurez vers 20 ou 25 ans si vous devez vous mettre à penser à envisager un nouveau départ en créant votre propre entreprise de tonte des gazons. Les petites villes de province sont remplies de concepteurs graphiques âgés qui font un peu de peinture, ou un peu de poterie, ou qui dirigent même la boulangerie locale...

La directrice du service des carrières de l'université de Melbourne, Di Rachinger, dit que cette tendance moderne, selon laquelle les carrières culminent puis déclinent ensuite vers l'âge de 40 ans, signifie que les gens devraient toujours se préparer à envisager une prochaine carrière et consacrer du temps à se recycler, ou à établir un réseau de contacts en vue de cette nouvelle carrière. Elle dit que certaines professions, incluant le graphisme, sont perçues comme étant à la fine pointe de l'innovation et convenant parfaitement aux jeunes, ce qui exclut forcément les gens qui ont plus de 40 ans.

Et qu'advient-il de ces travailleurs plus âgés? L'article avait ceci à dire à leur sujet:

Mais dans ces industries stressantes où il faut toujours suivre le rythme, «les combattants» ont tendance à ressembler à Mélissa: ils sont jeunes, ambitieux et prêts à travailler 12 heures par jour.

On a tendance à orienter les meilleurs parmi les travailleurs vers les postes de direction. Le reste des travailleurs risque fortement d'être mis à la porte. Et il est étonnamment facile de paralyser les «vieux combattants». En septembre dernier, une société d'informatique à l'échelon national a passé une annonce pour qu'un expert en programmation se joigne à l'entreprise. Naturellement toutes les candidatures étaient des plus soignées et tous ces employés potentiels ont cherché à démontrer dans leur demande d'emploi qu'ils étaient des as dans le domaine des ordinateurs.

Et, bien sûr, ils auraient tous pu effectuer le travail, à supposer qu'ils en aient la chance. Alors comment les interrogateurs ont-ils procédé pour séparer le bon grain de l'ivraie?

«C'est bien simple. Nous avons tout simplement considéré la date de naissance des candidats et nous les avons répartis entre ceux de plus de 35 ans et ceux de moins de 35 ans. Et nous avons placé les candidatures des 35 ans et plus dans la pile des candidats refusés. C'est illégal, mais n'y a-t-il pas là une certaine simplicité darwinienne?»

La survie des plus aptes, l'insuccès des plus vieux.

Le fil-piège de mon père instruit

Pour ceux qui ont lu mes livres précédents, vous savez peut-être déjà à quel point je suis sensible à l'idée d'un «fil-piège» dans une carrière, comme le formule l'article qui précède. Pour les gens qui n'ont pas lu mes livres précédents, mon père instruit, le responsable de l'éducation à Hawaï, a trébuché sur son fil-piège à l'âge de 50 ans. C'était un homme avec une excellente éducation, un être honnête, travailleur et voué à améliorer le système d'éducation de l'État d'Hawaï.

Mais un jour, à l'âge de 50 ans, on l'a mis à l'écart, sans emploi et sans véritables aptitudes à la survie, en dehors de ce monde de l'éducation qui était le sien. Même s'il avait été un très bon étudiant à l'école, ayant une excellente formule d'apprentissage, sa *formule gagnante d'apprentissage* n'a pas été en mesure de le rééduquer pour survivre dans la vie de tous les jours quand sa *formule gagnante professionnelle* a échoué.

Travailler dur dans un emploi sans avenir

Mon ami Kelly Richie m'a remis l'article du journal australien *West Australian* – AVEZ-VOUS DÉPASSÉ CET ÂGE? – parce que depuis plusieurs années je dis à mes auditoires: «La plupart des gens suivent le conseil de leurs parents: "Va à l'école, obtiens de bonnes notes et décroche un poste sûr avec la sécurité d'emploi." C'est une ancienne idée. C'est une idée de l'âge industriel. Et le problème est le suivant: la plupart des gens qui suivent ce conseil se retrouvent un jour ou l'autre dans un emploi sans avenir. Ils ont peut-être obtenu de bonnes notes à l'école et ils ont décroché un emploi sûr; ils ont peut-être gagné beaucoup d'argent mais le problème est le suivant: l'échelle qui mène vers le sommet n'est pas fournie automatiquement avec cet emploi.

Il y a des gens qui travaillent et qui gagnent encore un bon revenu, mais leurs esprits et leurs corps sont fatigués, plusieurs sont épuisés par excès de travail... et il n'y a pas d'échelle pour s'évader et grimper vers le sommet. Quelque part en cours de route ils ont trébuché sur un fil-piège et ne s'en sont pas rendu compte. Ils ont peut-être conservé leurs emplois et leurs entreprises jusqu'à aujourd'hui, pourtant quelque part sur leur route, l'échelle qui mène vers le sommet a disparu.

En effet, j'ai plusieurs amis qui ont bien réussi à l'école, qui ont obtenu un diplôme et qui ont atteint un certain degré de succès vers l'âge de 40 ans, mais ensuite la «magie professionnelle» s'est arrêtée et la pente descendante a commencé. Dans ces cas-là, je crois que la *formule professionnelle gagnante* a cessé de marcher parce que la *formule gagnante d'apprentissage* a également cessé de faire effet. En d'autres termes, mes amis se servent de la même formule gagnante d'apprentissage, et cette formule interrompt la magie sur le plan professionnel.

Riche à l'âge de 40 ans et sans le sou à l'âge de 47 ans

J'ai un camarade de classe qui a très bien réussi à l'école secondaire. Il a ensuite obtenu un diplôme d'une prestigieuse université de la côte est et il est revenu s'établir à Hawaï. Il a tout de suite adhéré au club sportif de son père, a épousé une jeune femme dont le père est membre du même club et il a eu des enfants. Et à présent ses enfants vont à la même école privée qu'il a lui-même fréquentée.

Après avoir travaillé pendant quelques années à acquérir un peu d'expérience dans son domaine et à jouer au golf avec les bonnes personnes, il a participé à certaines transactions immobilières très importantes. Son visage souriant se retrouvait régulièrement sur la couverture des publications professionnelles locales, et il a été salué comme étant une des personnalités d'avenir de la nouvelle génération du monde des affaires. Avant même d'atteindre 40 ans il avait suffisamment d'argent pour le reste de ses jours.

À la fin des années 1980, le marché de l'immobilier à Hawaï a connu une mauvaise passe quand les Japonais ont retiré de l'État d'Hawaï leurs capitaux d'investissement, et il a perdu la majeure partie de sa fortune. Son épouse et lui se sont séparés parce qu'il avait une liaison, et il s'est retrouvé avec deux familles à charge. À l'âge de 47 ans il était sans le sou avec des tas de factures à payer.

Je l'ai revu il y a quelques mois à peine. Il vient tout juste d'avoir 50 ans, il a récupéré la plus grande partie de son argent, et il a même une nouvelle petite amie. Bien qu'il insiste pour dire que tout va bien et qu'il est en pleine forme, je peux voir que la flamme n'est plus là dans ses yeux. Quelque chose a changé à l'intérieur de lui et il travaille plus dur que jamais, juste pour maintenir son image des années passées. Il semble plus cynique et plus nerveux.

Lors d'un dîner entre nous, sa petite amie nous a parlé de la nouvelle entreprise sur Internet qu'elle venait de lancer. Elle était très enthousiaste car l'entreprise marchait très bien et recevait des commandes de partout dans le monde. Soudainement, mon ami a donné un coup sur la table. Il semble qu'il avait bu quelques verres de trop et que la pression à l'intérieur de lui venait de craquer et désavouant quelque peu l'image de personne relaxe qu'il aimait projeter. Manifestement contrarié par la récente réussite de sa petite amie, ou par son propre manque de succès, il a dit: «Comment peux-tu réussir? Tu n'as pas fréquenté la bonne école et tu ne possèdes pas de maîtrise. De plus, tu ne connais pas comme moi les bonnes personnes, les bons contacts.»

Tandis que Kim et moi étions en route vers la maison ce soir-là, elle a fait un commentaire sur le manque de sang-froid de mon ami: «On dirait qu'il essaie à tout prix que son ancienne formule de succès marche, et apparemment elle ne semble plus lui réussir.»

J'ai fait oui de la tête et j'ai réfléchi à ce que le journal australien avait dit en ce qui a trait au fait de trébucher sur un fil-piège. J'ai pensé à cette jeune personne qui disait avoir divisé la pile des curriculums entre les candidats de plus de 35 ans et ceux de moins de 35 ans. J'ai repensé à Adrienne, cette amie qui avait été mise à pied, qui avait acheté une franchise d'agence de voyage, et qui était maintenant à la faculté de droit, s'attendant à obtenir son diplôme à l'âge de 57 ans. Et j'ai pensé aussi à mon père instruit, un homme qui croyait sincèrement au pouvoir d'une bonne éducation, même si sa bonne éducation ne l'a pas sauvé au bout du compte. Émergeant finalement de mes pensées, j'ai dit à Kim: «Cela ressemble à des idées de l'ancienne économie par opposition à des idées de la nouvelle économie.

– Es-tu es en train de dire que la petite amie de ton camarade de classe avance des idées de la nouvelle économie et que les siennes à lui proviennent de l'ancienne économie?» a demandé Kim.

J'ai acquiescé. «On peut même laisser tomber le mot *économie*. Tu n'as qu'à dire simplement qu'elle a de nouvelles idées tandis que lui continue d'agir en se basant sur des idées qu'il a développées à l'école secondaire. Ils n'ont que quelques années de différence d'âge, mais ses idées à elle sont nouvelles... elles ne sont pas originales, mais à ses propres yeux ce sont des idées inusitées, rafraîchissantes et passionnantes. Et c'est pourquoi elle a l'air si jeune et si fraîche. Ses idées à lui ne sont pas nouvelles, ni originales, et il s'y est raccroché pendant 40 ans, depuis l'époque où nous étions de jeunes garçons.

– Donc, les gens ne deviennent pas dépassés, ce sont leurs idées qui peuvent le devenir?

– Oui. Il semble vraiment qu'il en soit ainsi. Leurs idées, mais plus précisément leur formule gagnante devient dépassée, démodée», ai-je répliqué. «Il se lève et se rend à son travail, mais au lieu d'être le nouveau prodige en ville, la nouvelle personnalité dynamique aux idées neuves, il est maintenant l'homme vieillissant aux anciennes idées, et il n'a que 50 ans. Le problème est qu'il était déjà vieux et dépassé il y a 10 ans, sans le savoir. Il continue de vaquer à ses occupations en utilisant la même vieille formule gagnante, et l'ennui est qu'il n'est pas disposé à changer sa formule. Aujourd'hui, il fait le tour de la ville avec son curriculum vitae à la main, disputant un emploi avec des jeunes ayant l'âge de ses propres enfants.

– Donc, le conseil qu'on lui a prodigué, d'aller à l'école, d'obtenir de bonnes notes et de décrocher un bon emploi était une bonne recommandation quand il était un jeune garçon», a dit Kim, «mais c'est un mauvais conseil pour lui maintenant qu'il est un adulte.

– Et le problème est qu'il est pris au piège de sa formule gagnante et qu'il ne s'en rend pas compte», ai-je ajouté. «Il ne réalise pas que ce qui était un bon conseil par le passé en est un mauvais aujourd'hui. Par conséquent, son avenir est lugubre.

– Il est pris au piège et ne le sait pas?» a demandé Kim.

– Cela est arrivé à mon père à l'âge de 50 ans. Le conseil selon lequel il devait aller à l'école et décrocher un emploi était pour lui une excellente recommandation quand il était tout jeune. C'était une formule formidable. Il a obtenu de bonnes notes, un emploi exceptionnel et il s'est élevé jusqu'au sommet. Mais c'est alors que la formule a cessé de marcher et que son déclin a commencé.

– Et il a continué d'utiliser la même formule», a dit Kim.

– Non seulement a-t-il continué de l'utiliser... mais moins elle marchait, plus il éprouvait un sentiment d'insécurité, et plus il disait à d'autres gens de suivre son conseil – sa formule – même si elle ne marchait pas pour lui.

– Moins elle marchait pour lui, plus il a dit à d'autres de suivre son conseil?» a dit Kim posément.

– Je crois qu'il est coincé à deux niveaux», ai-je dit. «Il l'est à cause de ce qui ne marche pas et il en est frustré et fatigué... et pourtant il continue. Et il est coincé dans le passé, une époque de sa vie où la formule marchait vraiment. Et vu que cela marchait dans le passé, il veut se rassurer lui-même qu'il fait la bonne chose à faire aujourd'hui.

– Donc, il dit à tout le monde de faire ce qu'il a fait», a dit Kim. «Même si cela ne marche plus.

– Je pense qu'il le dit parce que c'est tout ce qu'il connaît au sujet de ce qui a marché dans son cas à lui. Il n'est pas encore parvenu à comprendre ce qui ne marche pas.

– À partir du moment où il le comprendra, il dira à tous et chacun ce qu'il a fait», a dit Kim. «Il pourrait devenir le prédicateur de la nouvelle façon de faire des choses. Quand il découvrira ce qui ne marche pas, il se promènera ici et là en criant: "J'ai trouvé la façon! J'ai trouvé la bonne façon!" Mais d'ici là, il continuera de prêcher l'ancienne façon de faire jusqu'à ce qu'il trouve la nouvelle formule gagnante adaptée à sa vie.

– S'il la trouve», ai-je répliqué. «Quand tu termines tes études, personne ne te donne la carte routière qui mène à la réussite. Quand le sentier se termine, plusieurs d'entre nous se retrouvent en train de se frayer un chemin à coups de hache dans la jungle, en espérant découvrir à nouveau le sentier. Certains le retrouvent, d'autres non. Et quand vous ne trouvez pas un nouveau sentier, il vous arrive souvent de vous asseoir pour réfléchir à l'ancien sentier. C'est cela la vraie vie.»

Les héros de l'école secondaire

J'ai parlé précédemment de Al Bundy, le personnage de la comédie de situation télévisée *Married with Children*. Al Bundy est la caractérisation tragicomique d'un être qui était un héros à l'école secondaire mais qui n'a pas changé sa formule. Dans cette comédie de situation, Al se tient dans son magasin de chaussures à se remémorer ce jour où il a marqué quatre touchés et remporté la partie pour l'équipe de son école secondaire. Il se peut que nous devenions tous un jour comme Al Bundy, assis dans notre fauteuil à bascule, à repenser à cette époque où la vie était pleine de magie.

Mais des problèmes surviennent quand vous n'êtes pas prêt à faire un retour sur le passé – et que vous voulez encore accomplir quelque chose de plus avec votre vie. Des problèmes surgissent quand vous vivez votre présent en essayant de recréer les joies du passé. Les gens qui ne peuvent pas s'arrêter quand ils le devraient sont souvent comme ces vieux boxeurs professionnels qui entrent dans l'arène et se font rosser par un adversaire plus jeune. Ils se battent en se servant d'une vieille formule gagnante, et c'est ainsi que les vieux boxeurs peuvent revivre les souvenirs des jours passés.

Beaucoup de gens ont peut-être bien réussi à l'école ou dans leur dernier emploi, mais quelque chose a cessé de marcher depuis. Les réunions des anciens du secondaire sont d'excellents endroits pour rencontrer cette vedette du football qui ne s'est jamais rendue plus loin dans la vie... ou cette vedette des études scolaires qui ne s'est jamais rendue plus loin non plus. Vous les revoyez après 10, 20 ou 30 ans et vous vous apercevez que la magie n'est plus là.

Pour eux, s'ils sont malheureux, il serait peut-être temps de changer une ancienne formule professionnelle gagnante et de reconnaître qu'ils ont peut-être besoin de changer leur ancienne formule gagnante d'apprentissage. Et de nos jours il est important de faire savoir à vos enfants que le changement fait partie de leur avenir. À vrai dire, il pourrait s'avérer tout aussi important de faire savoir à vos enfants que leur capacité de changer et d'apprendre rapidement est probablement plus essentielle que ce qu'ils apprennent à l'école aujourd'hui.

Des idées pour les parents

Il y a quelques années, j'ai vu une émission télévisée dans laquelle des mères emmenaient leurs filles à leur travail pour leur montrer ce qu'elles y faisaient. Le commentateur de la télé s'est attendri à cette idée en disant: «C'est une nouvelle idée audacieuse – des mères qui enseignent à leurs filles à être les bonnes employées de l'avenir.»

Tout ce que j'ai trouvé à dire en moi-même fut: «*Quelle ancienne idée!*»

Quand je m'adresse à de jeunes adultes aujourd'hui, je leur demande souvent d'où provient la formule gagnante qu'ils utilisent. Est-ce leur propre formule ou celle de leurs parents?

Quand j'étais encore un petit gars dans les années 1960, la plupart des parents disaient à leurs enfants, avec un peu d'affolement dans la voix: «Acquiers une bonne éducation afin de pouvoir décrocher un bon emploi.» La raison de cette inquiétude dans la voix est que plusieurs parents ont grandi pendant la Crise de 1929, à une époque où il n'y avait pas d'emplois. Pour bien des gens de la génération de mes parents – ces personnes nées entre 1900 et 1935 – leurs peurs émotives, la peur du chômage et celle de ne pas avoir assez d'argent, ont grandement influé sur leurs pensées, leurs mots et leurs actions.

Si vous jetez un coup d'œil autour de vous aujourd'hui, vous verrez partout des panneaux sur lesquels est écrit «Offre d'emploi». Les employeurs recherchent désespérément des gens qui peuvent lire et écrire, des êtres plaisants qui peuvent sourire et que l'on peut former. Quoique les compétences techniques soient importantes, il n'en demeure pas moins qu'il y a plusieurs autres qualités qui ont une plus grande signification aux yeux d'un employeur. Même s'il y a beaucoup d'offres d'emploi autour de nous, je continue d'entendre de jeunes gens répéter à leurs enfants les mêmes mots que leurs parents leur ont dit avec la même réaction émotionnelle: «Acquiers une bonne éducation afin de pouvoir décrocher un bon emploi.»

Quand j'entends quelqu'un me dire: «Ça me prend absolument un emploi», je lui dis: «Ne t'en fais pas. Calme-toi. Arrête-toi pendant quelques instants et regarde autour de toi. Il y a des tas d'emplois. La Crise est terminée. Le capitalisme a gagné. Il a sauvé le monde. Le communisme est mort. Le réseau Internet est en service. Et cesse de transmettre des conseils basés sur l'histoire ancienne. Aujourd'hui, si tu veux décrocher un emploi sûr et à long terme tu peux en trouver un. Alors arrête-toi quelque temps pour y réfléchir.»

Certaines personnes se calment mais plusieurs n'y parviennent pas. La plupart des gens que je rencontre sont absolument terrifiés à l'idée de ne pas avoir un emploi, de ne pas avoir d'argent qui entre à la maison, et la plupart ne peuvent pas penser de façon rationnelle à cause de ces anciennes peurs transmises du parent à l'enfant.

L'une des choses les plus importantes qu'un parent peut faire est de s'arrêter, de réfléchir, et de prendre en considération l'avenir plutôt que de transmettre des conseils basés sur les événements du passé. Comme je l'ai dit déjà, la Crise est terminée.

Bien des jeunes abandonnent l'école ou ne prennent pas au sérieux leur éducation car la menace qui plane sur eux, de ne pas être capables de décrocher un emploi sûr et à long terme, ne constitue plus pour eux une raison suffisante d'aller à l'école. Les jeunes à l'école savent qu'ils peuvent décrocher un emploi. Ils peuvent très bien voir que de nos jours les plus gros salaires ne sont plus gagnés par ceux qui excellaient sur le plan scolaire. Ces jeunes savent pertinemment que les gens qui gagnent le plus d'argent sont les vedettes du sport, de la musique ou du cinéma.

Les jeunes d'aujourd'hui regardent Al Bundy à la télé et savent qu'il a un emploi. Ils voient aussi leurs parents s'en aller travailler dur toute la journée, ne pas revenir à la maison et engager des bonnes d'enfants. Les enfants se disent alors: «Vais-je aller à l'école pour en arriver finalement à cela? Est-ce cela que je veux pour le reste de ma vie? Est-ce que je veux agir de cette façon avec mes enfants?»

Il me fallait cesser de faire ce en quoi j'excellais

Quand j'ai pris ma retraite en 1994, à l'âge de 47 ans, la question «Que vais-je faire jusqu'à la fin de mes jours?» me tracassait et me pesait. Au lieu de me reposer pendant un an, j'ai décidé de faire ce que les gens appellent se réinventer soi-même. Cela signifie que j'avais besoin de changer ma formule gagnante d'apprentissage et ma formule professionnelle gagnante. Si je ne l'avais pas fait, j'aurais été semblable à ce boxeur professionnel vieillissant qui retourne dans l'arène après une année de congé.

Pour me réinventer moi-même, il me fallait cesser de faire ce en quoi j'excellais et que j'adorais faire. Cela signifiait que je devais cesser d'enseigner lors de séminaires d'affaires et d'investissement. Dans le but de me réinventer moi-même, je devais commencer à apprendre quelque chose qu'il me fallait apprendre afin de changer ma manière de faire des choses. Pour y parvenir, j'ai créé une planchette de jeu pour enseigner ce que j'avais l'habitude d'enseigner, et il m'a fallu apprendre à écrire, car l'orthographe est une matière que j'avais échouée à deux reprises à l'école secondaire.

Je suis mieux connu aujourd'hui comme écrivain que pour n'importe quelle autre profession que j'ai exercée par le passé. Si je n'avais pas une formule gagnante dans les domaines professionnel, financier et dans celui de l'apprentissage, je n'aurais pas le luxe de faire de réels progrès dans la vie. Si je n'avais pas avancé, j'aurais été dépassé à l'âge de 47 ans... et j'aurais passé le reste de ma vie à évoquer le bon vieux temps et mes succès passés.

Qu'est-ce que la sécurité d'emploi a fait à la vie familiale?

Il faut que les parents d'aujourd'hui soient plus intelligents car leurs enfants le sont. Les parents doivent voir bien au-delà de l'école et de la sécurité d'emploi car les jeunes sont capables de voir jusque-là. Ils peuvent très bien voir ce que la sécurité d'emploi a fait à leur vie familiale. Ils peuvent voir que leurs parents ont un emploi mais n'ont peut-être pas une vie bien à eux. Ce n'est pas le genre d'avenir que plusieurs jeunes veulent.

Et pour être un parent qui réussit et qui a une excellente relation avec son enfant, un parent doit regarder dans la boule de cristal – mais pas dans sa propre boule de cristal. De nos jours, un parent doit constamment regarder dans la boule de cristal de son enfant. Aujourd'hui, un parent doit partager la vision de l'avenir de son enfant au lieu de forcer l'enfant à voir la vision d'avenir du parent, une vision souvent basée sur le passé.

J'ai affirmé précédemment dans ce livre que plusieurs arguments entre un parent et son enfant entraînent un affrontement entre la formule gagnante du parent et la formule gagnante de l'enfant. Par exemple, un parent dit: «Tu dois aller à l'école», et l'enfant dit: «Je vais abandonner l'école.» Voilà un exemple d'affrontement relativement à des formules gagnantes différentes. Pour obtenir une relation heureuse, les parents doivent faire tout leur possible pour tenter de voir les choses à la manière de leur enfant.

Car l'enfant voit manifestement des choses précises et une bonne instruction ne fait peut-être pas partie de cette vision. À ce stade, je ne dis pas que les parents devraient céder et laisser l'enfant faire tout ce qu'il veut faire. Je dis simplement que les parents doivent voir par-delà l'affrontement de formules gagnantes différentes et faire de leur mieux pour découvrir quelle vision se trouve dans la tête de leur enfant. Je sais que cela n'est pas facile mais je pense que c'est préférable à la dispute.

Une fois qu'un parent voit ce que son enfant voit et où l'enfant veut aller, la communication peut réussir avec un peu de chance et d'encadrement. Cela est crucial car à partir du moment où un parent dit à un enfant: «Je ne veux pas que tu fasses cela», l'enfant va le faire ou l'a déjà fait. Pour un encadrement à long terme, il est vital de partager une vision et de minimiser l'affrontement des formules gagnantes.

Une fois qu'une bonne communication est établie, je recommanderais aux parents de commencer à expliquer à leurs enfants qu'ils vont très probablement avoir plusieurs professions au cours de leurs vies, au lieu d'un seul emploi jusqu'à leur retraite. Et si un enfant parvient à bien saisir cette idée, il éprouvera peut-être alors un respect accru pour l'instruction, pour l'éducation en général.

Si un enfant peut acquérir un respect accru pour l'instruction et pour l'éducation permanentes, il sera peut-être un peu plus facile de lui faire comprendre pourquoi il est si important de continuer ses études et de développer une formule gagnante personnelle d'apprentissage. Je pense que c'est important parce que je ne crois pas qu'aucun parent veuille que ses enfants se retrouvent coincés dans un emploi sans avenir, devenant de plus en plus interchangeable aux yeux de l'employeur en prenant de l'âge.

UNE COMPARAISON D'IDÉES

L'âge industriel	L'âge de l'information
Sécurité d'emploi, la permanence	Avoir toute liberté d'action, entreprises virtuelles
Ancienneté	Rémunération en fonction des résultats
Un seul emploi	Plusieurs professions
Retraite à 65 ans	Retraite anticipée
Poinçonner une horloge de pointage	Travailler quand cela nous intéresse
Écoles	Séminaires
Diplômes et références	Talents naturels
Anciennes connaissances	Nouvelles idées
Régime de retraite de l'entreprise	Portefeuille autogéré
Régime de retraite du gouvernement	N'en voit pas la nécessité
Assurance-maladie du gouvernement	N'en voit pas la nécessité
Travail se fait à l'entreprise	Travail se fait à la maison

Pour résumer, votre enfant et vous aurez plus d'options que vos parents n'en ont jamais eues. Les choix de l'âge industriel sur la liste qui précède ne sont pas meilleurs ou pires que les choix de l'âge de l'information de la même liste. Le fait est qu'aujourd'hui il y a plus de choix, et les jeunes le savent. Aujourd'hui, le défi consiste à ce que notre système scolaire et les parents préparent nos enfants à acquérir les aptitudes d'apprentissage nécessaires pour qu'ils puissent avoir le plus de choix possible. Je ne pense pas qu'un seul parent veuille que son enfant se retrouve coincé dans un magasin de chaussures parce que l'enfant a choisi de suivre le conseil de ses parents: «Va à l'école dans le but d'obtenir un emploi.» Les enfants d'aujourd'hui ont besoin d'être mieux éduqués que cela.

Un dernier mot

J'enseigne aux adultes. Quand je leur dis que c'est le conseil: «Va à l'école dans le but d'obtenir un emploi» qui les prend au piège, plusieurs mains se lèvent et ils me demandent de plus amples explications. Plusieurs comprennent que c'était un bon conseil lorsque nous étions enfants mais que c'en est un mauvais une fois adultes... mais à présent ils veulent en savoir davantage.

Dans une de mes classes où cette discussion a eu lieu, un participant a demandé: «Mais comment donc le fait d'avoir un bon emploi peut vous piéger?

– C'est une bonne question», ai-je dit. «Ce n'est pas l'emploi qui vous piège. C'est la dernière réplique ajoutée à l'énoncé "Va à l'école dans le but d'obtenir un emploi" qui vous piège.

– La dernière réplique?» a demandé le participant. «Quelle dernière réplique?

– La dernière réplique qui s'énonce ainsi: "Ne prends pas de risques et ne commets pas d'erreurs."»

Chapitre 7

Votre enfant pourra-t-il prendre sa retraite avant l'âge de trente ans?

*U*n jour j'ai demandé à mon père riche pourquoi il était si riche. Il m'a répondu: «Parce que j'ai pris ma retraite très tôt. Si tu n'as pas à aller travailler, tu disposes de beaucoup de temps pour devenir riche.»

À travers le miroir

Dans un chapitre précédent sur les devoirs à domicile, mon père riche disait: «Tu ne deviens pas riche dans le cadre d'un emploi, tu le deviens à la maison. C'est pourquoi tu dois faire tes devoirs.» Père riche a fait ses devoirs en m'enseignant la formule pour acquérir une grande richesse en jouant au jeu de *Monopoly*. Prenant le temps de jouer ce jeu avec son fils et moi, il faisait de son mieux pour transporter nos esprits dans un monde que très peu de gens parviennent à connaître. Quelque part entre les âges de 9 et 15 ans, je suis passé mentalement du monde de mon père pauvre à celui de mon père riche. C'était le même monde que tous pouvaient voir. Seule la perception que j'en avais était différente. Je pouvais voir des choses que je n'avais jamais vues auparavant.

Dans *Alice au pays des merveilles*, le livre de Lewis Carroll, Alice entre dans un monde différent en passant à travers un miroir. Père riche m'a fait passer à travers son miroir au moyen du jeu de *Monopoly* et m'a fait voir le monde à travers ses yeux... de sa perspective à lui. Au lieu de me dire: «Va à l'école, obtiens de bonnes notes et décroche un emploi sûr et à long terme», il n'a pas cessé de m'encourager à changer ma disposition d'esprit et à penser différemment.

Il n'arrêtait pas de dire: «Achète quatre maisons vertes, vendsles, et achète ensuite un hôtel rouge. C'est la formule qui fera de toi un homme riche quand tu seras grand.» Je ne savais pas ce qu'il voulait que je comprenne mais je savais qu'il voulait que j'apprenne quelque chose qu'il était persuadé que je ne pouvais pas saisir à ce moment-là.

Étant encore un enfant, je ne comprenais pas ce qu'il essayait de faire. Je savais seulement qu'il pensait que le fait d'acheter quatre maisons vertes, de les vendre, et d'acheter ensuite un hôtel rouge était une idée très importante. À force de jouer constamment au *Monopoly* avec mon père riche et de considérer ce jeu comme quelque chose d'important plutôt que comme un simple jeu d'enfants ridicule, j'ai commencé à changer ma façon de penser. Je me suis mis à voir les choses différemment. Puis un jour, tandis que nous allions rendre visite à son banquier, mon esprit a fait la transition, il est passé d'un état à un autre. Pendant un moment j'ai pu voir dans l'esprit de mon père riche et j'ai pu apercevoir le monde que mon père riche percevait. Je suis passé à travers le miroir.

Un changement dans la perception de soi

Un changement s'est produit dans mes pensées quand j'ai assisté à une réunion que père riche a eue avec son banquier et son agent immobilier. Ils ont discuté de quelques détails, signé certains documents, père riche a remis au banquier un chèque, et l'agent immobilier lui a ensuite remis quelques clés. J'ai compris alors qu'il venait tout juste d'acheter une autre maison verte. Nous sommes tous entrés dans l'auto de père riche: le banquier, l'agent immobilier, Mike et moi, et nous nous sommes rendus à la propriété dans le but d'examiner sa nouvelle maison verte.

Tandis que nous roulions, j'ai commencé à prendre conscience que je voyais de mes propres yeux, dans la réalité, ce que je faisais sur la planchette de jeu du *Monopoly*. En sortant de l'auto, j'ai regardé père riche monter l'escalier, mettre la clé dans la serrure, donner un tour de clé, ouvrir la porte, entrer à l'intérieur et dire: «Elle est à moi.»

Comme je l'ai déjà dit, j'apprends bien mieux en regardant, en touchant, en ressentant et en agissant. Je ne me débrouille pas bien quand il s'agit de rester assis, d'écouter, de lire et de subir des examens écrits. Quand j'ai compris le rapport palpable entre le jeu, la petite maison verte et cette maison qu'il venait tout juste d'acheter, ma disposition d'esprit et mon monde ont changé car la perception que j'avais de moi-même était en train de se modifier. Je n'étais plus un jeune garçon issu d'une famille qui éprouvait des difficultés financières. J'étais en train de devenir un enfant riche. La perception que j'avais de moi changeait. Je n'espérais plus devenir riche. Dans mon âme, j'étais de plus en plus certain que j'étais riche. Je l'étais parce que je commençais à voir le monde à travers les yeux de mon père riche.

Quand je l'ai vu faire un chèque, signer certains papiers et prendre les clés, j'ai compris le rapport entre le jeu, les actes notariés et la petite maison verte. Je me suis dit à moi-même: « *Je peux faire cela. Ce n'est pas difficile. Je n'ai pas besoin d'être très intelligent pour devenir riche. Je n'ai même pas besoin d'avoir de bonnes notes.* » C'est comme si je passais à travers le miroir et que j'entrais dans un autre monde. Mais le fait d'entrer dans ce monde a créé aussi certains problèmes avec le monde que je laissais derrière moi.

J'avais trouvé ma formule gagnante. C'était une formule qui allait exiger une formule gagnante sur les plans professionnel, financier et de l'apprentissage. C'était la formule que j'allais suivre pour le reste de ma vie. C'est à ce moment-là que j'ai su que j'allais devenir riche. Je n'avais aucun doute. Je comprenais le jeu de *Monopoly*. J'aimais le jeu de *Monopoly*. J'avais vu mon père riche jouer à ce jeu avec du véritable argent, et s'il pouvait le faire, je savais que je le pourrais aussi.

Aller et venir entre deux mondes

Mentalement parlant, j'allais à travers le miroir et j'en revenais de façon continuelle. Le problème était le suivant: le monde dans lequel j'entrais, le monde de mon père riche, semblait cohérent. Le monde que je quittais semblait être celui qui me paraissait incohérent. Le monde dans lequel je retournais pendant les jours de classe me semblait être celui du chapelier fou, des cartes en formation de marche et du chat de Cheshire dans *Alice au pays des merveilles*.

L'institutrice nous demandait de remettre notre devoir chaque lundi. Elle nous assignait alors d'autres tâches et nous demandait d'étudier des choses que je ne pouvais pas vraiment voir, palper ou ressentir. On m'a demandé d'étudier des matières qui je sais n'allaient jamais me servir. Je résolvais des problèmes compliqués de mathématiques tout en sachant que je n'aurais probablement jamais besoin de me servir de formules mathématiques aussi compliquées dans la vie de tous les jours. J'avais vu de mes propres yeux que mon père riche n'avait pas eu besoin des mathématiques pour acheter sa maison verte, et il n'avait pas utilisé de formules algébriques pour l'acquérir.

Une simple addition et une soustraction ont suffi. Je savais maintenant que d'acheter ces quatre maisons vertes n'était pas quelque chose de tellement difficile à faire. Lorsque mes quatre maisons vertes sont à vendre, le fait d'acheter un hôtel rouge me semble facile et même logique – mais cela n'est cohérent que si vous voulez vraiment devenir riche et avoir davantage de temps libre. Un grand hôtel rapporte plus d'argent avec moins d'effort. J'étais quelque peu embrouillé car chaque fois que je traversais le miroir, l'un des côtés m'apparaissait nettement plus sensé, plus cohérent que l'autre.

Je n'ai jamais compris pourquoi nous étudions des matières tout en sachant qu'elles ne nous serviront jamais dans la vie... ou du moins je n'ai pas saisi pourquoi on ne nous a jamais dit comment s'en servir. Et le fait d'être obligé de passer ensuite des examens à propos de ces mêmes matières qui ne m'intéressaient pas, et d'être étiqueté comme un élève brillant ou stupide selon mes résultats lors de ces épreuves, cela me faisait vraiment penser au monde d'*Alice au pays des merveilles*.

Pourquoi est-ce que j'étudie ces matières?

Un jour j'ai décidé de poser la question qui m'avait intrigué depuis des années. J'ai finalement pris mon courage à deux mains et j'ai demandé à mon institutrice: «Pourquoi est-ce que j'étudie et subis des examens dans des matières qui ne m'intéressent pas et qui ne me serviront jamais?»

Elle m'a répondu: «Parce que si tu n'obtiens pas de bonnes notes, tu ne décrocheras pas un bon emploi.»

C'était la même réponse que mon vrai père m'avait déjà donnée. Cela ressemblait à un écho. Le problème est que cette réponse ne me semblait pas très cohérente. Qu'est-ce que le fait d'étudier des matières qui ne m'intéressaient pas et ne me serviraient pas avait à voir avec la notion de décrocher un emploi? À présent que j'avais découvert ma formule gagnante dans la vie, l'idée d'aller à l'école et d'étudier des matières qui ne me seraient d'aucune utilité, dans le seul but de décrocher un emploi, un travail que je ne cherchais pas à obtenir, voilà qui rendait toute la chose encore moins cohérente. Après y avoir réfléchi pendant quelques instants, j'ai répliqué: «Mais qu'en est-il si je ne veux pas décrocher un emploi?»

Sur ces mots, elle m'a conseillé vivement de m'asseoir et de continuer mon travail scolaire.

L'école est importante

Je ne vous suggère pas de retirer votre enfant de l'école et de vous procurer un jeu de *Monopoly*. Une bonne éducation est très importante. L'école enseigne les facultés d'apprentissage et les capacités scolaires de base. Elle enseigne ensuite les compétences professionnelles. Quoique je ne suis pas entièrement d'accord avec ce que le système enseigne et sa façon de le faire, le fait d'aller à l'école, de fréquenter l'université ou l'école de métiers est encore aujourd'hui fondamental pour la plupart de gens qui réussissent dans la vie.

Le problème est que l'école n'enseigne pas les techniques financières de base, et parce qu'elle ne le fait pas, plusieurs jeunes terminent leurs études sans avoir de formule financière gagnante. À vrai dire, plusieurs finissent leurs études avec une formule financière perdante. De nos jours, plusieurs jeunes gens terminent leurs études avec des dettes attribuables à des cartes de crédit et à des prêts scolaires. Un grand nombre parmi eux restent criblés de dettes pendant toute leur vie. Beaucoup d'autres achètent des autos, des maisons, des bateaux et ainsi de suite à la fin de leurs études. Plusieurs mourront et légueront ces mêmes dettes à leurs enfants. En d'autres termes, ils termineront peut-être leurs études bien instruits et bien éduqués, mais ils quitteront aussi l'école sans avoir une formule très importante – la formule financière gagnante pour tout ce qui touche leur existence.

Les deux pères se sentaient concernés

Mon père pédagogue a réalisé qu'il manquait quelque chose dans cette éducation qu'on nous offrait, mais il n'a jamais vraiment mis le doigt sur ce que c'était au juste.

Mon père riche savait ce qui manquait. Il savait que les écoles n'enseignaient pas grand-chose au sujet de l'argent. Il savait que l'absence d'une formule financière gagnante obligeait bien des gens à travailler dur, à s'accrocher à la sécurité d'emploi, et à ne jamais progresser sur le plan financier. Quand je lui ai parlé de l'histoire de mon père au sujet des plantations qui se servaient du système scolaire pour s'assurer un apport constant de travailleurs, il a simplement dit d'une voix calme: «Pas grand-chose n'a changé.» Il savait que les gens se cramponnent à un emploi et travaillent dur pour la simple raison qu'ils ne peuvent pas faire autrement. Il savait qu'il aurait toujours un apport constant de travailleurs.

Lui aussi se sentait concerné par le bien-être financier de ceux qui travaillaient pour lui. Ça le dérangeait de voir des gens travailler dur à son service, s'en retourner ensuite à la maison et s'enliser davantage dans les dettes. Comme il le disait: «Tu ne deviens pas riche dans le cadre d'un travail. Tu deviens riche à la maison.» C'est pourquoi tu dois faire tes devoirs, ton devoir.» Il savait aussi que la plupart de ses travailleurs ne possédaient pas l'instruction de base sur le plan financier pour bien se débrouiller financièrement à la maison, et c'est ce qui le préoccupait et l'attristait.

La méthode d'enseignement de père riche

Si j'ai appris autant de choses de mon père riche c'est qu'il avait une méthode d'enseignement unique, une façon d'enseigner qui me convenait parfaitement.

Je me reporte encore une fois à cette histoire extraite de *Père riche, père pauvre* où père riche m'a payé dix sous de l'heure après m'avoir promis de m'enseigner comment devenir riche. J'ai travaillé pour lui trois heures de temps pendant trois samedis, gagnant un grand total de trente sous chaque jour. Finalement, je me suis rendu à son bureau très bouleversé et je lui ai dit qu'il profitait de moi. Tremblant et en larmes, je suis resté debout devant son pupitre, moi un jeune garçon de neuf ans, exigeant qu'il respecte notre accord.

«Vous avez promis de m'enseigner comment devenir riche. Cela fait maintenant trois semaines que je travaille pour vous et je ne vous ai pas vu une seule fois. Vous ne venez pas me voir travailler et vous m'enseignez encore moins. Je suis payé trente sous et ce n'est pas cela qui va me rendre riche. Quand donc allez-vous m'enseigner quelque chose?»

Père riche s'est calé dans son fauteuil et a jeté un coup d'œil au petit garçon en colère que j'étais. Après une très longue minute d'un silence mortel, il m'a souri et a dit: «Je t'enseigne quelque chose. Je t'enseigne la leçon la plus précieuse que tu puisses apprendre si tu veux devenir riche. La plupart des gens travaillent pendant toute leur vie et n'apprennent jamais la leçon que tu es en train d'apprendre, si tu veux bien l'apprendre.» Il a alors cessé de parler, il s'est balancé dans son fauteuil et il a continué de me regarder tandis que j'étais là, tremblant, laissant ses paroles m'imprégner.

«Que voulez-vous dire par "si je veux bien l'apprendre?" Si j'apprends quoi? Que suis-je donc supposé d'apprendre que d'autres personnes n'apprennent jamais?» ai-je dit, en frottant mon nez sur la manche de mon tee-shirt. Je me calmais lentement, et pourtant cela m'avait vexé de l'entendre me dire qu'il m'enseignait quelque chose. Je ne l'avais pas revu depuis que j'avais accepté de travailler pour lui, et maintenant il me disait qu'il m'enseignait quelque chose.

Au fil des années, j'allais prendre conscience à quel point cette leçon avait été importante – que la plupart des gens ne deviennent pas riches en travaillant dur pour l'argent et la sécurité d'emploi. Quand j'ai compris la différence entre travailler pour l'argent et faire en sorte que l'argent soit à mon service, je suis devenu un peu plus intelligent. Je me suis rendu compte que les écoles nous enseignent à travailler pour l'argent et que si je voulais être riche, il me fallait apprendre à mettre l'argent à mon service.

C'est une distinction subtile mais cela a changé mes choix en éducation et dans ce à quoi j'ai choisi de consacrer mon temps en ce qui a trait aux études. Comme mentionné précédemment, l'intelligence est la capacité de faire des distinctions plus subtiles. Et la distinction qu'il me fallait apprendre à faire était comment mettre l'argent à mon service si je voulais être riche. Tandis que mes camarades de classe étudiaient d'arrache-pied pour obtenir un emploi, j'étudiais d'arrache-pied pour ne pas avoir besoin d'un emploi.

J'ai compris ce que père riche voulait dire quand il disait: «La plupart des gens n'apprennent jamais la leçon.» Père riche m'a expliqué plus tard que la plupart des gens se rendent au travail, reçoivent leur chèque de paie, se rendent au travail, reçoivent leur chèque de paie, se rendent au travail... toute leur vie durant jusqu'à la retraite... et ils n'apprennent jamais la leçon qu'il m'a enseignée. Il me disait: «Quand tu m'as demandé de t'enseigner à être riche, j'ai cru que la meilleure façon de t'enseigner cette première leçon était simplement de voir combien de temps il te faudrait pour apprendre que tu ne deviendras pas riche en travaillant pour l'argent. Tu n'as eu besoin que de trois semaines.

La plupart des gens travaillent toute leur vie et ne comprennent jamais cette leçon. La plupart des gens reviennent me voir et demandent une augmentation de salaire, et même s'ils parviennent parfois à obtenir plus d'argent, ils assimilent rarement cette leçon.» Voilà comment père riche enseignait ses leçons, et son style d'enseignement comprenait premièrement des actions, deuxièmement des erreurs et troisièmement des leçons. Et pour ceux d'entre vous qui ont lu le premier livre, père riche a alors supprimé les 10 sous de l'heure que je gagnais, et il m'a fallu travailler gratuitement. La leçon suivante venait de commencer, mais seulement si je le voulais.

L'autre côté de la table

Une autre leçon qui m'a grandement influencé est celle que j'appelle souvent «l'autre côté de la table». Après cette première leçon, à l'âge de 9 ans, père riche a réalisé que j'étais sérieux et que je voulais apprendre à devenir riche. Il a donc commencé à m'inviter à venir le voir faire différentes choses, comme il l'avait fait quand il m'avait emmené avec lui pour que je le voie acheter une maison. Vers l'âge de 10 ans, il s'est mis à m'inviter à m'asseoir avec lui pendant qu'il examinait des candidats pour des postes à combler.

Je m'assoyais à proximité de lui, de l'autre côté de la table, tandis qu'il posait des questions aux candidats à propos de leur curriculum vitae ou de leurs raisons de vouloir travailler pour ses entreprises. C'était toujours une procédure intéressante. J'ai vu des gens qui n'avaient pas terminé leur secondaire et qui étaient disposés à travailler pour moins d'un dollar de l'heure. Même si je n'étais qu'un enfant, je savais qu'il allait être difficile de faire vivre une famille avec moins de huit dollars par jour avant déductions.

Quand je jetais un coup d'œil à leur curriculum vitae ou à leur demande d'emploi et que je voyais combien d'enfants certains de ces travailleurs devaient nourrir, mon cœur devenait plus lourd. Je me rendais compte que ma famille n'était pas la seule à éprouver des difficultés financières. Je voulais les aider comme je voulais aider ma famille, mais je ne savais toujours pas comment.

La valeur d'une bonne éducation

J'ai appris une leçon importante en m'assoyant à côté de mon père riche: celle de voir la différence dans l'échelle des salaires. Le fait de constater la différence, dans l'échelle des salaires, entre un travailleur sans un diplôme d'école secondaire et un travailleur ayant un diplôme collégial s'avérait une mesure incitative suffisante pour que je continue d'aller à l'école. Après cela, chaque fois que j'ai pensé à abandonner l'école, le souvenir des différences dans le salaire de base est venu me rappeler pourquoi une bonne éducation est importante.

Toutefois, ce qui me fascinait le plus c'était ces personnes qui avaient une maîtrise ou un doctorat et qui venaient quand même, à l'occasion, pour poser leur candidature à des emplois qui payaient si peu. Je n'étais pas au courant de grand-chose, mais je savais que père riche faisait beaucoup plus d'argent chaque mois que ces personnes très instruites, si on inclut toutes ses différentes sources de revenus. Je savais aussi que père riche n'avait pas obtenu son diplôme du secondaire. Bien qu'il y avait des différences de salaires entre les travailleurs ayant une bonne instruction et ceux ayant abandonné leurs études secondaires, j'ai aussi réalisé que mon père riche savait quelque chose que ces diplômés universitaires ne savaient pas.

Après avoir eu l'occasion de m'asseoir de l'autre côté de la table à environ 5 reprises, j'ai finalement demandé à père riche pourquoi il m'avait fait asseoir là. Sa réponse fut la suivante: «Je pensais que tu ne me le demanderais jamais. Pourquoi crois-tu que je t'ai demandé de t'asseoir ici et de me regarder faire passer une entrevue à ces gens?

– Je ne sais pas», ai-je répliqué. «J'ai pensé que vous vouliez simplement que je vous tienne compagnie.»

Père riche a éclaté de rire. «Je ne t'aurais jamais fait perdre ton temps de cette façon. J'ai promis que j'allais t'enseigner à être riche et je te donne donc ce que tu as demandé. Alors, qu'as-tu donc appris jusqu'ici?»

Assis à la même table que mon père riche dans une pièce maintenant vide, sans personne pour y postuler un emploi, j'ai réfléchi à sa question. «Je ne sais pas», ai-je répliqué. «Je n'ai jamais pensé à cela comme étant une leçon.»

Père riche a ri tout bas et m'a dit: «Tu es en train d'apprendre une leçon très importante... si tu veux vraiment devenir riche. Je le répète, la plupart des gens n'ont jamais l'occasion d'apprendre la leçon que je veux que tu apprennes, car ce n'est qu'à partir de l'autre côté de la table que la plupart des gens voient le monde habituellement.» Père riche a alors désigné du doigt le fauteuil vide en face de nous. «Bien peu de gens voient le monde de ce côté-ci de la table. Tu vois alors le vrai monde – ce monde que les gens aperçoivent quand ils ont terminé leurs études. Mais toi tu as l'occasion de le voir, de ce côté-ci de la table, avant même d'avoir terminé tes études.

– Par conséquent, si je veux être riche, je dois m'asseoir de ce côté-ci de la table?» ai-je demandé.

Père riche a alors acquiescé. Lentement et sans se hâter il a dit: «Le simple fait de t'asseoir de ce côté de la table ne suffit pas, il te faut aussi étudier et apprendre ce que cela exige de s'asseoir de ce côté-ci de la table... et la plupart du temps ces matières ne sont pas enseignées à l'école. L'école t'enseigne à t'asseoir de l'autre côté de la table.

– Elle nous enseigne cela?» ai-je répliqué, un peu perplexe. «Comment y parvient-elle?

– Eh bien, pour quelle raison ton père te dit-il d'aller à l'école?» a demandé père riche.

– Pour que je puisse décrocher un bon emploi», ai-je répliqué simplement. «Et c'est ce que ces gens cherchent, n'est-ce pas?»

Père riche a acquiescé de nouveau et a dit: «Et c'est pourquoi ils s'assoient de l'autre côté de la table. Je ne dis pas qu'un côté est mieux que l'autre. Je veux simplement te démontrer qu'il existe une différence. La plupart des gens ne réussissent pas à voir cette différence. Voilà la leçon que je te propose. Je ne veux que t'offrir le choix de t'asseoir d'un côté ou l'autre de la table plus tard. Si tu veux devenir riche alors que tu es encore jeune, ce côté-ci de la table te donne une meilleure chance d'atteindre cet objectif. Si tu veux sérieusement devenir riche et ne pas avoir à travailler dur pendant toute ta vie, je vais t'enseigner comment y parvenir. Si tu veux t'asseoir de l'autre côté de la table, alors suis les conseils de ton père.»

Leçons apprises

C'était là une importante leçon dans l'orientation de mon existence. Père riche ne m'avait pas dit de quel côté m'asseoir. Il m'a donné le choix. J'ai pris mes propres décisions. J'ai choisi ce que je voulais étudier au lieu de me battre contre ce qu'on exigeait que j'étudie. Et voilà comment père riche m'a enseigné pendant plusieurs années. C'était les actions en premier, les erreurs en second et troisièmement les leçons. Après la leçon, il me donnait le choix de ce que j'allais faire de la leçon que je venais d'apprendre.

Il arrive souvent qu'on ne voit pas ce qui se trouve juste sous nos yeux

La leçon «de l'autre côté de la table» incluait d'autres leçons qui changent l'existence pour le mieux. L'intelligence est la capacité de faire des distinctions plus subtiles ou de multiplier en divisant. En m'assoyant à cette table, j'ai commencé à faire davantage de distinctions, d'apprendre de nouvelles leçons, en regardant et en retenant ce qui se déroulait devant mes yeux. Je suis resté assis là à cette table pendant de longues heures, à regarder seulement tout en n'apprenant rien.

Quand père riche m'a fait remarquer que la table avait deux côtés, j'ai pu voir les deux mondes différents d'où provenait chacun de ces côtés. Je pouvais sentir une différence dans les perceptions de soi que chaque côté imposait. Au fil des années, j'ai pris conscience que les gens qui étaient assis de l'autre côté de la table, en face de moi, ne faisaient que ce qu'on leur disait de faire, c'est-à-dire de sortir et d'aller à la recherche d'un emploi. On leur avait enseigné à l'école à acquérir ces compétences que les employeurs recherchent.

On ne leur a pas enseigné à acquérir les compétences pour être de ce côté-ci de la table et c'est pourquoi ils ont dû s'asseoir de l'autre côté de la table. À cause de ces directives qu'ils ont reçues dès leur jeune âge, la plupart des gens passent leurs vies assis de l'autre côté de la table. De quelle façon leurs existences auraient-elles été différentes si on leur avait dit: «Acquiers les compétences financières afin de pouvoir posséder la table»?

Les gens trouvent ce qu'on les a conditionnés à chercher

J'ai aussi appris que les gens recherchent des choses différentes. Père riche me disait: «La plupart des gens laissent l'école pour se chercher un emploi, et c'est pourquoi ils en trouvent un.» Il m'a expliqué que ce que vous cherchez dans votre tête c'est ce que vous trouvez dans la vraie vie. Il disait: «Les gens qui cherchent du travail trouvent souvent un emploi. Je ne recherche pas un emploi. Je ne cherche pas à travailler. J'ai formé mon esprit à rechercher les occasions d'affaires et les possibilités d'investissement.

«J'ai appris il y a longtemps que vous trouvez seulement ce que vous avez exercé votre esprit à chercher. Si tu veux être riche il te faut éduquer ton esprit à chercher ces choses qui peuvent te rendre riche... et un emploi ne te rendra pas riche; par conséquent, ne te mets pas à la recherche d'un travail.»

Quand je dis à des gens que notre système occidental d'éducation provient de la Prusse, plusieurs d'entre eux font peu de cas de cette remarque. Mais quand j'affirme que l'objectif du système prussien était de former des employés et des soldats, plusieurs parmi eux prêtent alors attention à ce que je dis et me répliquent avec des regards remplis d'un scepticisme à la fois cynique et hostile. Bien souvent les gens les plus fâchés sont ceux qui ont fait de leur mieux dans ce même système. Quand on remet en question la validité de mon commentaire, je leur pose souvent cette question: «Quelle est l'une des premières choses que les étudiants recherchent après avoir laissé l'école?» Et la réponse est: «Un emploi.» Ils recherchent un emploi parce qu'on les a programmés à le faire, et ils réagissent comme de bons petits soldats. Je dis cela parce que la Prusse n'existe plus mais que ses anciennes idées, vieilles de plusieurs siècles, demeurent.

Nous sommes maintenant entrés dans l'âge de l'information et il est temps d'enseigner aux gens à voir bien plus loin que cette recherche d'un emploi sûr et à long terme. En cet âge de l'information, il nous faut être instruits bien au-delà des seules *compétences que recherchent les employeurs*. En cet âge de l'information, il y a de fortes chances que vos enfants soient dépassés du point de vue technique vers l'âge de 30 ans. Si cela est possible, pourquoi ne pas leur donner les compétences financières nécessaires afin qu'ils puissent prendre leur retraite avant même d'avoir 30 ans?

Vous ne pouvez pas changer ce que vous ne pouvez pas voir

Je ne dis pas que le fait d'être un employé ou un soldat est bon ou mauvais, bien ou mal. J'ai joué ces deux rôles. J'affirme simplement que lorsque mon père pédagogue a pris conscience que quelque chose n'allait pas dans le système, il s'est mis à changer le système. Il a voulu trouver des façons de mieux préparer les étudiants pour faire face à la vie de tous les jours. Le problème est qu'il avait été éduqué par ce même système qu'il voulait changer, et qu'il ne pouvait pas voir ce qu'il ne pouvait pas voir.

Mon père riche pouvait voir tout cela avec des yeux différents pour la simple raison qu'il n'était pas un produit du système. Il a abandonné ses études à l'âge de 13 ans à cause du décès de son père et qu'il fallait qu'il prenne la direction de l'entreprise familiale. C'est à l'âge de 13 ans qu'il a appris les compétences requises pour s'asseoir de l'autre côté de la table.

Il me fallait en apprendre davantage pour m'asseoir sur un des côtés de la table

Quand je me suis rendu compte que la table avait deux côtés, je suis devenu plus intéressé à m'instruire moi-même, dans le but d'apprendre tout ce qu'il fallait, afin de pouvoir m'asseoir du même côté de la table que mon père riche. J'ai compris très vite qu'il me faudrait étudier énormément. J'ai pris conscience que je devais non seulement étudier les matières scolaires mais qu'il me fallait également étudier des matières qui ne sont pas enseignées à l'école. Je suis alors devenu plus fervent en ce qui a trait à mon éducation. Il me fallait en apprendre bien plus que ce qu'on enseigne à l'école si je voulais mériter le droit de m'asseoir à la table, avec cette seule expérience à mon actif d'avoir fréquenté l'école. Je savais qu'il me fallait être plus intelligent que les autres écoliers les plus brillants si je voulais m'asseoir de l'autre côté de la table. Il me fallait en apprendre bien plus que ces seules aptitudes professionnelles que les employeurs recherchaient.

Finalement, j'ai découvert quelque chose qui m'a mis au défi, qui m'a donné une raison d'étudier, quelque chose que j'avais envie d'étudier. Entre les âges de 9 et 15 ans, j'ai commencé ma véritable éducation. Je suis devenu un élève permanent conscient que mon éducation continuerait longtemps après la fin de mes études. J'ai aussi découvert ce que cherchait mon vrai père, et qui était absent du système d'éducation – un système qui avait été conçu pour fournir un apport constant de travailleurs à la recherche d'un emploi sûr et à long terme, mais qui ne leur enseignait jamais ce que les riches, ces gens assis de l'autre côté de la table, savaient vraiment.

La pyramide d'apprentissage

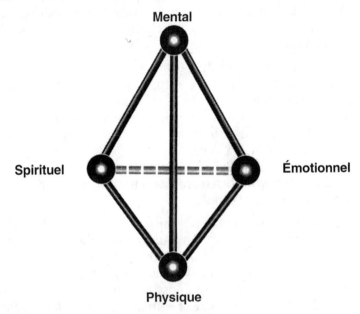

Quand je parle d'éducation et d'apprentissage, j'utilise souvent ce schéma que j'appelle la «pyramide d'apprentissage». Il s'agit d'une synthèse des sept différents types d'intelligence de Howard Gardner et de certaines de mes expériences personnelles à titre de professeur d'entrepreneuriat et d'investissement. Bien que la pyramide ne soit pas basée sur une science exacte, elle fournit certaines références utiles pour la discussion.

Personnellement j'ai appris tellement de choses en jouant au *Monopoly*, car ce jeu me faisait participer sur les plans mental, émotionnel et physique. Jouer à ce jeu m'a amené à réfléchir mentalement, j'étais excité sur le plan émotif et j'avais besoin de faire quelque chose physiquement. Le jeu retenait toute mon attention car il faisait appel à plusieurs aspects de ma personnalité, notamment à mon esprit de concurrence.

Quand je suis dans une salle de classe et que je dois rester immobile à écouter quelqu'un parler d'un sujet qui ne m'intéresse pas, ou que je ne tiens pas à comprendre, parce que mon absence de motivation exclut ma participation, mes émotions passent alors de la colère à l'ennui. Je me mets à remuer sans cesse physiquement, ou bien j'essaie de m'endormir juste pour échapper à ma douleur mentale et émotionnelle. Je ne parviens pas vraiment à rester assis immobile, à essayer d'emmagasiner mentalement des informations, surtout quand je ne suis pas intéressé ou que l'orateur est ennuyeux.

Est-il possible que ce soit la raison pourquoi des parents et des écoles emploient de plus en plus de produits pharmaceutiques pour tranquilliser les enfants hyperactifs et les garder assis sur leurs chaises? Ces enfants privilégient probablement l'apprentissage physique et ne sont pas intéressés par ce qu'on leur demande d'apprendre. Donc, quand ils se rebellent, est-ce que le système leur administre des calmants?

Quand l'apprentissage spirituel a un rôle à jouer, ce n'est pas nécessairement dans le sens formel du terme, quoiqu'il peut arriver que ce soit aussi dans ce sens. Ce que j'entends par ce côté spirituel, c'est le sentiment que nous ressentons quand nous nous rendons à des Jeux olympiques spéciaux et que nous y voyons des jeunes – aux prises avec des difficultés physiques –, en train de courir ou d'activer leurs fauteuils roulants de tout leur corps, leur esprit et leur âme. Je suis allé voir un événement spécial il y a un an de cela et l'esprit d'équipe de ces jeunes gens a bouleversé tous les spectateurs.

Je me suis levé debout spontanément moi aussi et j'ai acclamé ces jeunes athlètes tandis que je les voyais en demander plus à leurs corps, éprouvés physiquement, que je n'en demande à mon propre corps. L'esprit qui les animait s'est propagé et a rejoint notre propre spiritualité. Ces jeunes êtres courageux nous ont tous rappelé qui nous sommes vraiment et de quoi nous sommes réellement faits. Voilà le genre d'apprentissage spirituel dont je parle.

Quand j'étais au Viêt-nam, j'ai vu des jeunes hommes continuer de combattre même s'ils savaient qu'ils étaient en train de mourir. C'est leur esprit qui les soutenait, qui les rendait capables de donner leurs vies pour que leur patrouille puisse survivre. Au Viêt-nam, j'ai également été témoin de choses que je n'ose pas écrire par peur d'avoir l'air trop choquant. Néanmoins, à certaines occasions j'ai vu des jeunes hommes accomplir des choses qu'il est impossible d'expliquer à partir d'une perspective mentale, émotionnelle ou physique. C'est le genre de pouvoir spirituel dont je parle.

Quand vous allez à un mariage et que vous voyez deux personnes s'unir, dans mon esprit ce sont là deux êtres physiques qui s'unissent devant Dieu, spirituellement. C'est l'engagement de deux âmes unies et qui entrent ensemble dans le monde. Malheureusement, avec un taux de divorce aussi élevé, il semble que bien des gens s'unissent ensemble sur les plans mental, émotionnel, physique, et non pas sur le plan spirituel.

C'est pourquoi quand les choses deviennent trop difficiles, ils se séparent. De toute façon, d'un point de vue idéal, c'est le genre d'éducation spirituelle dont je parle. Je ne veux offenser personne et je ne souhaite pas imposer mes vues personnelles à qui que ce soit dont les points de vue religieux ou spirituels sont différents des miens. Je parle simplement d'un pouvoir qui se situe bien au-delà de nos limites mentales, émotionnelles et physiques.

Un changement de perception

Entre les âges de 9 et 12 ans, je me souviens avoir vécu un changement fondamental en ce qui a trait à ma pyramide personnelle d'apprentissage. Je sais que j'ai changé la perception que j'avais de moi-même mentalement, physiquement, spirituellement et sur le plan émotionnel. Quand j'ai vu mon père riche signer les papiers, remettre le chèque et prendre possession des clefs de la maison verte, quelque chose a changé en moi. Quand cela s'est produit, la relation entre le jeu de *Monopoly* et la vraie vie est devenue bien réelle à mes yeux.

Après avoir passé des années à m'être senti mal dans ma peau parce que je ne me croyais pas intelligent – du moins pas aussi brillant que mon vrai père ou Andy la fourmi –, j'ai changé. Je me suis senti bien dans ma peau. J'ai su que je pouvais réussir dans la vie et que je pouvais survivre. Je savais que j'allais réussir à ma manière à moi. Je savais que je n'avais pas besoin d'un emploi hautement rémunéré ou même d'argent pour me débrouiller financièrement. J'avais finalement vu un domaine dans lequel je voulais exceller, et je savais que je pouvais y parvenir. J'avais découvert ce que je voulais étudier.

Comme je l'ai dit, quelque chose a changé sur le plan spirituel et je me suis senti confiant, enthousiaste et en harmonie avec moi-même. Je ne m'étais jamais senti aussi bien, surtout pas à l'école ou à la maison quand je voyais ma mère pleurer en regardant la pile de factures impayées sur la table de la cuisine. Un sentiment plein de chaleur a empli mon cœur et ensuite tout le reste de mon être. J'étais certain de ce que j'étais et de ce que j'allais devenir.

Je savais que je deviendrais un homme riche. Je savais que je trouverais le moyen d'aider ma mère et mon père. Je ne savais pas comment j'allais m'y prendre mais j'étais sûr d'y parvenir. Je savais que je pouvais avoir du succès dans un domaine où je voulais vraiment réussir, plutôt que d'essayer de réussir dans un domaine que quelqu'un d'autre aurait choisi à ma place. J'avais trouvé ma nouvelle identité.

Le changement qui se produit à l'âge de neuf ans

J'ai parlé récemment à Doug et Heather, un couple qui fait partie du conseil d'administration d'une école *Waldorf* en Alaska. Ce sont eux les amis qui m'ont fait connaître l'œuvre de Rudolph Steiner. Ce sont eux qui m'ont parlé de ses théories et de ses écrits sur le changement qui se produit à l'âge de 9 ans. Quand j'ai entendu ce qu'ils ont dit, d'autres pièces de ce puzzle que représente l'apprentissage se sont imbriquées l'une dans l'autre.

Quand Doug s'est mis à me raconter ce que l'école enseignait à leur enfant, et pourquoi les professeurs l'enseignaient, les choses ont commencé à avoir plus de sens à mes yeux. L'école laissait les enfants utiliser des marteaux, des scies et des clous pour construire des petits abris parce qu'elle voulait que les enfants sachent qu'ils peuvent survivre dans la réalité, comme nous l'a expliqué Doug. Pour la même raison, l'école leur enseigne à jardiner et à faire pousser des légumes, à cuisiner et à cuire au four. C'est une éducation physique, mentale, émotionnelle et spirituelle.

Cela fait participer l'enfant dans son entier pendant cette période cruciale de la vie que Rudolph Steiner a identifiée comme étant le changement qui se produit à l'âge de 9 ans. C'est cette période de la vie où l'enfant ne veut plus faire partie de l'identité de ses parents et est en quête de sa propre identité. C'est souvent un stade de la vie à la fois effrayant et solitaire. C'est une période d'incertitude. L'enfant avance dans l'inconnu afin de découvrir qui il est vraiment, et non pas ce que ses parents veulent qu'il soit. Il est essentiel, pour la perception de soi des enfants, qu'ils apprennent sur les plans mental, physique, émotionnel et spirituel qu'ils peuvent survivre par leurs propres moyens.

Je sais que plusieurs éducateurs ne sont pas d'accord avec les travaux de Rudolph Steiner au sujet de ce changement qui se produit à l'âge de 9 ans, et je ne cherche pas ici à leur faire changer d'idée. Je ne peux que vous rapporter fidèlement ma propre expérience. Je sais qu'à l'âge de 9 ans j'ai commencé à chercher quelque chose de différent. Je savais que ce que ma mère et mon père faisaient ne marchait pas et je n'ai pas voulu suivre leur exemple. Je me rappelle encore de la peur qui régnait dans notre maison chaque fois qu'on y parlait d'argent.

Je me rappelle comme si c'était hier de la fois où ma mère et mon père se disputaient à propos de l'argent, et j'entends encore mon père dire: «L'argent ne m'intéresse pas. Je travaille aussi dur que je peux. Je ne sais pas quoi faire d'autre.» J'ai voulu découvrir ce que je pouvais faire d'autre pour ne pas me retrouver un jour dans la situation de mes parents, du moins financièrement. Je sais dans mon cœur, plus que n'importe quoi d'autre, à quel point j'ai voulu aider ma mère.

Cela me brisait le cœur de la voir pleurer sur quelque chose d'aussi bête qu'une pile de factures. Je sais que chaque fois que j'entendais mon père dire: «Il te faut étudier avec ardeur si tu veux décrocher un jour un bon emploi», quelque chose en moi rejetait son conseil. Je savais que quelque chose manquait... et c'est pourquoi je suis parti à la recherche de nouvelles réponses et de ma propre réalité.

En apprenant les leçons que m'enseignait mon père riche et en jouant au *Monopoly* encore et encore, probablement 50 fois par année, je modifiais le fonctionnement de mon esprit. Je sentais que je passais à travers le miroir et que je commençais à entrevoir un monde que ma mère et mon père ne pouvaient pas voir, même s'il était sous leurs yeux. Quand je pense à ces événements rétrospectivement, je crois qu'ils ne pouvaient pas voir le monde que mon père riche voyait parce qu'on leur avait enseigné *mentalement* à chercher un emploi, à rechercher la sécurité sur le plan *émotionnel* et à travailler dur *physiquement*.

À mon avis, vu qu'ils ne possédaient pas de formule financière gagnante, la perception qu'ils avaient d'eux-mêmes sur le plan financier s'est détériorée au lieu de se renforcer, et les factures se sont tout simplement empilées. Mon père a alors travaillé de plus en plus dur, il a obtenu plusieurs augmentations de salaire, mais il n'a jamais vraiment repris le dessus financièrement parlant. Quand sa carrière a atteint son apogée à l'âge de 50 ans, et qu'il n'a pas été capable de se remettre de la stagnation professionnelle, je crois que son moral fut finalement brisé.

Les étudiants terminent leurs études sans être vraiment préparés

Les écoles n'enseignent pas les capacités de survie requises dans le monde d'aujourd'hui. La plupart des étudiants terminent leurs études sans le sou sur le plan financier, à la recherche de la sécurité... une sécurité qu'on ne trouve pas à l'extérieur de soi. La sécurité se découvre à l'intérieur de soi-même. Plusieurs étudiants terminent leurs études sans être vraiment préparés sur les plans mental, émotionnel, physique et spirituel.

Le système scolaire a fait son devoir en fournissant un apport constant d'employés et de soldats, qui sont en quête d'un emploi, un poste dans les grandes entreprises et chez les militaires. Mes deux pères étaient conscients de cela, mais chacun d'eux envisageait cette situation d'une perspective différente. Un de mes pères voyait cela d'un côté de la table, et mon autre père voyait cela de l'autre côté de la table.

Quand je dis à des gens: «Ne dépendez pas de la sécurité d'emploi. Ne vous attendez pas à ce que votre entreprise s'occupe de vous financièrement jusqu'à votre retraite. Ne vous attendez pas à ce que le gouvernement s'occupe de tous vos besoins quand vous serez à la retraite», les gens sont souvent mal à l'aise et plusieurs flanchent. Au lieu de voir de l'enthousiasme et de l'excitation, je vois davantage de peur. Les gens se cramponnent à leur sécurité d'emploi au lieu de faire confiance à leurs capacités personnelles.

Une partie de ce besoin de sécurité est attribuable au fait que bien des gens n'ont jamais découvert leur nouvelle identité et qu'ils n'ont pas confiance en leurs capacités de survivre par leurs propres moyens. Ils suivent les traces de leurs parents, ils font ce que leurs parents ont fait, et ils suivent le conseil de leurs parents: «Va à l'école pour pouvoir acquérir les aptitudes professionnelles que les employeurs recherchent.» La plupart trouveront un emploi mais seuls quelques-uns découvriront cette sécurité qu'ils recherchent sincèrement. Il est difficile de trouver la véritable sécurité quand votre survie dépend de quelqu'un d'autre, quelqu'un qui justement est assis de l'autre côté de la table.

En juillet de l'année 2000, Alan Greenspan, le président de la *Banque centrale américaine*, a parlé d'inflation. Il a dit que la raison pourquoi l'inflation n'était pas aussi élevée qu'elle aurait pu l'être, compte tenu de cette période à taux de chômage extrêmement peu élevé, est que les gens préféraient un emploi sûr plutôt que de demander une augmentation de salaire. Il a poursuivi en expliquant que la plupart des gens, craignant les progrès technologiques et la possibilité que les ordinateurs leur volent leurs emplois – comme ce fut le cas dans bien des industries –, préféreraient travailler pour un salaire moindre.

Voilà pourquoi, disait-il, les riches devenaient plus riches tandis que la plupart des gens ne participaient pas à cette nouvelle richesse. Selon lui, c'était parce qu'ils avaient peur de perdre leur emploi. Je crois que c'est parce que bien des gens n'ont pas appris qu'ils pouvaient survivre financièrement par leurs propres moyens... Ils ont donc suivi le conseil de leurs parents et ils ont emprunté leurs traces.

Lors d'une entrevue récente, un journaliste est devenu très fâché à cause de ce que j'avais à dire au sujet de l'éducation. Il avait bien réussi à l'école et il avait obtenu un bon emploi sûr. Il m'a dit avec de la colère dans la voix: «Voulez-vous dire que les gens ne devraient pas être des employés? Qu'arriverait-il s'il n'y avait pas de travailleurs? Le monde s'arrêterait de fonctionner.»

J'étais d'accord avec lui, j'ai pris une bonne respiration et je lui ai répondu: «Je conviens que le monde a besoin de travailleurs. Et je crois que chaque travailleur accomplit une tâche précieuse. Le président d'une entreprise ne pourrait pas faire son travail si les concierges ne faisaient pas le leur. Par conséquent je n'ai absolument rien contre les travailleurs. Moi aussi j'en suis un.

– Alors qu'est-ce qu'il y a de mal au fait que le système scolaire enseigne aux gens à être des employés ou des soldats?» a demandé le journaliste. «Le monde a besoin de travailleurs.»

J'ai acquiescé de nouveau et j'ai dit: «Oui, le monde a besoin de travailleurs instruits. Le monde n'a pas besoin d'esclaves instruits. Je crois qu'il est temps de donner à tous les étudiants l'éducation qui les rendra libres, et que ce ne soit pas seulement ceux convoités pour leur intelligence par les grandes entreprises et les militaires qui l'obtiennent.

Ne demandez pas une augmentation

Si je pensais que le fait de demander une augmentation de salaire résoudrait le problème, je dirais à tous mes employés d'en faire la demande. Mais ce que Alan Greenspan dit est vrai. Si un travailleur demande trop d'argent, relativement au service qu'il fournit à l'entreprise, l'individu de l'autre côté de la table doit chercher un nouveau travailleur. Si les dépenses sont trop élevées, l'avenir de l'entreprise peut être menacé.

Plusieurs sociétés n'existent plus de nos jours parce qu'elles n'ont pas pu contenir le coût de la main-d'œuvre. Des entreprises déménagent à l'étranger à la recherche de coûts moins élevés de la main-d'œuvre. Et la technologie élimine plusieurs emplois, par exemple des agents de voyages, des agents de change, et bien d'autres. Donc, Alan Greenspan a raison de dire que les gens ont peur de perdre leurs emplois si leurs revendications salariales s'avèrent trop élevées.

Mais la raison principale pourquoi je dis: «Ne demandez pas une augmentation» est que dans la plupart des cas, le fait d'avoir plus d'argent ne résout pas le problème. Quand les gens obtiennent des augmentations de salaire, le gouvernement en obtient une aussi, et d'habitude les gens s'endettent ensuite davantage. Mes livres et mes jeux éducatifs ont été écrits et créés pour modifier la perception qu'une personne a d'elle-même. Si quelqu'un veut vraiment obtenir la sécurité financière, il faut qu'un changement s'opère sur les plans mental, émotionnel, physique et spirituel.

Une fois que les gens commencent à apprendre mentalement l'éducation financière appropriée, ils se mettent à changer physiquement, spirituellement et sur le plan émotionnel. Une fois que les perceptions qu'ils ont d'eux-mêmes s'améliorent, ils devraient commencer à se rendre compte qu'ils ont moins besoin de leurs emplois, et se mettre alors à «faire leurs devoirs»... car comme le disait père riche: «Tu ne deviens pas riche dans le cadre d'un emploi, tu deviens riche à la maison.» J'ai aussi découvert que quand vos perceptions de soi changent et que votre assurance grandit, les employeurs sont souvent plus disposés à vous donner une augmentation. C'est pourquoi les devoirs sont si importants.

Vos devoirs à domicile

Je dis aux parents que ce qu'ils enseignent à leurs enfants à la maison est aussi important que ce que les écoles leur enseignent. Une des choses que je suggère aux parents de faire est d'encourager leurs enfants à trouver le moyen de prendre leur retraite vers l'âge de 30 ans. Le fait de prendre sa retraite à 30 ans n'est pas si important, mais au moins ça les amène à penser un peu différemment.

En fait, s'ils prennent conscience qu'ils n'ont que quelques années à travailler avant de prendre leur retraite, ils se poseront peut-être des questions comme celle-ci: «Comment puis-je prendre ma retraite à 30 ans?» À partir du moment où ils se posent cette question, ils se mettent à traverser le miroir. Au lieu d'abandonner l'école et de se mettre à la recherche d'un monde de sécurité d'emploi, ils partiront en quête d'un monde de liberté financière. Et qui sait? ils le trouveront peut-être s'ils font leurs devoirs à domicile.

Les résultats obtenus

On ne trouve pas la valeur de l'éducation d'une personne sur son bulletin scolaire. La plupart d'entre nous savent qu'il y a bien des gens qui n'obtenaient que des A quand ils étaient étudiants et qui n'obtiennent pourtant que des F dans la vie.

Il y a bien des façons d'évaluer l'éducation d'une personne, et l'une des meilleures mesures consiste à savoir comment ils se sont débrouillés financièrement après avoir terminé leurs études. Je conserve certaines données intéressantes pour montrer aux gens pourquoi ils ont besoin de compléter leur éducation formelle. Ces données proviennent du ministère de la Santé, de l'Éducation et du Bien-Être des États-Unis, dont j'ai fait mention au début de ce livre. Le rapport affirme que parmi 100 personnes âgées de 65 ans, une est riche, quatre sont à l'aise, cinq travaillent encore, 56 ont besoin du soutien du gouvernement ou de leurs familles, et les autres sont décédées.

Selon moi, ce n'est pas un très bon «bulletin scolaire», eu égard aux milliards de dollars et d'heures que nous consacrons à éduquer les gens. Cela signifie que parmi ma promotion de 700 étudiants, 7 seront riches et 392 auront besoin du soutien du gouvernement ou de leurs familles. Ce n'est pas fameux. Et il y a une autre distinction à faire concernant ces chiffres: Parmi les 7 qui seront riches, 2 étudiants atteindront la richesse en héritant plutôt que par leurs propres efforts.

Le 16 août 2000, le journal *USA Today* a fait paraître un article intitulé «De l'argent qui ne se gagne pas sans peine», dans lequel l'analyste Danny Sheridan a calculé les chances d'arriver à gagner un million de dollars de 7 façons différentes:

Pour un propriétaire d'une petite entreprise:	1 chance sur 1 000
Pour un travailleur de société point-com qui émet des actions dans le public:	1 chance sur 10 000
En épargnant 800 dollars par mois pendant 30 ans:	1 chance sur 1 500 000
En remportant un jeu-questionnaire:	1 chance sur 4 000 000
En jouant dans des machines à sous dans un casino:	1 chance sur 6 000 000
En gagnant à la loterie:	1 chance sur 12 000 000
En héritant d'un million:	1 chance sur 12 000 000

Ces statistiques démontrent qu'il y a même encore moins de gens qui deviennent millionnaires grâce à un héritage. La meilleure chance pour votre enfant de devenir millionnaire consiste à posséder sa propre entreprise et à en faire une réussite.

Si vous pouvez enseigner à vos enfants qu'ils peuvent survivre et prospérer sur le plan financier par leurs propres moyens, qu'ils peuvent apprendre à gérer leurs finances en ne se laissant pas piéger par des dettes à la consommation, vous allez les préparer pour le monde qui s'en vient.

Un système d'éducation qui fait en sorte que des gens deviennent des personnes à charge vers la fin de leur vie ne prépare pas vos enfants pour les réalités du monde d'aujourd'hui. L'idée selon laquelle une entreprise ou le gouvernement s'occupera de vous à la fin de votre vie est une idée dépassée. Vos enfants ont besoin de votre

aide s'ils veulent être capables de développer les compétences financières dont ils auront besoin dans un proche avenir.

Conclusion de la première partie

La première partie de ce livre traitait de l'argent comme n'étant
rien de plus qu'une idée. On peut dire la même chose de l'éducation.
Les perceptions de soi ou les idées que les enfants se font d'eux-
mêmes, sur les plans scolaire et financier, dicteront souvent leur
façon de gouverner le reste de leur vie. Voilà pourquoi le rôle le plus
important des parents consiste à guider, à protéger et à être à l'écoute
de la perception de soi de leurs enfants.

Deuxième partie

L'argent ne vous rend pas riche

M on père riche disait: «L'argent ne te rend pas riche.» Il enchaînait en disant que l'argent a le pouvoir de nous rendre à la fois riches ou pauvres... et dans le cas de la plupart des gens, plus ils gagnent d'argent, plus ils s'appauvrissent. Plus tard dans sa vie, après avoir constaté la popularité des loteries, il a dit: «Si l'argent a le pouvoir de nous rendre riches, pourquoi donc autant de gagnants à la loterie font faillite?»

Mon père instruit disait à peu près la même chose au sujet des notes scolaires. Si un jeune termine ses études avec de bonnes notes, cela signifie-t-il qu'il réussira dans la vie concrète de tous les jours? Est-ce que le succès de votre enfant sur le plan scolaire assurera sa réussite dans la réalité? La première partie de ce livre était consacrée à préparer mentalement votre enfant en vue de l'école et des changements qui se produisent tôt dans la vie. La deuxième partie se consacrera à préparer votre enfant à réussir dans la réalité.

Chapitre 8

Mon banquier ne m'a jamais demandé mon bulletin scolaire

À l'âge de 15 ans j'ai échoué en anglais. J'ai subi cet échec car je n'ai pas su écrire... ou devrais-je plutôt dire que mon professeur d'anglais n'a pas apprécié le sujet de ma dissertation et qu'en outre mon orthographe était pitoyable. Cet échec a eu pour conséquence de me faire redoubler ma seconde année du secondaire. J'ai été embarrassé et j'en ai souffert de bien des façons.

Premièrement, mon père était le responsable de l'éducation à Hawaï. Il était directeur général de l'éducation sur l'île d'Hawaï et il avait sous sa responsabilité plus de 40 écoles. Les rires et les moqueries ont fusé dans les sphères de l'éducation quand on a su que le fils du patron avait échoué en anglais. Deuxièmement, mon échec signifiait que j'allais me retrouver dans la même classe que ma petite sœur. En d'autres mots, elle progressait tandis que moi je régressais. Troisièmement, cet échec signifiait que je n'allais pas recevoir mon écusson d'honneur pour avoir joué au football, un sport dans lequel je m'étais totalement investi.

Le jour où j'ai reçu mon bulletin scolaire et que j'ai appris que j'avais obtenu un F en anglais, je me suis rendu à l'arrière de l'immeuble abritant le laboratoire de chimie, loin des regards pour être seul. Assis sur une dalle de béton glacé, j'ai ramené mes genoux sur ma poitrine, j'ai appuyé mon dos contre l'immeuble en bois, et j'ai pleuré toutes les larmes de mon corps. Cela faisait déjà quelques mois que je m'attendais à recevoir ce F, mais en voyant cette note en noir sur blanc sur le papier, j'ai été soudainement englouti par un raz-de-marée incontrôlable. Je suis resté seul, prostré derrière le labo, pendant plus d'une heure.

Mon meilleur ami Mike, le fils de père riche, avait également obtenu un F. Je trouvais dommage qu'il ait échoué comme moi, mais au moins ça me rendait moins seul dans mon malheur. Je lui ai fait signe de la main tandis qu'il traversait le campus, mais il s'est contenté de faire non de la tête tout en continuant de marcher vers la voiture qui l'attendait pour le ramener chez lui.

Ce soir-là, quand les autres enfants ont été couchés, j'ai annoncé à maman et à papa que j'avais échoué mon cours d'anglais de même que mon année au secondaire. La politique du système d'éducation exigeait qu'un élève qui échouait en anglais ou en sciences sociales redouble automatiquement son année scolaire. Mon père connaissait très bien cette politique puisque c'était lui qui la faisait observer. Bien que mes parents s'attendaient à cette nouvelle, la confirmation de mon échec a été pour eux une pilule difficile à avaler.

Assis, le regard vide, mon père hochait doucement la tête. La situation paraissait encore plus pénible pour ma mère. Je pouvais lire les émotions sur son visage, des émotions qui allaient de la tristesse à la colère. S'adressant à mon père, elle a dit: «Que va-t-il arriver maintenant? Devra-t-il recommencer son année?» Mon père a répondu simplement: «C'est la politique du système. Mais avant de prendre une décision, je vais examiner le problème.»

Dans les jours qui ont suivi, mon père, cet homme que j'appelle mon père pauvre, a bel et bien examiné la situation. Il a découvert que 14 autres élèves avaient échoué sur les 32 élèves de ma classe. Le professeur avait donné un D à 8 élèves. Un élève avait eu un A, 4 un B, et le reste des C. Devant un tel taux d'échec, mon père a décidé d'intervenir, non pas parce qu'il était mon père, mais en tant que directeur général de l'éducation à Hawaï.

Il a d'abord ordonné au directeur de l'école de faire une enquête en bonne et due forme. On a commencé par passer en entrevue plusieurs élèves de la classe. Au terme de l'enquête, le professeur a été muté dans une autre école et on a offert aux élèves désireux d'améliorer leurs notes, la possibilité de s'inscrire à un cours d'été spécial. Pendant trois semaines j'ai trimé dur afin d'obtenir un D et le droit d'accéder, par le fait même, à la onzième année avec le reste de ma classe.

En bout de ligne, mon père a décidé que les deux parties, c'est-à-dire les élèves d'une part et le professeur de l'autre, avaient leurs torts. Mon père a été troublé par le fait que la plupart des élèves recalés figuraient parmi les meilleurs élèves de leur promotion et se destinaient à des études universitaires. Donc, plutôt que de se ranger d'un côté ou de l'autre, mon père m'a dit un soir en rentrant à la maison: «Vois cet échec scolaire comme une leçon de vie très importante. Tu peux apprendre beaucoup de cet incident... ou très peu. À toi le choix: tu peux rester en colère, blâmer le professeur ou cultiver la rancune.

«D'autre part, tu peux saisir cette occasion pour examiner ton propre comportement, mieux te connaître et sortir grandi de cette expérience. Je crois que le professeur n'aurait pas dû faire échouer tant d'élèves, mais je crois aussi que tes amis et toi devriez devenir de meilleurs élèves. J'espère que les élèves et le professeur grandiront grâce à cette expérience.»

Je dois admettre que j'éprouvais de la rancune. Je n'aime toujours pas ce professeur et j'ai détesté aller à l'école par la suite. J'ai toujours exécré étudier des matières qui ne m'intéressaient pas, ou qui, je le savais, ne me serviraient jamais une fois mes études terminées. Malgré certaines cicatrices sur le plan émotif, je me suis appliqué davantage, mon attitude a changé, et mes habitudes de travail se sont améliorées, ce qui m'a permis d'obtenir mon diplôme d'études secondaires dans les délais habituels.

Mais surtout, j'ai retenu le conseil de mon père et j'ai tiré le meilleur parti d'une situation défavorable. Réflexion faite, je comprends maintenant que derrière mon échec en dixième année était dissimulée une réelle bénédiction. Cet incident m'a incité à apporter certaines corrections en ce qui a trait à mon attitude et à mes habitudes d'études. Je me rends compte aujourd'hui que si je n'avais pas fait ces corrections mineures en dixième année, j'aurais sûrement échoué à l'université.

Ma mère était très inquiète

Pendant cette période, ma mère était très préoccupée. Elle n'arrêtait pas de dire: «Tes notes sont si importantes. Si tu n'as pas de bonnes notes, tu ne pourras pas t'inscrire dans une bonne université et obtenir un bon emploi. Les bonnes notes sont d'une grande importance dans ta vie.» Elle avait prononcé ces mêmes mots à plusieurs reprises. Mais au cours de cette période traumatisante et pénible, elle insistait sans cesse avec beaucoup plus de peur et d'anxiété dans la voix.

Cette période a également été traumatisante pour moi. Non seulement avais-je eu un échec, mais il me fallait aussi suivre un cours d'été pour reprendre la matière que j'avais échouée, si je voulais ensuite me retrouver au même niveau que les élèves de ma classe. C'était le cours d'été que mon père avait organisé à l'intention de tous les jeunes qui avaient échoué le cours de ce professeur d'anglais.

J'ai détesté aussi ce cours d'été. Le sujet était ennuyeux, la salle de classe était chaude et humide. J'éprouvais de la difficulté à concentrer mon attention sur la matière, l'anglais. Mon esprit s'évadait souvent tandis que je jetais un coup d'œil par la fenêtre, par-delà les cocotiers, en direction de l'océan où mes amis étaient en train de surfer. Pire encore, plusieurs de mes amis qui surfaient riaient sous cape, nous lançaient des rires grivois et nous appelaient les «cancres» chaque fois que nous les croisions.

Quand le cours d'une durée de quatre heures était terminé, Mike et moi traversions la ville pour nous rendre au bureau de son père, et nous faisions tout ce qu'il nous demandait d'accomplir pendant quelques heures. Un jour, alors que nous attendions père riche, Mike et moi étions en train de discuter des répercussions que les mauvaises notes auraient sur notre avenir. Le fait d'échouer et de se faire traiter de «cancres» était pour nous très traumatisant.

«Nos amis rient parce qu'ils ont de meilleures notes que nous et ils iront aussi dans de meilleures universités», disait Mike.

– J'ai entendu cela, moi aussi», ai-je répliqué. «Penses-tu que nous avons échoué et gâché nos existences?»

Nous venions tout juste d'avoir 15 ans et nous connaissions peu de choses du vrai monde. Nous considérions que le fait d'être perçus comme des «cancres» et des «recalés» laissait des traces sur notre psyché. Nous étions blessés sur le plan émotif, et mentalement nous doutions de nos capacités sur le plan scolaire. Notre avenir paraissait plutôt lugubre et ma mère semblait abonder dans le même sens.

Les commentaires de père riche

Père riche était très conscient de nos échecs scolaires. Le «F» que son fils avait obtenu en anglais le dérangeait. Il était reconnaissant que mon père soit intervenu et ait organisé pour nous un programme scolaire d'été pour que nous reprenions la matière que nous avions échouée. Nos deux pères prenaient les choses par le bon côté et tous deux avaient des leçons à nous enseigner à travers cette expérience, même si leurs leçons étaient différentes.

Jusque-là père riche n'avait pas dit grand-chose. Je crois qu'il nous étudiait simplement pour voir comment nous allions réagir à notre situation. Maintenant qu'il savait à quoi s'en tenir à propos de ce que nous pensions et ressentions en ce qui a trait à notre échec scolaire, il était temps pour lui de faire des commentaires. S'assoyant sur une chaise dans la pièce, père riche a dit: «Les bonnes notes sont importantes. Votre réussite à l'école est importante. Votre capacité d'apprendre et votre intelligence sont également importantes. Mais une fois que vous aurez terminé vos études, les bonnes notes n'auront plus la même importance.»

Quand je l'ai entendu dire cela, je me suis calé dans mon fauteuil. Dans ma famille, où presque chaque membre était à l'emploi du système scolaire – mon père de même que ses frères et sœurs –, le fait d'affirmer que les notes n'étaient pas importantes était presque un sacrilège. «Mais que dites-vous à propos de nos notes? Ces notes vont nous suivre pour le reste de nos jours», ai-je ajouté un peu bouleversé et sous le choc.

Père riche a secoué la tête et s'est penché vers nous, en disant d'un air sévère: «Écoutez-moi bien, Mike et Robert, je vais vous révéler un grand secret.» Père riche a cessé de parler pendant quelques instants afin de s'assurer que nous allions écouter attentivement son message. Puis il a dit: «Mon banquier ne m'a jamais demandé de lui montrer mon bulletin scolaire.»

Ce commentaire m'a fait sursauter. Depuis des mois, Mike et moi nous nous inquiétions à propos de nos notes. À l'école, les notes représentent tout. Mes parents, mes proches et nos amis croyaient que les bonnes notes représentaient tout. À présent, les mots de père riche venaient ébranler mes pensées actuelles... ces pensées qui m'affirmaient que mon existence était ruinée à cause de mauvaises notes. «Que voulez-vous dire?» ai-je répondu, ne comprenant pas pleinement où il voulait en venir avec cette affirmation.

– Tu m'as bien entendu», a dit père riche, se balançant sur sa chaise. Il savait que nous avions compris ce qu'il avait dit et il nous laissait maintenant assimiler chacun de ses mots.

– Votre banquier ne vous a jamais demandé de lui montrer votre bulletin scolaire?» ai-je répété lentement. «Voulez-vous dire que les notes ne sont pas importantes?

– Ai-je dit cela?» a dit père riche d'une manière sarcastique. «Ai-je dit que les notes ne sont pas importantes?

– Non», ai-je répliqué d'un air embarrassé. «Vous n'avez pas dit cela.

– Alors qu'est-ce que j'ai dit?» a-t-il demandé.

– Vous avez dit: "Mon banquier ne m'a jamais demandé de lui montrer mon bulletin scolaire"», ai-je répliqué. C'était pour moi une chose difficile à dire car dans ma famille d'éducateurs, les bonnes notes, les résultats d'examens et un excellent bulletin scolaire signifiaient tout.

– Quand je vais voir mon banquier», a enchaîné père riche, «il ne me dit pas: "Montrez-moi vos notes"». Père riche a alors demandé: «Est-ce que mon banquier me demande: "Étiez-vous un étudiant qui n'obtenait que des «A»?" Mon banquier me demande-t-il de lui montrer mon bulletin scolaire? Est-ce qu'il me dit: "Oh, vous aviez de bonnes notes. Laissez-moi vous prêter un million de dollars." Me dit-il des choses comme ça?

– Je ne le crois pas», a dit Mike. «Du moins, il ne t'a jamais demandé de lui montrer ton bulletin scolaire quand j'étais avec toi dans ton bureau. Et je sais qu'il ne te prête pas d'argent en s'appuyant sur ta moyenne générale.

– Alors que me demande-t-il?» a questionné père riche.

– Il demande que vous lui montriez vos états financiers», a répliqué Mike doucement. «Il souhaite toujours voir vos derniers états financiers. Il veut examiner l'état de vos profits et pertes, et votre bilan.»

Votre bulletin scolaire après vos études

Après avoir acquiescé, père riche a continué: «Les banquiers demandent toujours des états financiers. Les banquiers demandent à tout le monde leurs états financiers. Peu importe à leurs yeux que vous soyez riches ou pauvres, éduqués ou non instruits. Quoi que vous soyez, ils veulent jeter un coup d'œil sur vos états financiers. Pourquoi croyez-vous que les banquiers agissent ainsi?»

Mike et moi avons secoué la tête en silence et avons attendu la réponse. «Je n'ai jamais vraiment pensé à cela», a dit Mike finalement. «Vas-tu nous le dire?

– C'est parce que vos états financiers représentent votre bulletin scolaire une fois que vous avez terminé vos études», a dit père riche d'une voix à la fois forte et basse. «Le problème est que la plupart des gens qui terminent leurs études n'ont aucune idée de ce que sont des états financiers.

– Mes états financiers représentent donc mon bulletin scolaire quand je ne vais plus à l'école?» ai-je demandé d'un air méfiant. «Vous voulez dire que c'est le bulletin scolaire des adultes?»

Père riche a alors acquiescé. «C'est un bulletin scolaire pour les adultes, c'est en quelque sorte une fiche de rendement. Je le répète, le problème est le suivant: La plupart des adultes ne savent pas vraiment ce que représentent des états financiers.

– Est-ce le seul bulletin scolaire des adultes?» ai-je demandé. «Y a-t-il d'autres bulletins scolaires ou fiches de rendement?

– Oui, il y en a d'autres. Vos états financiers sont un bulletin scolaire très important mais ce n'est pas le seul que vous ayez. Votre bilan de santé annuel est également un bulletin, car grâce à des analyses sanguines et d'autres tests importants il vous révèle votre état de santé et ce qu'il vous faut améliorer. Un autre bulletin est votre fiche de score au golf et aux quilles. Dans la vie, il existe plusieurs types différents de bulletins, et les états financiers personnels d'un individu en sont un très important.

– Par conséquent, une personne pourrait n'avoir que des A sur son bulletin scolaire à l'école et avoir des F au sujet de ses états financiers dans la vie?» ai-je demandé. «Est-ce bien ce que vous dites?»

Père riche a alors fait signe que oui. «Cela se produit constamment.»

Les bonnes notes comptent à l'école
mais ce sont les états financiers qui comptent dans la vie

Le fait d'échouer une année d'études en anglais à l'âge de 15 ans s'est avéré finalement une expérience très précieuse pour moi, car j'en suis venu à prendre conscience que j'avais développé une mauvaise attitude à l'égard de l'école et de mes études. Cet échec a représenté pour moi un avertissement qui m'a permis de corriger certaines choses en ce qui a trait à mon attitude et à mes habitudes d'études. J'ai également compris tôt dans la vie que quoique les notes soient importantes à l'école, les états financiers allaient devenir en quelque sorte mon bulletin scolaire dans la vie, une fois mes études terminées.

Père riche a dit: «À l'école, on remet aux élèves un bulletin scolaire à chaque trimestre. Si un jeune éprouve des problèmes scolaires, il a au moins le temps de faire les corrections qui s'imposent s'il choisit de le faire. Dans la réalité, la plupart des adultes ne reçoivent jamais un «bulletin scolaire financier» trimestriel, et c'est pourquoi tant de gens luttent pour joindre les deux bouts. Bien des gens ne se préoccupent pas vraiment de leur situation financière jusqu'au jour où ils perdent leur emploi, ont un accident, envisagent la retraite, et bien souvent il est trop tard à ce moment-là pour s'en préoccuper.

«Vu que la plupart des adultes n'ont pas un "bulletin scolaire financier" trimestriel, plusieurs parmi eux ne parviennent pas à effectuer les corrections financières nécessaires pour mener une vie de tout repos sur le plan financier. Ils ont peut-être un emploi largement rétribué, une grande maison, une belle automobile, ils réussissent bien au travail, et pourtant ils ont de mauvaises notes sur le plan financier.

«En effet, plusieurs élèves brillants qui ont eu de bonnes notes à l'école pourraient très bien passer le reste de leur vie à obtenir de mauvaises notes sur le plan financier. Voilà le prix à payer quand on n'a pas un "bulletin scolaire financier", au moins une fois par trimestre. Je veux jeter un coup d'œil à mes états financiers pour savoir exactement à quel endroit mes résultats sont bons ou mauvais, et ce qu'il me faut améliorer.»

Les bulletins scolaires indiquent ce qui doit être amélioré

Mon échec en anglais s'est avéré une bonne chose à long terme car Mike et moi avons travaillé davantage à l'école même si nous n'avons jamais été d'excellents élèves. J'ai sollicité et obtenu du Congrès, par l'intermédiaire du sénateur de mon État, mon inscription à l'école navale américaine, à Annapolis dans le Maryland, et à celle de la marine marchande des États-Unis à Kings Point, dans l'État de

New York. Mike a décidé de rester à Hawaï pour continuer son apprentissage avec son père. Il a donc fréquenté l'université d'Hawaï où il a reçu son diplôme en 1969, la même année où j'ai obtenu le mien à Kings Point. À long terme, cet échec en anglais s'est révélé efficace car c'est à cause de lui que Mike et moi avons changé d'attitude à l'égard des études.

À l'école navale j'ai surmonté ma crainte d'écrire et j'ai effectivement appris à prendre plaisir à l'écriture, même si je suis encore aujourd'hui un écrivain moyen, techniquement parlant. Je remercie M. A. A. Norton, mon professeur d'anglais pendant deux ans à l'école navale, de m'avoir aidé à surmonter mon manque d'assurance, mes peurs passées et mes petites rancunes.

N'eut été de monsieur Norton et de Sharon Lechter, ma coauteure, je doute que je serais devenu aujourd'hui un auteur à succès du *New York Times* et du *Wall Street Journal*. Je pense parfois que si je n'avais pas eu cet échec en anglais à l'âge de 15 ans et si je n'avais pas eu le soutien de ma famille pendant cette période difficile, je n'aurais pas fait certains changements dans ma vie et je ne serais pas devenu un auteur à succès. C'est pourquoi les bulletins scolaires sont si importants, surtout quand les notes sont médiocres.

J'ai pris conscience à la longue que les bulletins scolaires mesurent non pas ce que nous savons mais ce que nous avons besoin d'améliorer dans nos vies. Il en va de même pour vos états financiers personnels. Ces derniers représentent votre «bulletin scolaire» en ce qui a trait à votre performance sur le plan financier. C'est votre fiche de rendement pour la vie.

Votre enfant a besoin tout de suite d'un «bulletin scolaire» financier

J'ai reçu un bon départ sur le plan financier à l'âge de 9 ans. C'était l'année où mon père riche m'a fait connaître mon «bulletin scolaire» financier. Ceux parmi vous qui ont lu *Père riche, père pauvre* se rappelleront que la deuxième leçon de père riche traite de l'importance d'apprendre l'a b c du domaine financier, ou la capacité de lire des états financiers, une fois vos études terminées.

Je ne me rendais pas compte que père riche préparait son fils et moi-même pour faire face à la réalité, à ce monde dans lequel nous entrons à la fin de nos études. Il nous y préparait en nous enseignant les rudiments de l'a b c du monde de la finance, une matière qui habituellement n'est pas enseignée aux préadolescents à l'école, ni même aux adultes. Le fait de comprendre l'essentiel des états financiers m'a apporté une formidable assurance sur le plan financier et de la maturité en ce qui concerne l'argent. J'ai compris la différence entre l'actif et le passif, entre les revenus et les dépenses, et j'ai appris l'importance du cash-flow[1]. Plusieurs adultes ne connaissent pas ces différences subtiles, et ce manque de notions élémentaires les amène à travailler dur et à faire beaucoup d'argent sans jamais pouvoir améliorer vraiment leur situation financière.

En comprenant le fonctionnement des états financiers, je n'ai pas seulement acquis de la confiance en moi, mais j'ai également fait preuve de maturité en ce qui concerne l'argent. Père riche se reportait souvent aux «trois C», qui signifient la confiance, le contrôle et la correction.

Il disait à son fils et à moi: «Si vous comprenez vraiment le fonctionnement des états financiers, vous aurez davantage confiance dans vos finances, vous aurez plus de contrôle sur vos finances, et ce qui est plus important encore, vous serez capables de faire les corrections qui s'imposeront quand les choses ne marcheront pas comme vous le voudriez sur le plan financier. Les gens qui ne connaissent pas l'a b c du monde financier ont tout simplement moins de confiance personnelle dans ce domaine. Par conséquent, ils perdent le contrôle et font rarement les corrections nécessaires avant qu'il ne soit trop tard.»

Très tôt dans la vie, j'ai commencé à apprendre les trois C en détail aux points de vue mental, émotionnel, physique, puis spirituel. Je ne les ai pas pleinement compris à cette époque, et je ne les comprends toujours pas entièrement aujourd'hui. Néanmoins, cette éducation financière de base a été le fondement d'un apprentissage financier constant et permanent. Cette éducation financière de base m'a donné un bon départ financier dans la vie... et tout cela a débuté par la simple compréhension que j'ai acquise des états financiers.

Mes premiers schémas

Père riche a commencé par de simples schémas.

Après avoir tracé ces simples schémas, il voulait que nous comprenions les mots, les définitions et les rapports. Et j'ai appris de

---

1.   Synonyme: marge brute d'autofinancement.

quelle façon les mots et les schémas étaient reliés entre eux. Quand je m'adresse à des gens qui ont une formation financière, ils disent que malgré le fait qu'ils ont étudié la comptabilité à l'école, ils n'ont pas vraiment compris les rapports entre les mots – et comme père riche disait: «Ce sont les rapports qui sont les plus importants.»

Revenus
Dépenses

Actif	Passif

Là où les problèmes financiers commencent

Mon père pauvre disait souvent: «Notre maison est un actif.» Et c'est là que commençaient la plupart de ses problèmes financiers. C'est cette simple conception erronée, ou le manque d'une distinction plus subtile au niveau de la définition, qui a occasionné à mon père et à la plupart des gens leurs problèmes financiers.

Quand vous lancez un caillou dans un étang, des rides concentriques se forment à partir de l'endroit où le caillou est tombé. Quand une personne commence sa vie en ne comprenant pas la différence entre un actif et un passif, ce genre de rides concentriques peut lui causer des problèmes financiers pour le reste de sa vie. Et c'est pourquoi père riche disait: «C'est le rapport qui est important.»

Même si j'ai traité ce sujet dans mes autres livres, il est important de le revoir une autre fois. C'est un premier pas essentiel pour donner à votre enfant un bon départ financier dans la vie.

Qu'est-ce qui détermine un actif ou un passif?

Qu'est-ce qui détermine un actif ou un passif? Quand je cherche la définition de ces deux mots dans un dictionnaire, je deviens encore plus confus. Voilà le problème quand on n'apprend les choses que sur le plan mental, sans même inclure l'apprentissage physique dans la définition. Un simple schéma d'états financiers nous apporte un certain apprentissage physique relativement à la définition, même si ce n'est que quelques lignes tracées sur une feuille de papier.

Afin d'illustrer mon point, voici une définition du mot *actif* que j'ai trouvée dans un de mes dictionnaires:

Actif a: Les avoirs d'une personne décédée. b: Tous les avoirs de toutes sortes d'associations, d'entreprises ou de personnes. c: Les articles qui dans un bilan indiquent la valeur comptable des avoirs détenus par une entreprise.

Pour les gens qui ont une intelligence verbale et linguistique et qui ont un QI élevé, une définition comme celle qui précède est probablement appropriée. Il est fort possible qu'ils puissent déchiffrer ces mots et comprendre ce qu'est vraiment un actif. Mais pour un jeune garçon de 9 ans qui apprenait à être riche, la définition du dictionnaire était inappropriée et trompeuse. Si l'intelligence est en fonction des distinctions plus subtiles que l'on parvient à faire, il me fallait pour devenir riche faire des distinctions beaucoup plus subtiles que celles fournies par le dictionnaire, et il fallait que ces dernières dépassent le cadre des mots.

Mon père riche a élaboré davantage ces distinctions en ajoutant la masse physique et le mouvement à la définition, afin que je puisse ainsi faire une distinction plus subtile et marquante. Il y est parvenu en se servant d'une feuille de papier et en me montrant le rapport entre l'état des résultats et le bilan. Il disait: «C'est le cash-flow qui détermine si ce que vous inscrivez dans votre bilan est vraiment un actif et non pas une valeur de pacotille.

Le cash-flow pourrait être le mot le plus important dans le monde de l'argent, et pourtant c'est souvent le mot le moins bien compris. On peut voir et palper l'argent comptant, mais la plupart des gens ne voient pas la somme des échanges effectués par les divers agents de la vie économique. En conséquence c'est le cash-flow qui détermine si quelque chose est vraiment un actif ou un passif, ou bien une valeur de pacotille.»

Le rapport

«C'est le flux de cash-flow entre l'état des résultats et le bilan qui détermine véritablement ce qu'est un actif ou un passif», répétait très souvent père riche.

Si vous voulez donner à votre enfant un bon départ dans la vie, retenez bien cette phrase et répétez-la très souvent à votre enfant. Ce dernier doit comprendre cette phrase et la répéter souvent s'il veut l'intérioriser. Si vos enfants ne comprennent pas cette phrase, il y a fort à parier qu'ils sortiront s'acheter des bâtons de golf, les remiseront dans le garage et les inscriront comme étant un actif quand ils rempliront un état financier pour la banque dans le but de solliciter un prêt. Dans le monde de mon père riche, un jeu de bâtons de golf remisé dans le garage ne représente pas un actif.

Mais sur plusieurs demandes de crédit, vous pouvez considérer ces bâtons de golf comme étant un actif. On peut les inscrire dans la colonne de l'actif à la section appelée «Effets personnels». C'est donc là que vous pouvez mettre sur une liste, vos chaussures, vos sacs à main, vos cravates, votre mobilier, votre vaisselle et vos vieilles raquettes de tennis, à titre d'avoirs, dans la colonne de l'actif – et c'est pourquoi la plupart des gens ne deviennent pas riches. Ils ne connaissent pas le rapport entre l'état des résultats et le bilan.

Voici donc le modèle du cash-flow d'un actif:

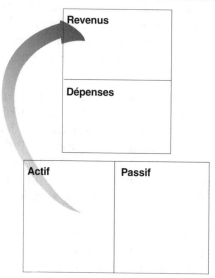

En d'autres termes, l'actif représente un flux de cash-flow qui aboutit dans la colonne des revenus. Un peu plus loin, nous pouvons voir le modèle du cash-flow d'un passif:

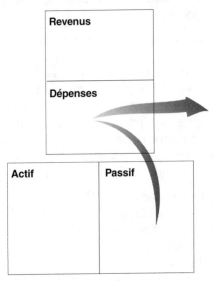

En d'autres mots, le passif représente un flux de cash-flow hors de la colonne des dépenses.

Il n'est pas nécessaire d'être un génie pour connaître la différence entre l'argent qui rentre et l'argent qui sort. Pour étayer cette idée fondamentale chez Mike et moi, père riche disait souvent: «L'actif met l'argent dans vos poches et le passif enlève l'argent de vos poches.» J'ai saisi cela alors que je n'avais que 9 ans. Plusieurs adultes ne comprennent pas cela.

À mesure que je grandissais, je me suis rendu compte que plusieurs adultes se cramponnaient à la sécurité d'emploi, et père riche a alors actualisé sa définition. Il disait: «Si vous perdez votre emploi, l'actif vous nourrira et le passif vous dévorera.» Il disait aussi: «La plupart de mes employés ne peuvent pas arrêter de travailler parce qu'ils "achètent" un passif qu'ils croient être un actif, et ils se font dévorer chaque mois à payer des factures, afin de nourrir ce passif qu'ils imaginent être un actif.»

D'ailleurs, sa définition était en fait un peu plus subtile. Mais étant assis à la table tandis que des gens venaient postuler des emplois, ou versaient des larmes quand ils étaient congédiés, j'ai compris pourquoi il était si important de saisir la différence entre l'actif et le passif. J'ai saisi l'importance de connaître ces définitions avant même d'avoir atteint l'âge de 15 ans. Cela a constitué pour moi un énorme avantage et un excellent départ dans la vie.

Les prochaines étapes

Donc, la première étape a débuté par de simples schémas et un renforcement répétitif modéré pendant un certain nombre d'années. De nos jours, certaines personnes continuent de soutenir que leur maison est un actif. Et d'ailleurs, du point de vue de certains spécialistes des questions financières, cela peut s'avérer vrai. Mais si l'intelligence est cette capacité de faire des distinctions plus subtiles, alors il est absolument important que la personne qui veut devenir riche fasse des distinctions plus précises, fondées sur des états financiers, et qu'elle voit réellement comment l'argent afflue.

Je crois que l'une des raisons pourquoi une seule personne sur cent est riche à l'âge de 65 ans est que la plupart des gens ne connaissent pas la différence entre un actif et un passif. Les gens travaillent dur pour obtenir la sécurité d'emploi et collectionnent un passif qu'ils croient un actif. En d'autres termes, ils collectionnent des dettes qu'ils croient être des avoirs.

Si vos enfants «achètent» un passif qu'ils croient être un actif, il y a fort à parier qu'ils ne seront pas capables de prendre leur retraite avant l'âge de 30 ans. S'ils persistent à «acheter» un passif qu'ils croient être un actif, il y a de fortes chances qu'ils travailleront dur toute leur vie et ne feront pas de progrès sur le plan financier, peu importe l'école qu'ils auront fréquentée ou les notes scolaires qu'ils auront obtenues, et quel que soit le montant d'argent qu'ils gagnent ou l'ardeur qu'ils mettent dans leur travail.

C'est pourquoi les rudiments de l'a b c financier sont si importants. Rien que le fait de savoir quelque chose d'aussi simple que la différence entre un actif et un passif est comparable à un caillou que l'on jette dans l'eau d'un étang. L'effet d'entraînement se poursuivra pendant tout le reste de la vie de votre enfant.

Je ne dis pas de ne pas acheter une maison et je ne dis pas de rembourser votre hypothèque. Tout ce que je dis c'est que pour devenir riche les gens doivent faire preuve d'une plus grande intelligence financière, qui est la capacité de faire des distinctions plus subtiles que ne le fait l'individu moyen. Si vous voulez obtenir des distinctions additionnelles pour vous-même, consultez mes autres livres, lesquels consacrent passablement de temps sur les rudiments de l'a b c financier:

> *Père riche, père pauvre*[1]
> *Père riche, père pauvre (la suite): Le Quadrant du CASHFLOW*[2]
> *Rich Dad's Guide to Investing*
> *Rich Dad's to Getting Rich* (une publication électronique)

Chaque livre traite de différents aspects ou fournit de plus grandes distinctions au sujet de l'a b c financier, ce qui aide à accroître votre intelligence financière. Si vous êtes mieux informé, vous avez une bien meilleure chance d'influencer l'avenir financier de votre enfant. Finalement, l'argent est une matière qu'on enseigne à la maison et non pas à l'école, et c'est une des raisons pourquoi les riches s'enrichissent davantage, les pauvres deviennent plus pauvres et que la classe moyenne est couverte de dettes, et paie bien plus que sa juste part de taxes. L'éducation financière est transmise du parent à l'enfant.

Mon banquier veut savoir à quel point je suis brillant

La première étape pour me préparer au monde réel a été de m'initier au «bulletin scolaire» du monde réel, que sont les états financiers, un bulletin constitué de l'état des résultats et du bilan. Comme le disait mon père riche: «Mon banquier ne m'a jamais demandé de lui montrer mon bulletin scolaire. Mon banquier ne veut voir que mes états financiers.» Il enchaînait en disant: «Mon banquier n'est pas intéressé à savoir à quel point j'étais intelligent sur le plan scolaire. Il veut savoir à quel point je suis brillant sur le plan financier.»

Les quelques chapitres qui vont suivre traiteront de moyens plus explicites d'accroître les chances de votre enfant de devenir plus intelligent au point de vue financier avant de faire son entrée dans le monde réel.

---

1. Publié aux éditions Un monde différent ltée, Saint-Hubert, 2000, 240 pages.
2. Publié aux éditions Un monde différent ltée, Saint-Hubert, 2001, 280 pages.

Chapitre 9

Les enfants apprennent en jouant

*U*n jour mon père et moi observions deux petits chats en train de jouer. Ils se mordillaient l'un l'autre le cou et les oreilles, se griffaient mutuellement, grondaient et, à l'occasion, se donnaient des coups de pattes. Si on n'avait pas su qu'ils jouaient, on aurait pu avoir l'impression qu'ils se battaient.

Mon père instruit me disait: «Les chatons s'enseignent mutuellement des aptitudes à la survie qui ont été encodées dans leurs gènes. S'il nous arrivait un jour de les abandonner dans une région sauvage et de ne plus les nourrir, leurs aptitudes à la survie, qu'ils sont en train d'apprendre en ce moment pendant qu'ils sont petits, les garderaient en vie dans une telle région. Ils apprennent et ils conservent ces aptitudes en jouant. Les êtres humains apprennent de la même façon.»

Des aptitudes à la survie financière pour le monde réel

Une des choses les plus pénibles que j'ai eu à faire dans ma vie a été de fermer mon usine et d'abandonner 35 employés loyaux. J'ai écrit au sujet de cette épreuve personnelle dans un autre livre au cours des années 1970. J'ai dû fermer mon usine parce que je ne pouvais plus me permettre de faire concurrence à l'Asie et au Mexique. Mon coût en main-d'œuvre et mes coûts pour être en conformité avec le gouvernement étaient trop élevés.

Au lieu de lutter contre mon concurrent, j'ai décidé de m'associer à lui, ce qui a mené au déménagement de mon entreprise outremer. Je m'en suis sorti gagnant mais mes employés ont perdu.

Quand des gens me demandent pourquoi j'écris à propos de l'argent alors que je n'ai pas besoin de le faire, je pense souvent à ce jour-là, au moment où j'ai dit adieu à mes employés... et cette seule raison me suffit.

Quand j'ai fermé l'usine, je payais mes travailleurs moins de 3,50 $/heure. Aujourd'hui, une vingtaine d'années plus tard, ces mêmes travailleurs ne gagneraient qu'un peu plus de 5 $/heure, ou peut-être le salaire minimum. Ils auraient même pu obtenir des augmentations de salaire, mais je ne crois pas que ces augmentations auraient été si profitables.

En fait, les seules aptitudes à la survie qu'ils auraient développées, même en gagnant plus d'argent, auraient été de passer d'un emploi à l'autre, de travailler dur et d'essayer de faire plus d'argent. Comme me l'a enseigné mon père riche: «L'argent en lui-même ne te rend pas riche, tout comme un emploi sûr ne fait pas nécessairement en sorte que tu te sentes rassuré et totalement à l'abri.»

Afin de survivre et de se sentir en sécurité sur le plan financier, les gens ont besoin de développer des aptitudes de survie financières avant même d'entrer dans le monde réel, dans la réalité de tous les jours. S'ils ne possèdent pas ces aptitudes avant de faire leur entrée dans le monde réel, ce dernier a d'autres leçons à enseigner à votre enfant en ce qui a trait à l'argent. Et de nos jours cela inclut le système scolaire.

Non seulement des jeunes gens quittent maintenant l'école avec des dettes attribuables à des cartes de crédit, mais plusieurs terminent aussi leurs études avec des dettes provenant de prêts étudiants. Il est important d'enseigner à votre enfant la gestion de l'argent le plus tôt possible dans la vie. La meilleure façon d'enseigner ces aptitudes est de jouer avec vos enfants, car il semble que le jeu est le moyen que Dieu ou la nature a choisi pour enseigner à tous les jeunes... même aux petits chats.

Ayez du plaisir à enseigner à votre enfant à devenir riche

Mon père riche m'a appris tellement de choses concernant l'argent car il rendait cet apprentissage amusant. Il me donnait toujours l'impression que c'était un jeu et il n'a pas essayé de me bourrer la tête d'informations. Si je ne voulais pas apprendre quelque chose, il me laissait passer à un sujet que j'étais intéressé d'apprendre... ou il rendait plus attrayant ce qu'il était en train de m'enseigner.

D'habitude, il utilisait quelque chose de tangible du monde réel, quelque chose de physique que je pouvais voir, toucher et sentir, et qui faisait partie intégrante de la leçon. Et ce qui est plus important encore, il n'a pas cherché à me décourager. Au lieu de cela, il a fait en sorte de renforcer mon moral au lieu de l'affaiblir.

Quand je commettais une erreur, il me mettait au défi de mieux apprendre la leçon au lieu de me donner la bonne réponse. Il avait la patience nécessaire pour enseigner avec amour. Il a encouragé de son mieux le jeune garçon que j'étais à sortir de sa réserve plutôt que de me percevoir comme un être incompétent ou lent, ou de m'étiqueter comme ayant des troubles d'apprentissage, car je prenais un peu plus de temps à comprendre quelque chose.

Mon père riche m'a prodigué son enseignement en respectant mon rythme d'apprentissage et il l'a fait conformément à mon désir d'apprendre, sans que je ne ressente la pression de subir un examen. Il ne cherchait absolument pas à ce que je rivalise avec d'autres jeunes pour l'obtention des meilleures notes comme le font bien des parents. Mon père instruit enseignait à peu près de la même manière.

Les professeurs ont besoin d'un coup de main

Le système d'éducation actuel ne permet pas aux professeurs d'enseigner de cette façon et n'alloue pas aux professeurs le temps nécessaire pour donner à chaque enfant toute l'attention dont il a besoin. Le système veut que les professeurs entraînent les jeunes dans une sorte de programme de production en série.

Le système scolaire est une usine qui bat au rythme de production d'une usine, et non pas selon le rythme d'apprentissage de l'enfant. Plusieurs professeurs ont essayé de changer le système, mais comme je l'ai dit, le système d'éducation ressemble à un alligator, une créature conçue pour survivre et ne pas changer. C'est pourquoi le «devoir à domicile» du parent et de l'enfant est si important, plus important que le travail scolaire que votre enfant ramène à la maison.

J'écoutais un jour un professeur d'une université importante qui disait: «Nous savons vers l'âge de 9 ans si un enfant réussira ou non dans notre système. Nous savons si un enfant possède les qualités que nous recherchons et s'il est suffisamment brillant pour composer avec les rigueurs de notre système. Malheureusement, nous n'avons pas un système alternatif pour les enfants qui n'étaient pas destinés à s'intégrer adéquatement dans notre système.»

Quand j'étais enfant, notre maison était remplie de gens qui appartenaient au monde de l'éducation. De très bonnes gens. Quand j'allais à la maison de mon père riche, sa maison était pleine de gens du milieu des affaires. C'était aussi de très bonnes gens. Mais je pouvais très bien me rendre compte que ce n'était pas nécessairement les mêmes gens.

Donnez-vous aussi à vous-même un bon départ

Quand j'étais jeune, bien des gens me demandaient si j'allais suivre les traces de mon père et devenir professeur. Je me souviens que je leur disais: «Jamais de la vie! Je vais me diriger dans le domaine des affaires.» Plusieurs années plus tard, j'ai découvert que j'aimais effectivement enseigner. En 1985, j'ai commencé à enseigner les affaires et l'investissement à des entrepreneurs, et j'ai adoré cela. J'ai aimé enseigner parce que ma méthode d'enseignement correspond à ma meilleure façon d'apprendre.

J'apprends le mieux par le moyen de jeux, de discussions en groupe et de leçons. Au lieu de punir les erreurs, je les encourage. Au lieu de demander à des étudiants de subir un test par eux-mêmes, je demande aux participants de passer les tests en équipe. Au lieu du silence, la pièce se remplit de bruits de discussions et de rock-and-roll en fond sonore. En d'autres termes, les gestes d'abord, les erreurs en second, les leçons en troisième place, et le rire pour finir.

En d'autres mots, j'ai utilisé une méthode d'enseignement à l'opposé du système scolaire. J'enseignais à peu près de la même façon que mes deux pères m'enseignaient. J'ai découvert que bien d'autres gens préféraient apprendre de cette manière, et j'ai gagné beaucoup d'argent comme professeur, demandant souvent des milliers de dollars par étudiant. J'ai mis en pratique les styles d'enseignement de mes deux pères pour donner mes leçons de père riche au sujet de l'argent et de l'investissement.

Je me suis retrouvé dans une profession que j'avais juré ne jamais pratiquer. J'ai peut-être fait partie de la profession d'enseignant, mais j'ai satisfait les gens qui apprenaient de la même façon que moi. Et comme on dit en affaires: «Trouve-toi un créneau et occupe-le», j'ai trouvé un créneau très important, un créneau de gens qui voulaient que l'éducation soit agréable et stimulante.

En bâtissant cette entreprise éducative au milieu des années 1980, mon épouse Kim et moi-même sommes partis à la recherche d'autres enseignants qui aimaient enseigner de cette même manière. Notre première condition requise était de trouver des pédagogues qui réussissaient dans le monde de tous les jours et qui aimaient aussi enseigner. De tels individus sont souvent difficiles à trouver.

Dans la réalité, plusieurs personnes aiment enseigner, mais plusieurs d'entre eux ne réussissent pas dans les domaines de l'argent et de l'investissement. Il y a aussi des gens qui excellent dans les domaines de l'argent et de l'investissement mais qui ne sont pas de bons pédagogues. La clé consistait à trouver des gens qui excellaient dans l'un et l'autre domaine.

Des étudiants géniaux

J'ai eu le privilège d'étudier avec monsieur Richard Buckminster Fuller. On fait souvent allusion à lui comme étant l'Américain le plus accompli de toute notre histoire, étant donné qu'il a plus de brevets d'invention que quiconque. On dit très souvent de lui également qu'il est «le génie amical de notre planète». Il est reconnu comme étant un grand architecte par l'institut américain des architectes, quoiqu'il n'était pas un architecte.

L'université Harvard parle souvent de lui comme étant un de ses illustres diplômés, et pourtant Buckminster Fuller n'a jamais obtenu un diplôme de Harvard. On l'a renvoyé à deux reprises et il n'y a jamais terminé ses études. Au cours d'une des semaines où j'ai étudié avec lui, monsieur Fuller a dit: «Les étudiants seront des génies si le professeur sait de quoi il parle.» Notre travail ne consistait pas à trouver seulement un professeur. Notre travail était de trouver des gens sachant de quoi ils parlaient et de les encourager à enseigner.

Devenez brillant en enseignant

En plus de prendre plaisir à enseigner et à gagner beaucoup d'argent, j'ai découvert quelque chose d'encore plus salutaire que le plaisir et l'argent. Je me suis rendu compte que j'apprenais davantage en enseignant. Lorsque j'enseignais, il me fallait puiser profondément en moi-même pour y trouver les leçons que la classe avait besoin d'apprendre. J'ai appris beaucoup grâce à l'interaction entre les participants tandis que nous partagions tous nos découvertes et nos réflexions personnelles.

À cause de ce phénomène, je recommande aux parents de prendre le temps d'enseigner à leurs enfants, car de cette façon les parents apprennent souvent davantage de choses. Et si un parent veut améliorer sa situation financière personnelle, une des façons consiste à se mettre en quête de nouvelles idées financières et de les transmettre à l'enfant. Mettez-vous en quête de nouvelles idées financières avant d'enseigner à vos enfants vos anciennes idées au sujet de l'argent.

Bien des gens éprouvent des difficultés financières parce qu'ils se servent d'anciennes idées financières, qui bien souvent leur ont été transmises par leurs parents. Ils enseignent alors ces mêmes idées concernant l'argent à leurs enfants. Cela explique peut-être pourquoi les pauvres restent pauvres et que les gens de la classe moyenne travaillent dur et s'enfoncent profondément dans les dettes peu de temps après avoir terminé leurs études. Ils font ce qu'ils ont appris de leurs parents.

Par conséquent, l'une des meilleures façons d'apprendre quelque chose est d'enseigner aux autres ce qui vous intéresse d'apprendre. Et comme on nous l'enseigne à l'école du dimanche: «Donnez et vous recevrez.» Plus vous investirez personnellement de temps à enseigner à vos enfants ce qui a trait à l'argent, plus vous deviendrez tous intelligents.

Trois étapes d'apprentissage

Mon père riche m'a enseigné trois étapes d'apprentissage en ce qui a trait à l'argent:

Première étape: De simples schémas. Mon éducation a commencé par de simples schémas, en mettant l'accent sur la compréhension des définitions.

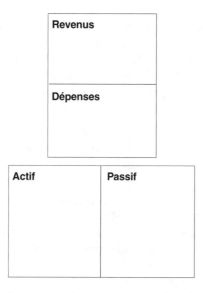

Deuxième étape: Le jeu. Comme je l'ai déjà dit, j'apprends bien mieux quand j'agis. Par conséquent, pendant un certain nombre d'années, père riche nous faisait remplir des états financiers sous forme de jeu. Parfois, quand nous jouions au *Monopoly*, il nous demandait d'utiliser nos quatre maisons vertes et un hôtel rouge et de les inscrire sur nos états financiers.

Troisième étape: La vie concrète. La vie réelle a commencé pour Mike et moi à l'âge de 15 ans environ, alors que nous devions remplir des états financiers et les soumettre à père riche. Tout comme n'importe quel bon professeur le fait, il les corrigeait, il nous montrait ce que nous faisions de la bonne façon et ce que nous avions besoin d'améliorer. J'ai continué mon éducation et à rédiger mes rapports financiers dans la vie réelle pendant presque 40 ans jusqu'à aujourd'hui.

Comment commencer à enseigner à votre enfant les questions d'argent

Je recommande que la plupart des parents débutent par la deuxième étape. Quoique dans mon cas mon père riche a commencé par la première étape, c'est-à-dire les schémas, j'userais de prudence s'il me fallait parler à la plupart des enfants d'idées abstraites telles qu'un état des résultats et un bilan.

Quand je me sers de ces schémas avec certains adultes, leurs yeux deviennent vitreux. À vrai dire, je peux très bien ne pas parler de la première étape jusqu'à ce que je sois certain que l'enfant est intéressé ou prêt à apprendre de tels concepts. On m'a enseigné selon l'ordre des trois étapes précédentes car j'étais curieux; c'est donc cet ordre que père riche a choisi pour moi.

J'ai l'habitude de recommander de commencer avec le jeu de *Monopoly*. J'ai remarqué que certains jeunes aiment vraiment ce jeu tandis que d'autres y jouent mais ne sont pas vraiment très intéressés à y participer. Plusieurs de mes amis, des investisseurs ou des entrepreneurs, me disent qu'ils ont également joué au *Monopoly* des heures durant, et qu'ils étaient fascinés par ce jeu. Sans cette fascination, je n'imposerais pas à de jeunes gens les sujets de l'argent, des investissements, et encore moins des états financiers.

CASHFLOW pour les jeunes

En 1996, après avoir développé *CASHFLOW 101*, un jeu de société qui enseigne les principes des états financiers aux adultes, la réponse du marché a indiqué qu'un jeu semblable était attendu par les enfants. À la fin de 1999, nous avons présenté *CASHFLOW* pour les jeunes. Nos jeux de société sont les seuls jeux qui enseignent aux enfants les notions fondamentales de la gestion du cash-flow et des états financiers, lesquels sont le «bulletin scolaire» de l'enfant à la fin de ses études.

On s'en sert dans les écoles

Un professeur très innovateur à Indianapolis, en Indiana, Dave Stephens, a commencé à utiliser *CASHFLOW 101* dans ses classes du secondaire avec un énorme succès. Il a en fait remarqué que le jeu changeait les attitudes de vie de plusieurs de ses élèves. Un de ces derniers dont Dave nous a parlé en particulier était sur le point d'être renvoyé de l'école à cause de ses mauvaises notes et de ses nombreuses absences. Le fait de jouer à *CASHFLOW* a fait une grande différence dans sa vie. Voici ce que cet élève avait à dire à ce sujet:

«De fêtard que j'étais, c'est-à-dire que je fumais de la marijuana, je m'enivrais et je faisais bien d'autres folies, je suis devenu un élève du secondaire très concentré et déterminé, ayant l'ambition de réussir aussi bien que le créateur de ce jeu auquel je jouais tout en apprenant des tas de choses. Je ne me souviens pas très bien des tout premiers jours, mais je me rappelle avoir joué à *CASHFLOW*. C'était un jeu merveilleux qui introduisait dans la réalité des concepts pour gagner de l'argent qui m'étaient inconnus à cette époque, par l'expression d'idées à la fois simples et géniales.

«Ce jeu a ouvert des portes dans ma vie et je ne vois rien d'autre de comparable jusqu'à ce jour. Il m'a motivé à aller à l'école et m'a donné une extrême envie de m'engager dans des activités. Depuis que je joue à ce jeu, je suis entré dans le conseil étudiant où je donne des leçons particulières à des élèves du secondaire (et je leur parle des idées exprimées dans *CASHFLOW*), je suis devenu président de l'assemblée des jeunes du comté de Marion, j'ai assumé un rôle de direction à l'académie financière, j'ai été classé premier à la compétition DECA de l'État, et j'ai concouru aussi à l'échelon national.

«J'ai fondé un club japonais et BPA à notre école et je suis actuellement, avec la coopération d'autres investisseurs, en train de travailler à construire un centre communautaire des quartiers est dans ma propre collectivité. Comme vous pouvez le voir, ce jeu m'a donné un véritable regain d'énergie à l'égard de la réussite. En outre, mes notes, mon attitude et mon style de vie ont changé considérablement. J'envisage maintenant l'avenir avec une extrême envie d'apprendre et d'enseigner à tous ceux qui veulent vraiment apprendre ce que je sais. Parfois, vous lancez les dés et cela change tout!

«Je veux remercier et louanger monsieur Kiyosaki – un jour vous verrez les résultats de tout ce que vous faites, et j'espère être l'un des premiers à prouver que vos méthodes marchent, et marchent fort bien. Ce qui suit est devenu presque un cliché, mais cela résume exactement mon histoire: "Deux chemins divergeaient dans un bois; j'ai emprunté le moins fréquenté et c'est ce qui a fait toute la différence."»

Tout ce que je peux dire en réponse à cet élève est: «Eh bien, quel jeune homme impressionnant!» Je me sens très honoré de savoir que nos produits ont joué un rôle pour aider ce jeune homme à changer le sens de sa vie d'une manière aussi positive.

L'appui de Dave Stephens ne s'est pas arrêté là. Quand il a entendu parler de la sortie du jeu *CASHFLOW* pour les jeunes, il a suggéré une autre idée innovatrice. Ayant déjà un groupe de jeunes de 16 à 18 ans connaissant bien *CASHFLOW 101*, il a mis sur pied un programme dans lequel ces élèves du secondaire se rendraient dans des écoles élémentaires pour enseigner à des jeunes de 7 à 9 ans, *CASHFLOW* pour les jeunes. Les résultats ont été spectaculaires.

D'abord, l'institutrice à l'école élémentaire a été ravie qu'environ 8 élèves du secondaire viennent la seconder lors d'un après-midi. Chaque élève du secondaire allait jouer *CASHFLOW* pour les jeunes avec 4 écoliers de l'école élémentaire. Au lieu d'une seule institutrice pour 30 écoliers, le rapport était de 1 pour 4. Et les résultats ont été extraordinaires. Les écoliers du primaire ont passé un très beau moment, de même que les élèves du secondaire. L'apprentissage était beaucoup plus personnel et spécifique. Les élèves du secondaire et les écoliers de l'élémentaire ont appris bien plus de choses en très peu de temps.

Les professeurs qui étaient présents ont été impressionnés par le bourdonnement d'activité de la classe et par cet apprentissage pratique. À la place du débit monotone de certains cours ou d'un tintamarre chaotique, il y avait dans la classe une atmosphère ludique et une forme d'apprentissage dans lequel se concentrait l'attention de chacun. Quand la partie fut terminée, les jeunes ont tous crié: «Jouons encore!»

Une gratification supplémentaire

Quelque chose d'autre s'est produit que je n'avais pas escompté, une gratification supplémentaire. Au moment où les élèves du secondaire étaient sur le point de partir, plusieurs des jeunes écoliers se sont précipités vers leurs «nouveaux professeurs», les ont serrés dans leurs bras ou leur ont donné une poignée de main. Ces jeunes enfants de l'élémentaire venaient de découvrir de nouveaux modèles de comportements. Contrairement à certains de ces élèves à la conduite plus équivoque et qui accaparent aujourd'hui la plus grande partie de l'attention et de la publicité, les élèves de Dave Stephens étaient bien mis, avaient de bonnes manières, étaient très brillants et concentraient toute leur attention à la fois sur leur éducation et sur leur avenir.

Tandis que les élèves du secondaire disaient au revoir aux écoliers de cette école élémentaire, je sentais que ces jeunes écoliers estimaient leurs «nouveaux professeurs»... se disant peut-être en eux-mêmes qu'ils voulaient leur ressembler. En voyant les jeunes élèves saluer de la main, j'ai repensé à mes années de préadolescence et je me suis souvenu que certains adolescents m'avaient beaucoup influencé à l'époque grâce à leurs conseils. Pendant deux heures, ces enfants d'une école primaire avaient eu l'occasion d'interagir avec des modèles de comportements très positifs, plutôt que d'avoir affaire à des modèles de comportements plus douteux qu'ils sont susceptibles de croiser à l'extérieur de l'école.

Les commentaires des élèves du secondaire

Quand j'ai demandé aux élèves du secondaire ce qu'ils avaient retiré de cet exercice, leurs commentaires étaient les suivants:

- «J'ai vraiment découvert que j'aimais enseigner. Il se peut que je considère maintenant l'enseignement comme profession.»
- «J'ai appris davantage en enseignant aux écoliers plus jeunes. Quand il m'a fallu leur enseigner, j'ai appris beaucoup plus.»
- «J'ai été surpris à quel point les jeunes écoliers pouvaient apprendre rapidement.»
- «Je retourne chez moi et je vais traiter différemment mes jeunes frères et sœurs.»

Je partage avec vous ces commentaires parce que je suis étonné que des élèves du secondaire aient autant de maturité.

Un programme éducatif sur notre site Web

Dave Stephens est le directeur d'une des académies parrainées par la *National Academy Foundation*. Il nous a également aidés à rédiger un programme éducatif à l'usage des professeurs, pour jouer au jeu *CASHFLOW 101* dans le cadre d'une salle de classe.

Sommaire de la deuxième étape

Donc, la clé de la deuxième étape consiste à avoir du plaisir, à jouer, et à susciter de l'intérêt pour l'étude des questions monétaires, de la gestion de l'argent et des états financiers. Si vous examinez la pyramide d'apprentissage dans le schéma qui suit, vous pouvez voir comment l'apprentissage peut être plus efficace.

Étant donné qu'un jeu est un outil éducatif palpable, il comprend les quatre points principaux de la pyramide d'apprentissage. Les jeux offrent, à ceux auxquels un apprentissage plus physique convient mieux, une chance égale d'apprendre en compagnie de jeunes qui apprennent mieux mentalement, ou de façon abstraite. Les jeux impliquent des émotions car il est amusant et excitant de jouer. Ces mêmes jeux utilisent de l'argent factice plutôt que du véritable argent. De cette façon, les erreurs sont moins pénibles sur le plan émotionnel.

Plusieurs adultes terminent leurs études terrifiés à l'idée de commettre des erreurs, surtout des erreurs financières. Les jeux permettent aux élèves de tout âge de faire des erreurs financières et d'en tirer des leçons sans avoir à éprouver la peine de perdre de l'argent véritable. Si vous souscrivez aux idées de Rudolf Steiner au sujet du changement qui se produit chez un enfant à l'âge de 9 ans, alors un enfant qui sait qu'il peut survivre financièrement sera beaucoup plus confiant et dépendra moins de la sécurité d'emploi pour sa sécurité financière.

Il se peut que cet enfant soit moins susceptible de s'enfoncer profondément dans des dettes à la consommation quand il sera adulte. Et ce qui est plus important encore est que le fait d'apprendre comment gérer l'argent, et de quelle façon on établit un état financier, cela pourrait stimuler la confiance en soi de l'enfant tandis qu'il se prépare à affronter la vie réelle, la réalité de tous les jours.

La pyramide d'apprentissage

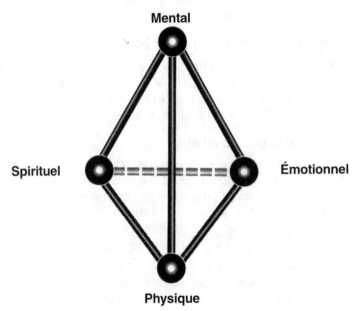

184

On se sert de jeux depuis des siècles

La plupart des jeux qu'on achète dans les magasins de nos jours sont des jeux de divertissement. Et pourtant, pendant plusieurs siècles, les jeux servaient à éduquer. La royauté utilisait le jeu d'échecs pour enseigner à sa descendance l'art de la réflexion stratégique. Ce jeu servait à préparer les fils, advenant la possibilité de mener une armée à la guerre. Le jeu de *Backgammon* était également employé pour enseigner la réflexion stratégique.

J'ai lu un jour que la royauté reconnaissait le besoin d'exercer aussi bien le corps que l'esprit, et c'est grâce aux jeux que les membres de la royauté exerçaient leurs esprits. Ils voulaient que leur progéniture réfléchisse au lieu de seulement mémoriser des réponses. De nos jours, bien que nous ne formions pas nécessairement nos enfants à aller à la guerre, il nous faut leur enseigner à penser de façon stratégique quand il s'agit d'argent.

Le jeu d'échecs et les jeux *CASHFLOW* sont semblables en cela que ce ne sont pas des jeux-concours. Ce sont des jeux conçus pour vous amener à réfléchir de façon stratégique et à planifier pour l'avenir. Ce sont des jeux dont l'issue est différente chaque fois que vous jouez. Avec chaque mouvement ou déplacement, vous devez immédiatement changer votre stratégie, afin que le plan à long terme marche.

Les jeux aident votre enfant à entrevoir l'avenir

Un jour, tandis que nous jouions au *Monopoly*, père riche a fait un commentaire intéressant que je n'ai jamais oublié. Montrant du doigt tout un côté de la planchette de jeu, il a dit: «Selon vous, combien de temps faut-il pour acheter tous les terrains sur ce côté-ci de la planchette et y placer des hôtels rouges?»

Mike et moi-même avons haussé les épaules. Nous ne comprenions pas où il voulait en venir. «Vous voulez dire dans le jeu?

– Non, non», a dit père riche. «Je veux dire dans la vie réelle. Cela fait environ deux heures que nous jouons. Je possède maintenant tous les terrains de ce côté-ci de la planchette de jeu et j'ai des hôtels rouges dessus. Ma question est la suivante: combien de temps faudrait-il dans la vie réelle pour parvenir à ce même résultat?»

Mike et moi avons de nouveau haussé les épaules. À l'âge de 11 ans, nous avions très peu d'expérience en ce qui a trait au temps qu'il fallait pour faire quelque chose dans la vie réelle. Nous avons tous deux regardé sur la planchette le côté de père riche et nous pouvions y voir six hôtels rouges monopolisant une grande partie de son côté. Nous savions que chaque fois que nous approchions de son côté de la planchette, il y avait de fortes chances que nous tombions sur un de ses terrains et que nous ayons à le payer chèrement.

«Je ne sais pas», a finalement répondu Mike.

– Selon moi, environ 20 ans», a dit père riche.

– Vingt ans!» avons dit Mike et moi tout surpris. Pour deux préadolescents, 20 ans semblait une éternité.

– Les années passent rapidement», a dit père riche tandis qu'il entamait sa prochaine leçon. La plupart des gens laissent ces années s'enfuir, et ils ne commencent jamais rien. Soudainement, ils ont plus de 40 ans et bien souvent ils sont couverts de dettes et leurs enfants sont sur le point d'entrer à l'université. Il y en a tellement qui ne commencent jamais quoi que ce soit. Ils passent la majeure partie de leurs vies à travailler dur pour l'argent, à se couvrir de dettes et à payer des factures.

– Ça prend 20 ans», ai-je répété.

Père riche a fait oui de la tête, nous laissant approfondir cette idée. Finalement, il a dit: «Votre avenir commence aujourd'hui.» Puis en me regardant il a dit: «Si tu fais ce que fait ton père, c'est-à-dire de travailler dur pour régler des factures, tu te retrouveras dans 20 ans dans la même situation où il se trouve aujourd'hui.

– Mais 20 ans», ai-je dit dans un gémissement. «Je veux devenir riche rapidement.

– Et il en est ainsi pour la plupart des gens», a dit père riche. «Le problème est que la plupart des gens font simplement ce qu'on leur a enseigné, c'est-à-dire d'aller à l'école et de décrocher ensuite un emploi. Cela devient alors leur avenir. La plupart travailleront pendant 20 ans et n'auront rien à montrer après toutes ces années de travail.

– Ou bien nous pourrions jouer à ce jeu pendant 20 ans», a dit Mike.

– Père riche a alors acquiescé. «À vous de choisir, les gars. Ce jeu ne dure peut-être que 2 heures, mais il pourrait aussi être votre avenir au cours des 20 prochaines années.

– Notre avenir c'est aujourd'hui», ai-je dit calmement, en jetant un coup d'œil aux six hôtels rouges de père riche.

Père riche a acquiescé. «Est-ce seulement un jeu ou est-ce votre avenir?»

Un délai de cinq ans

Dans mon livre *Rich Dad's Guide to Investing*, je relate mon retour du Viêt-nam jusqu'au jour où j'ai été libéré de mes obligations à l'égard des fusiliers marins en 1974. J'avais prévu de commencer mon plan de 20 ans en 1969, l'année où j'ai terminé mes études à l'école navale, mais la guerre du Viêt-nam a occasionné un délai de 5 ans quant à mes projets de commencer à «jouer au *Monopoly*» dans la vie réelle. En 1994, 20 ans exactement après avoir commencé à jouer le jeu, mon épouse et moi avons acheté l'un de nos plus grands «hôtels rouges» et avons pris notre retraite. J'avais 47 ans, elle en avait 37. Le jeu de *Monopoly* m'a permis d'entrevoir mon avenir. Le jeu avait condensé 20 années d'éducation en 2 heures seulement.

L'avantage que j'avais

Je crois que l'avantage que j'avais sur d'autres jeunes qui jouaient aussi au *Monopoly* est que je comprenais l'état des résultats et le bilan – autrement dit les états financiers. Je connaissais la différence entre un actif et un passif, entre les actions et les obligations, et entre les différentes sortes d'entreprises. En 1996, j'ai créé mes jeux CASHFLOW pour qu'ils servent de pont entre le *Monopoly* et le monde réel.

Si votre enfant ou vous-même aimez le jeu de *Monopoly* et êtes intéressés à bâtir des entreprises ou à investir, alors mes jeux constituent la prochaine étape dans le processus éducatif. Mes jeux éducatifs sont un peu plus difficiles à apprendre et peuvent nécessiter un peu plus de temps à comprendre et à maîtriser. Mais une fois que vous les aurez appris, vous verrez peut-être vous aussi votre avenir en l'espace de quelques heures seulement.

Vos états financiers représentent votre bulletin scolaire dans la vie réelle

Comme le disait souvent mon père riche: «Mon banquier ne m'a jamais demandé de lui montrer mon bulletin scolaire.» Il disait aussi: «Une des raisons pourquoi les gens éprouvent des difficultés financières est qu'ils terminent leurs études sans savoir ce que sont des états financiers.»

Les états financiers sont le fondement de la richesse

Les états financiers sont essentiels pour créer et conserver une grande richesse. Vous avez des états financiers, que vous le sachiez ou non. Une entreprise possède des états financiers. Le domaine de l'immobilier a des états financiers. Avant d'acheter des actions dans une société commerciale, il est fortement recommandé que vous examiniez les états financiers de l'entreprise. Les états financiers sont d'une importance capitale pour toutes les affaires d'argent.

Malheureusement, la plupart des gens terminent leurs études sans savoir ce qu'est un état financier. Voilà pourquoi le *Monopoly* n'est qu'un jeu pour la plupart des gens. J'ai créé mes jeux *CASHFLOW* pour enseigner aux gens intéressés ce que sont des états financiers, comment on s'en sert, et de quelle façon ces gens peuvent prendre le contrôle de leur avenir tout en se divertissant. Mes jeux sont le pont entre le *Monopoly* et le monde réel.

Au cours des prochaines pages, vous verrez des exemples d'états financiers utilisés dans *CASHFLOW* pour les jeunes, et des états financiers employés dans *CASHFLOW 101* et *102*, lesquels sont les jeux dont on se sert pour enseigner aux adultes. Remarquez que ces deux catégories de jeux utilisent des états financiers, mais l'une est un peu plus adaptée à l'intelligence de jeunes enfants.

En conclusion

La deuxième étape, le jeu, est une partie très importante de l'apprentissage. Il est essentiel d'apprendre en s'amusant. Il est préférable d'apprendre en se divertissant que d'apprendre toutes les notions de l'argent avec à l'esprit la peur de le perdre. Au lieu que l'argent soit directement lié au plaisir et à l'excitation, j'entends souvent des parents entériner la peur et les attitudes négatives quand il s'agit d'argent. La première cause de disputes dans les foyers aujourd'hui est l'argent. Un enfant apprend à associer la peur et la colère avec l'argent.

Dans plusieurs foyers, un enfant apprend que l'argent est rare et difficile à obtenir et qu'il faut travailler dur pour y parvenir. C'est ce que j'ai constaté souvent quand j'étais à la maison avec mes parents. Lorsque j'étais avec mon père riche, j'ai appris que faire de l'argent n'était qu'un jeu, et il avait du plaisir à jouer le jeu. Gagner de l'argent dans la vie est un jeu pour moi; c'est un choix que j'ai fait et j'éprouve du plaisir à jouer le jeu.

Au cours des prochains chapitres je vais parler de la troisième étape, laquelle comprend la vie plus concrète – ou devrais-je dire l'argent plus réel – en outre, des exercices que vous pourrez utiliser avec vos enfants pour les préparer à mieux vivre la réalité.

Chapitre 10

Pourquoi les épargnants
sont des perdants

*U*ne de mes amies m'a demandé récemment un conseil sur le plan financier. Quand j'ai cherché à savoir quel était son problème, elle a répliqué: «J'ai beaucoup d'argent mais j'ai peur de l'investir.» Elle avait travaillé dur toute sa vie et avait épargné environ 250 000 $.

Quand j'ai voulu comprendre pourquoi elle avait peur d'investir, elle a dit: «Parce que j'ai peur de le perdre.» Elle a enchaîné en disant: «C'est de l'argent que j'ai gagné péniblement. J'ai travaillé pendant des années pour le mettre de côté, mais maintenant que je suis prête à prendre ma retraite, je sais que ce ne sera pas suffisant pour subvenir à mes besoins jusqu'à la fin de mes jours. Je sais qu'il me faut l'investir pour que cet argent me rapporte davantage, mais si je perds tout à mon âge, je serai incapable de travailler pour récupérer mon argent. Je manque de temps.»

Une ancienne formule gagnante

Je regardais la télé l'autre jour et un psychologue pour enfants, devenu conseiller monétaire, est apparu à l'écran et a dit: «Il est important d'enseigner à votre enfant à épargner de l'argent.» L'entrevue a continué sur un ton de badinage habituel concernant les bonnes habitudes financières qu'il faut adopter très tôt dans la vie, de même que par la kyrielle usuelle de clichés tels que: «Un sou épargné est un sou gagné» et «Épargne en cas de besoin.»

Ma mère avait l'habitude de dire à ses quatre enfants: «Ne soyez pas un emprunteur, ni un prêteur.» Et mon père avait coutume de dire: «Je souhaiterais que votre mère cesse d'emprunter aux organismes de crédit pour que nous puissions mettre un peu d'argent dans notre compte d'épargne.»

J'entends plusieurs parents dire ce qui suit à leurs enfants: «Va à l'école, obtiens de bonnes notes, décroche un bon emploi, achète une maison et épargne de l'argent.» C'était une bonne formule gagnante pour l'âge industriel, mais ce conseil pourrait s'avérer une formule perdante en cet âge de l'information. Pourquoi? Pour la simple raison qu'en cette ère de l'information votre enfant aura besoin de posséder des informations financières plus élaborées, qui iront bien au-delà du simple fait de déposer de l'argent à sa banque ou dans son régime d'épargne-retraite.

Les leçons de père riche concernant l'épargne

Mon père riche disait: «Les épargnants sont des perdants.» Ce n'est pas parce qu'il était contre l'épargne. La raison pourquoi il disait: «Les épargnants sont des perdants» était qu'il voulait que Mike et moi voyions plus loin que d'être seulement des épargnants. Dans *Père riche, père pauvre*, la première leçon de père riche était la suivante: «Les riches ne travaillent pas pour l'argent.» Au lieu de nous voir travailler pour l'argent, il voulait que Mike et moi apprenions à mettre l'argent à notre service. En épargnant on met aussi, d'une certaine façon, l'argent à notre service, mais dans l'esprit de père riche le simple fait d'épargner de l'argent et de vivre seulement des intérêts était un jeu pour les perdants – et il était capable de le prouver.

Bien que ce sujet ait été traité dans mes livres précédents, c'en est un suffisamment important pour qu'on en parle de nouveau. Ce sujet démontre ce que père riche disait: «Les épargnants sont des perdants.» Il se peut également que ce sujet confirme pourquoi il est essentiel d'enseigner à votre enfant à comprendre les états financiers très tôt dans la vie.

J'aime mon banquier

Tout d'abord, j'aime mon banquier. Je dis cela car à la suite de mes précédentes leçons sur le sujet, bien des gens ont pensé que j'étais contre les banques et les banquiers. Rien ne pourrait être plus éloigné de la vérité. En réalité, j'aime mon banquier car ce dernier est mon associé quant à l'argent et il m'aide à devenir riche... et j'ai tendance à aimer les gens qui m'aident à devenir plus riche. Mais je suis contre l'ignorance financière car c'est ce type d'ignorance qui fait en sorte que beaucoup de gens se servent de leur banquier comme partenaire d'appauvrissement.

Quand un banquier vous dit que votre maison est un actif de la banque, la question est la suivante : Votre banquier vous ment-il ou vous dit-il la vérité ? La réponse est la suivante : Votre banquier vous dit la vérité. Il ne vous dit tout simplement pas à qui est l'actif que votre maison représente. Votre maison est l'actif de la banque. Si vous êtes capable de lire un état financier, il est alors facile de comprendre pourquoi cela est vrai.

Vous verrez ci-après dans des schémas pourquoi, pour la plupart des gens, leur maison est un actif de la banque.

Vous	Revenus
	Dépenses

Actif	Passif Votre hypothèque

Quand vous irez à votre banque et que vous consulterez les états financiers de la banque, vous commencerez à voir et à comprendre comment fonctionnent vraiment les états financiers.

Les états financiers de votre banque:

La banque

Revenus

Dépenses

Actif Votre hypothèque	Passif

En examinant les états financiers de votre banque, vous remarquez rapidement que votre hypothèque, qui est inscrite dans votre colonne du passif, est aussi inscrite dans la colonne de l'actif de la banque. À ce stade, vous commencez alors à comprendre comment fonctionnent vraiment les états financiers.

Une vue d'ensemble

Quand des gens me disent que cela ne prouve rien et insistent pour dire que leur maison est un actif, j'utilise le test décisif du cash-flow, qui est possiblement le mot le plus important en affaires et dans le domaine des investissements. Selon la définition, si l'argent rentre dans votre poche, alors vous avez un actif; et si l'argent sort de votre poche, alors vous avez un passif.

Examinez le cycle complet du cash-flow: Ces schémas valent mille mots.

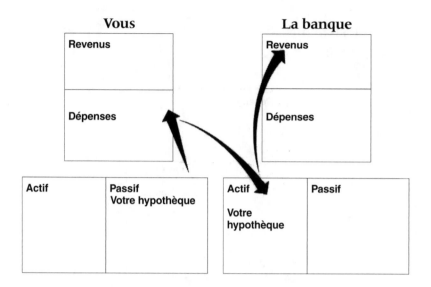

Qu'en est-il des économies?

La prochaine question est celle-ci: Qu'est-ce que cela a à voir avec le fait que les économies seraient le lot des perdants? On peut de nouveau trouver la réponse en lisant les états financiers.

Votre état financier:

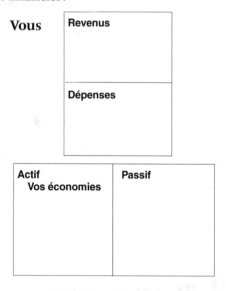

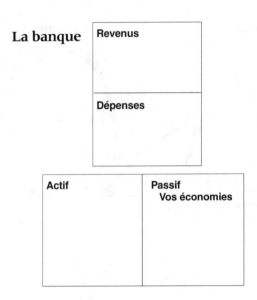

Oui, vos économies sont un actif. Mais pour avoir un portrait fidèle de la situation, il nous faut suivre la trace laissée par le cash-flow afin d'améliorer notre intelligence financière.

L'état financier de votre banque:

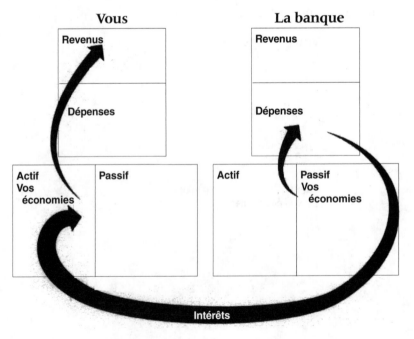

Si vous recourez de nouveau au test décisif pour savoir dans quelle direction l'argent circule, vous constaterez que le test est valable relativement à ce qui définit un actif et à ce qui définit un passif.

Des incitations fiscales qui mènent à l'endettement et des sanctions fiscales parce que vous épargnez

Quand l'an 2000 a débuté, plusieurs économistes ont été alarmés par le taux d'épargne négatif aux États-Unis. Un taux d'épargne négatif signifie qu'en tant que nation nous avions plus de dettes que d'espèces ou de comptant dans les banques. Les économistes se sont mis à dire qu'il fallait que nous encouragions les gens à épargner davantage. Ils ont commencé à faire retentir les sonneries d'alarme car, selon eux, à titre de nation, nous avions emprunté beaucoup trop d'argent des banques asiatiques et européennes, et que notre nation était au bord d'un désastre économique.

J'ai lu dans un article ce qu'un éminent économiste avait dit: «Les Américains ont perdu l'éthique du travail et de l'épargne que possédaient nos aïeux.» Cet économiste enchaînait en blâmant les *gens* pour ce problème au lieu de rejeter le blâme sur ce *système* que nous avons créé longtemps après le départ de nos aïeux.

Il suffit de jeter un coup d'œil sur le droit fiscal, et la raison de notre problème d'endettement élevé et du taux d'épargne faible devient évidente. Mon père riche disait: «Les épargnants sont des perdants», mais il ne le disait pas parce qu'il était contre le fait d'épargner de l'argent. Père riche ne faisait que signaler ce qui était manifeste.

En effet, dans plusieurs nations occidentales, les gens obtiennent des allégements fiscaux parce qu'ils sont endettés. En d'autres termes, on leur présente des mesures incitatives pour qu'ils s'endettent davantage. C'est pourquoi tant de gens transfèrent leurs dettes de cartes de crédit dans le prêt sur la valeur nette de leur maison.

Et en plus de tout cela, on ne vous offre pas un allégement fiscal pour vos épargnes. C'est tout le contraire! Les gens qui épargnent sont taxés et on offre des allégements fiscaux à ceux qui ont des dettes. Ce n'est pas tout! Ce sont les gens qui travaillent le plus dur et qui sont le moins rémunérés, qui paient les plus hauts pourcentages en impôts et en taxes; ce ne sont pas les riches.

À mes yeux, il semble clair que le système est conçu pour punir ceux qui travaillent et font des économies, et pour récompenser ceux qui empruntent et dépensent. Et l'échec du système d'éducation à enseigner les états financiers aux enfants fait en sorte que notre nation ne parvient pas à lire les chiffres pour comprendre ce qui se passe vraiment.

L'épargne et sa récompense

Mon père riche a dit un jour: «Tes épargnes te rapportent 4 % d'intérêt, mais le taux d'inflation est de 4 %, alors tu ne fais pas de progrès. Puis, à son tour le gouvernement impose les intérêts; par conséquent, le résultat est que tu perds de l'argent relativement à tes épargnes. C'est pourquoi les épargnants sont des perdants.»

Père riche a rarement parlé d'épargne après avoir dit cette phrase. Au lieu de cela, il s'est mis à nous enseigner comment s'y prendre pour que l'argent travaille vraiment à notre service... et on y parvenait en acquérant des avoirs, un actif, et c'est ce que père riche appelait «transformer de l'argent en richesses».

Ma mère et mon père transformaient leur argent en dettes, croyant qu'elles étaient un actif, et au bout du compte il ne leur restait plus rien à épargner. Malgré le fait qu'ils ont travaillé dur et qu'ils n'avaient pas d'argent à mettre de côté, ils n'arrêtaient pas de dire à leurs enfants: «Trouvez un emploi, travaillez dur et épargnez de l'argent.» C'était peut-être un bon conseil à l'âge industriel, mais c'est maintenant un mauvais conseil en cette ère de l'information.

À quelle vitesse votre argent circule-t-il?

Père riche n'était pas contre l'épargne. Mais plutôt que de nous conseiller nonchalamment d'épargner de l'argent, père riche parlait souvent de la vélocité de l'argent. Au lieu de nous conseiller de mettre notre argent de côté et d'épargner en prévision de la retraite, il parlait souvent du rendement des investissements et du taux de rentabilité interne, ce qui était pour lui une autre façon de dire: «À quelle vitesse mon argent me revient-il?»

Voici un exemple simplifié à l'extrême:

Disons que j'achète un immeuble locatif de 100 000 $ et que je me sers de 10 000 $ de mes économies comme versement initial. Après un an, les revenus de cet immeuble moins les versements hypothécaires, les taxes, et autres dépenses donnent pour résultat 10 000 $ net. En d'autres mots, j'ai récupéré mes économies de 10 000 $ et l'immeuble, qui représente un actif, continue de me rapporter 10 000 $ par année. Je peux donc prendre ce 10 000 $ et acheter une autre propriété, des actions ou une entreprise.

C'est ce que certaines personnes désignent sous l'expression «la vélocité de l'argent», ou comme le disait mon père riche: «À quelle vitesse mon argent me revient-il?» ou bien «Quel est le rendement de mes investissements?» Les gens expérimentés sur le plan financier veulent recouvrer leur argent pour pouvoir aller de l'avant et investir dans un autre actif. C'est une autre raison pourquoi les riches deviennent plus riches et que tous les autres essaient d'épargner en cas de besoin ou en prévision de leur retraite.

Jouer avec du vrai argent

Au début de ce chapitre, j'ai relaté l'histoire d'une vieille amie qui, approchant l'âge de la retraite avec environ 250 000 $ d'économies en banque, se demandait au juste quoi faire de cet argent. Elle savait qu'elle avait besoin de 35 000 $ par année pour vivre et que les intérêts des 250 000 $ n'allaient pas lui procurer ce niveau de revenu. J'ai utilisé avec elle le même exemple simple, qui consiste à prendre 10 000 $ d'économies pour acheter un immeuble de 100 000 $, dans le but de lui expliquer comment des investissements pourraient l'aider à résoudre ses problèmes financiers.

Bien sûr, il lui faudrait d'abord apprendre comment investir dans le marché immobilier et trouver une propriété à acheter. Quand je lui ai expliqué ce que signifiait «la vélocité de l'argent» et «le rendement des investissements», elle est restée figée sur les plans émotionnel et mental. Elle trouvait que cela avait du sens mais sa peur de perdre cet argent gagné péniblement a fermé son esprit à la possibilité d'une nouvelle formule gagnante. Sa vie passée se résumait à travailler dur et à épargner.

Aujourd'hui, son argent «dort» encore à la banque, et quand je l'ai revue récemment elle a dit: «J'aime mon travail, alors je crois que je vais travailler encore quelques années. Cela va me garder active.» Tandis qu'elle s'en allait, j'avais l'impression d'entendre mon père riche dire: «Une des raisons pourquoi les gens travaillent si dur est qu'ils n'ont jamais appris à mettre leur propre argent à leur service.

Par conséquent, ils travaillent dur pendant toute leur vie tandis que leur argent ne leur profite aucunement.»

Enseignez à vos enfants à faire en sorte que leur argent travaille dur à leur service

Vous voudrez peut-être utiliser les idées suivantes pour enseigner à vos enfants à faire en sorte que leur argent travaille dur à leur service. Par ailleurs, j'avertis les parents de ne pas forcer leurs enfants à apprendre ce qui suit s'ils ne le veulent pas. L'art d'être parent consiste à trouver des trucs pour que l'enfant veuille étudier au lieu de le forcer à le faire.

Le système des trois tirelires

Quand j'étais un petit gars, mon père riche m'a demandé d'acheter trois tirelires différentes. Elles étaient étiquetées comme suit:

La dîme: Père riche croyait qu'il fallait donner de l'argent aux églises et aux œuvres de bienfaisance. Il prenait 10 % de ses revenus bruts et remettait cet argent à la dîme. Il disait souvent: «Dieu n'a pas besoin de recevoir mais les êtres humains ont besoin de donner.» Au fil des années, j'ai découvert que plusieurs parmi les personnes les plus riches du monde ont pris l'habitude de contribuer à la dîme dès le début de leur carrière.

Père riche était persuadé qu'il devait la plus grande partie de sa bonne fortune financière à la dîme. Il disait aussi: «Dieu est mon associé. Si tu ne rémunères pas ton associé, ce dernier cesse alors de travailler et il te faut travailler 10 fois plus dur.»

Les économies: La deuxième tirelire servait aux économies. En règle générale, père riche croyait qu'il lui fallait avoir suffisamment d'économies pour couvrir la valeur des dépenses de toute une année. Par exemple, si le total des dépenses annuelles s'élevait à 35 000 $, il pensait qu'il était important d'avoir des économies de 35 000 $. Après avoir atteint ce montant en économies, il donnait le reste à la dîme. Si ses dépenses augmentaient, alors le montant de ses économies devait augmenter en conséquence.

Les investissements: Selon moi, c'est cette tirelire qui m'a donné un excellent avantage dès le départ dans la vie. Cette tirelire m'a fourni l'argent au moyen duquel j'ai appris à prendre des risques.

Mon amie qui avait 250 000 $ d'économies aurait dû posséder une telle tirelire à l'âge de 9 ans. Comme je l'ai dit précédemment, quand un enfant a 9 ans, il part à la recherche de sa propre identité. Je crois que dans mon cas le fait d'apprendre à n'avoir pas besoin d'argent ou d'un emploi, et le fait d'investir à cet âge m'a aidé à forger mon identité. J'ai appris à être confiant sur le plan financier au lieu de ressentir le besoin de la sécurité financière.

En d'autres termes, c'est dans cette troisième tirelire que j'ai puisé le «véritable argent» qui m'a permis de commencer à prendre des risques, à commettre des erreurs, à apprendre des leçons, et à acquérir cette expérience qui allait s'avérer fort utile pour moi jusqu'à aujourd'hui.

Les pièces de monnaie rares ont été une des premières choses dans lesquelles j'ai investi, une collection que je conserve encore précieusement. Après les pièces de monnaie, j'ai investi dans les actions, puis dans le marché de l'immobilier. Mais j'investissais encore bien plus dans ma propre éducation que dans les autres investissements. Aujourd'hui, quand je parle de la vélocité de l'argent et du rendement des investissements, j'en parle avec 40 ans d'expérience derrière moi.

Pour ce qui est de mon amie qui a 250 000 $ d'économies et qui approche l'âge de la retraite, il lui reste à acquérir elle-même sa propre expérience. C'est ce manque d'expérience qui fait en sorte qu'elle a aussi peur de perdre cet argent péniblement gagné. Ce sont mes années d'expérience qui me donnent un avantage dès le départ dans ce domaine.

En procurant à vos enfants trois tirelires, vous pourrez leur donner le capital de départ qui les aidera à acquérir cette précieuse expérience tandis qu'ils sont jeunes. Une fois qu'ils auront les trois tirelires et qu'ils commenceront à développer de bonnes habitudes, vous voudrez peut-être emmener vos enfants dans une maison de courtage et leur faire ouvrir un compte, pour qu'ils achètent des fonds communs de placement ou des actions avec l'argent de leur tirelire étiquetée «Les économies».

Je recommande de laisser les enfants le faire par eux-mêmes pour qu'ils acquièrent l'expérience mentale, émotionnelle et physique de cette procédure. Je connais beaucoup trop de parents qui le font à la place de leurs enfants. Même si vous aidez vos enfants à acquérir un petit portefeuille d'investissements, cela les prive de vivre cette expérience – et dans le monde réel de chaque jour l'expérience est aussi importante que l'éducation.

Payez-vous vous-même en premier

Récemment, j'ai fait une apparition à l'émission d'Oprah Winfrey, et l'une des principales questions de l'auditoire était : «Comment vous payez-vous vous-même en premier?» J'ai été très étonné de me rendre compte que pour plusieurs adultes, l'idée de se payer soi-même en premier semblait une notion très nouvelle et difficile. La raison pourquoi cela s'avérait difficile est que plusieurs adultes étaient tellement criblés de dettes qu'ils ne pouvaient pas se permettre de se payer eux-mêmes en premier.

Après l'émission, j'ai pris conscience qu'en commençant ma vie avec le système des trois tirelires, mon père riche m'enseignait ainsi à me payer moi-même en premier. Aujourd'hui, en tant qu'adultes, mon épouse et moi avons toujours nos trois tirelires sur notre vaisselier et nous continuons de participer à la dîme, d'épargner et d'investir.

Quand j'étudie la vie de gens très riches, je constate que l'idée de se payer soi-même en premier est d'une importance primordiale à leurs yeux. C'est la base même de leurs existences. J'écoutais dernièrement Sir John Templeton qui est à la fois un gourou de l'investissement et un administrateur de fonds. Il disait qu'il fait de son mieux pour vivre avec 20 % de ses revenus bruts, et qu'il épargne, donne à la dîme et investit 80 % du reste. Bien des gens vivent avec 105 % de leurs revenus bruts et il ne leur reste rien pour se payer eux-mêmes. Au lieu de se payer eux-mêmes en premier lieu, ils paient tous les autres d'abord.

Les écritures

Père riche a amené l'idée des trois tirelires une étape plus loin. Il voulait s'assurer que Mike et moi pourrions alors établir un rapport entre nos tirelires et nos états financiers. Tandis que nous continuions de remplir nos tirelires, il nous demandait également de justifier le contenu de nos tirelires en l'inscrivant sur des états financiers. Voici comment il nous demandait de justifier le contenu de nos tirelires :

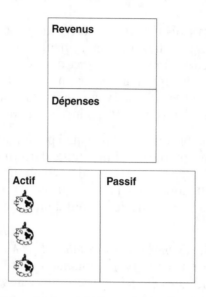

Si nous retirions de l'argent de notre compte ou d'une des tire-lires, nous devions le justifier. Par exemple, si je retirais 25 $ de mon compte pour la dîme, et le donnait à des œuvres de bienfaisance ou en offrande à l'église, je devais le justifier dans mon état financier mensuel.

Ma gestion financière mensuelle ressemblait à ceci :

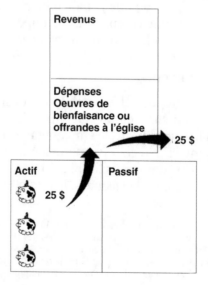

Grâce à mes trois tirelires et parce que j'étais tenu de rendre compte de mon argent dans mon état financier, j'ai acquis ainsi plusieurs années d'éducation financière et d'expérience que la plupart des adultes ne reçoivent jamais, encore moins les jeunes. Mon père riche disait: «Le mot *comptabilité* vient des mots *rendre compte*. Si vous voulez devenir riche, il vous faut rendre compte de votre argent.»

Je suis incapable de vous dire à quel point l'idée de «comptabilité» et de «rendre compte» est importante dans ma vie aujourd'hui. Et ça l'est pour tout le monde. Quand une banque vous refuse poliment un prêt, la banque vous dit alors qu'elle est préoccupée, à bien des égards, par votre manque de responsabilité financière au sujet de votre argent.

Quand le *Fonds monétaire international*[1] *(FMI)* dit qu'un pays n'est pas assez «transparent», il demande que ce pays, à bien des égards, leur montre des états financiers plus clairs. La transparence est synonyme d'une clarté telle que n'importe quel parti intéressé peut facilement voir où et vers qui l'argent afflue. En d'autres termes, le *FMI* demandera à une nation entière de «rendre compte», tout comme mon père riche demandait à Mike et moi de rendre compte de notre argent.

Par conséquent, que vous soyez un petit enfant, une famille, une entreprise, une église ou une grande nation, la capacité de gérer votre argent et d'en rendre compte est une importante aptitude à la vie quotidienne qu'il vaut la peine de développer.

C'est le commencement

C'est grâce à cette idée élémentaire qui consiste à utiliser des jeux de société, trois tirelires et des états financiers simples que père riche a lancé son fils et moi dans le vrai monde de l'argent. Même si le concept était simple, ce n'était pas nécessairement facile de poursuivre nos efforts. Une des leçons les plus importantes que j'ai retenues de cette procédure est la valeur de la discipline financière. Une

---

1. N. du T.: Origine. Le 27 décembre 1945 à Washington, lors de la signature par 29 gouvernements, représentant 80 % des quotes-parts initiales, des statuts qui avaient été élaborés à la Conférence monétaire et financière des Nations unies, tenue à Bretton Woods du 1er au 22 juillet 1944. Buts: Promouvoir la coopération monétaire internationale et faciliter l'expansion harmonieuse du commerce international, promouvoir la stabilité des changes.

fois par mois je devais faire à mon père riche un compte rendu de mes finances.

Une fois par mois je savais que je devais rendre compte de tout mon argent. Il y a eu certains mois où j'ai voulu courir me cacher, et pourtant quand je repense à ces événements, je réalise que les pires mois ont souvent été ceux-là où j'ai appris le plus de choses... parce que dans ces moments-là j'en apprenais davantage sur moi-même. Je sais aussi que cette discipline financière m'a aidé à l'école, car c'est mon manque de discipline et non pas mon manque d'intelligence qui m'a occasionné le plus de problèmes sur le plan scolaire.

C'est ainsi que mon père riche a enseigné à son fils et à moi à gérer de l'argent dans le monde réel. Au cours des prochains chapitres, je vais aborder des exercices plus approfondis que vous pouvez utiliser, et d'autres leçons qui peuvent être apprises en cours de route. Il est important que vous appreniez les leçons qui vont suivre, car de nos jours, le simple fait d'épargner votre argent en cas de besoin est une façon quasi certaine de prendre du retard sur le plan financier.

Pendant l'âge industriel, l'épargne était peut-être une bonne idée. Mais en cet âge de l'information, l'épargne est une idée qui n'arrivera pas à suivre le rythme du changement, occasionné par les nombreuses transformations dans le domaine de l'information. En cet âge de l'information, vous voulez savoir à quelle vitesse votre argent «agit» et à quel point il travaille dur à votre service.

Chapitre 11

La différence entre les bonnes et les mauvaises créances

Ma mère et mon père ont passé la plus grande partie de leurs vies à essayer tant bien que mal de rembourser leurs dettes.

Mon père riche, d'autre part, a passé la plus grande partie de sa vie à essayer de s'endetter de plus en plus. Au lieu de conseiller à Mike et moi d'éviter les dettes ou de les rembourser, il disait souvent: «Si vous voulez être riches, vous devez connaître la différence entre les bonnes et les mauvaises créances.» Ce n'était pas vraiment le sujet des dettes qui intéressait autant père riche. Il voulait que l'on connaisse la différence entre ce qui est bon et mauvais sur le plan financier. Père riche était plus intéressé à faire ressortir notre génie financier.

Connaissez-vous la différence entre ce qui est bon et mauvais sur le plan financier?

À l'école, les professeurs concentraient surtout leur attention à chercher les bonnes et les mauvaises réponses. À l'église, les discussions tournent principalement autour du bien et du mal, du bon et du mauvais. Quand il était question d'argent, père riche enseignait aussi à son fils et à moi à connaître la différence entre ce qui est bon et mauvais.

Les pauvres et les banques

Quand j'étais enfant, je connaissais plusieurs familles pauvres qui n'avaient pas confiance aux banques et aux banquiers. Bien des pauvres se sentent mal à l'aise de parler à un banquier, vêtu d'un complet-veston sur mesure. Par conséquent, plutôt que d'aller dans une banque, plusieurs d'entre eux cachent simplement leur argent sous un matelas ou dans un autre lieu sûr... tant et aussi longtemps que ce n'est pas dans une banque. Si quelqu'un a besoin d'argent, les gens se groupent, mettent en commun leur argent, et prêtent cet argent au membre du groupe qui est dans le besoin.

Quand ils ne peuvent pas trouver un ami ou un membre de leur famille pour leur prêter de l'argent, les pauvres se servent souvent des bureaux de prêt sur gage comme d'une banque. Au lieu de mettre leur maison en garantie, ils déposeront en gage leur scie à chaîne ou leur télé et on exigera des taux d'intérêts très élevés en retour.

De nos jours, on porte même aux comptes des pauvres des taux d'intérêt qui dépassent 400 % pour emprunter de l'argent à court terme dans certains États des États-Unis. Plusieurs États réglementent le taux d'intérêt maximum que l'on peut facturer, mais c'est tout même un prix très élevé pour emprunter de l'argent. Quand je me suis rendu compte à quel point ce type d'établissements financiers malmenait les pauvres, j'ai compris pourquoi tant de pauvres se méfiaient des hommes en complet-veston ... et je sais aussi que la confiance est une voie à double sens. À leurs yeux, toutes les banques et les banquiers étaient mauvais et seulement là pour les exploiter. Les banques et les banquiers avaient souvent une opinion semblable au sujet des pauvres.

La classe moyenne et les banques

D'un autre côté, mes parents, comme la plupart des gens de la classe moyenne, considéraient les banques comme un endroit sûr pour garder de l'argent. Ils disaient souvent à leurs enfants: «Cela est aussi sûr que de mettre de l'argent à la banque.» Par conséquent, ils estimaient que les banques étaient un bon endroit pour déposer leur argent, mais ils croyaient aussi qu'il était risqué d'emprunter trop d'argent. C'est pourquoi ma mère et mon père essayaient toujours de régler leurs factures le plus tôt possible.

En fait, un des objectifs de mes parents était de finir de payer leur maison pour qu'elle leur appartienne une fois pour toutes. Pour résumer leur point de vue, ils croyaient que les banques et l'épargne étaient une bonne chose, et que le fait d'emprunter n'était pas recommandable. Voilà pourquoi ma mère disait à maintes reprises: «Ne soyez pas un emprunteur, ni un prêteur.»

Les riches et les banques

Mon père riche, d'autre part, nous a enseigné à Mike et moi à être plus intelligents sur le plan financier. Comme je l'ai dit déjà dans ce livre, une des définitions de l'intelligence est la capacité de faire des distinctions plus subtiles, ou de se multiplier en se divisant (comme la cellule). Pour être plus précis, père riche ne pensait pas aveuglément que l'épargne était une bonne chose et les dettes mauvaises en soi. Au lieu de cela, il passait beaucoup de temps à nous enseigner la différence entre:

- les bonnes et les mauvaises épargnes;
- entre les bonnes et les mauvaises dépenses;
- entre les bonnes et les mauvaises dettes;
- entre les bonnes et les mauvaises pertes;
- entre les bons revenus et les mauvais revenus;
- entre les bonnes et les mauvaises taxes;
- entre les bons et les mauvais investissements.

Père riche nous a enseigné à réfléchir et à accroître notre intelligence financière en faisant des distinctions plus subtiles. En d'autres termes, plus vous êtes capable de faire la différence entre les bonnes et les mauvaises dettes, entre les bonnes et les mauvaises épargnes, plus votre QI financier est élevé. Si vous considérez que les dettes sont soit bonnes ou mauvaises, alors cela signifie que votre QI financier pourrait être plus élevé.

Ce livre ne traitera pas des différences particulières entre les bonnes et les mauvaises dettes. Mais si vous êtes intéressé à en savoir davantage, mon troisième livre *Rich Dad's Guide to Investing* vous fournira de plus amples détails et vous expliquera certaines des différences entre les bonnes et les mauvaises dettes, de même que dans le cas des dépenses, des pertes, des taxes, et ainsi de suite.

Un des objectifs de ce livre est de mettre en garde les parents quand ils disent des choses comme celles-ci:

- «Débarrasse-toi de tes dettes.»
- «Épargne de l'argent.»
- «Règle tes facture.»

- «Détruis tes cartes de crédit.»
- «N'emprunte pas d'argent.»

Si je répète ce qui a été dit plus haut, les pauvres ont tendance à croire que les banques sont mauvaises et ils les évitent; les gens de la classe moyenne croient que certains services que dispensent les banques sont bons et d'autres mauvais; et mon père riche nous a enseigné à voir le bon et le mauvais dans tout. En nous encourageant à voir à la fois le bon et le mauvais dans la plupart des questions financières, il nous a aidés à accroître notre capacité à faire des distinctions plus subtiles, et en conséquence notre intelligence s'est accrue.

Développez le génie financier de votre enfant

Une des leçons les plus importantes que père riche nous a enseignées est celle intitulée «pensez comme un banquier». Il l'appelait aussi «l'alchimie de l'argent... comment changer le plomb en or». Ou bien «comment faire de l'argent avec rien».

Ceux parmi vous qui ont lu *Père riche, père pauvre* se souviendront de l'histoire de la bande dessinée. Dans cette histoire j'apprenais à penser comme un banquier, ou comme un alchimiste qui est une personne qui peut transformer le plomb en or.

Au lieu de penser que la banque est mauvaise comme le croient plusieurs pauvres, ou que certaines facettes de la banque sont bonnes et d'autres mauvaises comme le croient plusieurs personnes de la classe moyenne, père riche voulait que Mike et moi comprenions le fonctionnement des banques. Au cours de cette période de notre développement, il nous emmenait de temps à temps à sa banque et nous faisait asseoir près de l'entrée, à regarder les gens aller et venir. Finalement, après avoir répété cet exercice à plusieurs reprises, il nous a demandé: «Eh bien, que voyez-vous donc, les gars?»

Âgés d'à peu près 14 ans à l'époque, nous n'avons pas vu grand-chose. Mike et moi avons haussé les épaules tout en ayant l'air de s'ennuyer, comme la plupart des adolescents quand on leur pose une question. «Des gens entrent et sortent», a dit Mike.

– Oui», ai-je répliqué. «Je n'ai vu rien d'autre.

– D'accord», a dit père riche tandis qu'il nous guidait vers un guichet. Rendus là, il nous a demandé d'observer une femme en train de déposer de l'argent. «Voyez-vous cela?» a-t-il dit.

Nous avons fait signe que oui.

«Très bien», a-t-il dit pendant qu'il nous entraînait ensuite vers un bureau où était assis un des agents de la banque. «Que voyez-vous ici?»

Mike et moi avons vu un homme en complet-veston en train de remplir un état financier et de parler au banquier. «Je ne sais vraiment pas», ai-je répliqué. «Mais d'après son attitude je dirais qu'il est peut-être en train d'emprunter de l'argent.

– Très bien», a dit père riche, nous indiquant qu'il était temps de partir. «Vous avez finalement vu ce que je voulais que vous voyiez.»

En entrant dans son auto, où régnait une chaleur torride sous le soleil d'Hawaï, Mike a demandé: «Qu'avons-nous vu?

– Bonne question», a répliqué père riche. «Qu'avez-vous vu?

– J'ai vu des gens entrer et déposer de l'argent à la banque», ai-je dit. «J'ai vu ensuite d'autres gens entrer dans la banque et emprunter de l'argent. Voilà ce que j'ai vu.

– C'est très bien», a dit père riche. «Et à qui appartenait cet argent? Était-ce l'argent de la banque?

– Non», a dit Mike. «C'était l'argent de ces gens. La banque fait de l'argent avec l'argent des autres. La banque prend les dépôts et prête de l'argent, mais ce n'est pas son argent.

– Très bien», a dit père riche à nouveau. Puis se tournant vers moi, il a dit: «Et qu'est-ce que tes parents essaient de faire chaque fois qu'ils vont à la banque?

Après avoir réfléchi quelques instants, j'ai répondu: «Ils font de leur mieux pour économiser de l'argent. Et s'ils empruntent de l'argent, ils font alors de leur mieux pour régler leurs dettes grâce à l'argent qu'ils ont emprunté. Ils croient qu'il est bon d'épargner et qu'il est mal de s'endetter.

– Très bien», a dit père riche. «Tu es très observateur.»

J'ai calé davantage ma casquette de base-ball sur ma tête et j'ai haussé les épaules en me disant à moi-même: *«La belle affaire...»*, tandis que nous revenions en auto au bureau de père riche.

Assis à son bureau, père riche a saisi son grand cahier jaune et a tracé le schéma suivant, celui d'un état financier:

La banque

Revenus
Dépenses

Actif Prêt 6 %	**Passif** Épargne 3 %

«Comprenez-vous ce "portrait financier"?» a demandé père riche en poussant le cahier jaune sous nos yeux.

Mike et moi l'avons étudié pendant un moment. «Oui, je le comprends», a dit Mike tandis que j'acquiesçais aussi. Au stade où nous étions, nous avions examiné un si grand nombre de scénarios financiers différents qu'il devenait maintenant facile de comprendre la façon de penser de père riche. «La banque emprunte ou retient de l'argent et paie 3 % à l'épargnant, puis elle la prête à 6 % à l'emprunteur.»

Faisant signe que oui, père riche a dit: «Et à qui donc est cet argent?

– C'est l'argent de l'épargnant», ai-je répliqué rapidement. «Aussitôt qu'il le dépose, le banquier cherche à le prêter.»

Père riche a alors acquiescé. Après une longue période de silence, afin de nous laisser intérioriser ce qu'il voulait que nous comprenions, il a dit: «Quand je joue au *Monopoly* avec vous les gars, je vous dis souvent que vous avez devant vous la formule qui mène à une grande richesse. N'est-ce pas exact?»

Nous avons acquiescé. «Quatre maisons vertes, un hôtel rouge», ai-je répliqué doucement.

– Très bien», a dit père riche. «Ce qu'il y a de bon au sujet de l'immobilier c'est que vous pouvez le voir, c'est un monde palpable. Mais maintenant que vous êtes plus vieux, je veux que vous voyiez ce que les yeux ne peuvent pas voir.

– Ce que les yeux ne peuvent pas voir?» ai-je répété, à présent quelque peu confus.

Père riche a alors acquiescé. «Vous êtes plus vieux maintenant. Votre cerveau est plus développé. Je veux commencer à vous enseigner à voir avec votre cerveau ce que les pauvres et les gens de la classe moyenne voient rarement... et d'ailleurs ils ne le voient pas souvent car ils ne sont pas familiers avec les états financiers et leur fonctionnement.»

Mike et moi sommes restés assis en silence, à attendre. Nous savions qu'il était sur le point de nous montrer quelque chose à la fois simple et profond – et ce serait profond à la seule condition que nous voyions au-delà de la simplicité.

Père riche a saisi son grand cahier jaune et a dessiné le schéma suivant.

L'état financier de père riche:

Père riche

Revenus
Dépenses

Actif Prêt personnel 12 %	Passif Prêt bancaire 6 %

Mike et moi avons examiné le schéma pendant un long moment. Comme je l'ai dit, c'était un schéma simple, mais il s'avérerait profond si nous laissions la leçon pénétrer en nous malgré sa simplicité. Finalement j'ai dit: «Donc vous empruntez de l'argent et vous le prêtez par la suite, comme le fait la banque?

– C'est exact», a dit père riche. «Sais-tu combien de fois tes parents disent: "Ne sois jamais un emprunteur, ni un prêteur."?»

J'ai fait signe que oui.

«C'est pourquoi ils ont des difficultés monétaires», a dit père riche. «D'abord ils font de leur mieux pour épargner de l'argent. Mais quand ils empruntent de l'argent, ils le font pour des valeurs passives qu'ils croient être un actif – comme des maisons et des automobiles – des biens qui font sortir l'argent au lieu de le faire affluer. Puis, ils travaillent dur pour liquider cette dette dans le but de pouvoir se dire: *"Je possède ce bien, franc et quitte de toute charge."*

– Est-ce mauvais pour eux d'agir ainsi?» ai-je demandé.

– Non», a dit père riche. «Ce n'est pas une question de bon ou mauvais, de bien ou de mal. C'est une question d'éducation.

– D'éducation?» ai-je répliqué. «Qu'est-ce que l'éducation a à voir avec cela?

– Eh bien», a dit père riche, «vu que tes parents ne sont pas tellement éclairés en ce qui a trait à l'argent, il est préférable qu'ils épargnent de l'argent et qu'ils fassent de leur mieux pour régler rapidement leurs dettes. Étant donné leur niveau d'éducation financière, ou ce que j'appelle "le savoir-faire financier", ce type de gestion de l'argent leur convient le mieux.

– Mais s'ils veulent faire ce que vous faites», a dit Mike, «ils doivent accroître leur éducation financière.»

Père riche a alors acquiescé. «Et c'est ce que je veux faire avec vous deux avant que vous ne terminiez vos études. Si vous n'apprenez pas ce que je vais vous enseigner avant la fin de vos études, il y a fort à parier que vous ne l'apprendrez jamais. Si vous laissez l'école sans cette éducation-là, il y a de fortes chances que le monde profite de vous de façon déloyale pour la simple raison que vous n'en saurez pas suffisamment au sujet de l'argent.

– Vous voulez dire que le monde réel va nous éduquer?» ai-je demandé.

Père riche a simplement approuvé d'un signe de tête.

«Donc, vous empruntez de l'argent pour faire de l'argent», ai-je dit.

– C'est exact», a dit père riche.

– Et mes parents travaillent pour l'argent et essaient ensuite d'épargner et de ne pas emprunter d'argent.»

Père riche a alors acquiescé. «Et c'est pourquoi il est difficile pour eux de devenir riches.

– Parce qu'ils travaillent dur pour l'argent», ai-je ajouté, cherchant à obtenir plus de détails.

En faisant oui de la tête, père riche a dit: «Vous ne pouvez pas travailler plus dur et gagner plus d'argent qu'il ne vous est possible de le faire. Pour la plupart des gens, il existe une limite à ce que leur dur labeur peut leur rapporter d'argent.

– Il y a donc une limite au montant d'argent que vous pouvez épargner», a ajouté Mike. «Comme vous l'avez dit, les impôts et les contributions grignotent une large part du salaire des employés avant même que ces derniers ne soient payés.»

Père riche s'est alors adossé dans son fauteuil. Il se rendait compte que la leçon était de mieux en mieux comprise.

Examinant ensuite le schéma sur le cahier jaune de père riche, j'ai désigné du doigt les colonnes de l'actif et du passif:

Père riche

Revenus	
Dépenses	

Actif Prêt personnel 12 %	Passif Prêt bancaire 6 %

«Donc, vous faites exactement comme la banque: Vous empruntez de l'argent de la banque et vous trouvez ensuite une façon pour que cet argent emprunté rapporte plus d'argent.»

Père riche m'a regardé fixement et a dit: «Examinons maintenant l'état financier de tes parents.»

Sur ces mots, je me suis calé dans mon fauteuil. Je savais où il voulait en venir. C'était clair comme le jour. Se servant de son cahier jaune, il a tracé l'état financier de mes parents.

Père pauvre

Revenus

Dépenses

Actif Épargne 3 %	Passif Hypothèque 6 %

Père riche, Mike et moi sommes restés assis là à examiner les différences entre les deux états financiers. Je ne savais pas vraiment à quel point cette simple leçon allait être marquante pour moi dans ma vie. À vrai dire, cette leçon a influé sur ma façon de voir le monde après ce jour-là. Il y avait tellement de leçons que l'on pouvait apprendre grâce à cet exemple tout simple, et je continue d'apprendre ces leçons aujourd'hui.

Plusieurs de ces leçons sont cachées. Je vous suggérerais de vous asseoir avec des amis et de discuter de l'impact que des différences subtiles peuvent avoir au cours de toute une vie. Je vous suggérerais de consacrer du temps à discuter de ce qui suit :

Qu'advient-il des gens dont l'esprit financier permet à des actifs de rapporter moins que ce que coûtent leurs valeurs passives pendant toutes leurs vies?

Combien faut-il pour épargner de l'argent au lieu d'en emprunter? Par exemple, combien de temps vous faudrait-il pour épargner 100 000 $ au lieu d'emprunter 100 000 $, si vous ne gagnez que 50 000 $ par année et que vous avez une famille à nourrir, à vêtir et à faire instruire?

Combien plus rapidement pourriez-vous avancer dans la vie si vous pouviez emprunter de l'argent et faire fructifier cet argent, au lieu de travailler dur, épargner de l'argent, et essayer ensuite de faire de l'argent avec l'argent épargné?

Comment un des pères a-t-il pris un actif, ses économies, et l'a-t-il transformé en un passif (les épargnants sont des perdants), tandis que l'autre père a pris des dettes, un passif, et les a transformées en un actif?

De quelles aptitudes financières auriez-vous besoin pour être une personne qui peut emprunter de l'argent afin d'en faire davantage?

De quelle façon pourriez-vous apprendre à acquérir ces aptitudes?

Quels sont les risques à long et court terme de ces deux types d'états financiers?

Que devrions-nous enseigner à nos enfants?

Si vous consacrez suffisamment de temps à discuter de ces questions, je crois que vous découvrirez pourquoi peu de gens deviennent riches et pourquoi la plupart des gens éprouvent des difficultés financières pendant toute leur existence. Dans la vie, plusieurs des luttes et des victoires financières tournent autour des questions d'argent, des économies et des dettes.

Avertissement – Commencez modestement

Père riche disait toujours: «Traitez toutes les dettes de la façon que vous traiteriez un fusil chargé.» La raison pourquoi père riche a souvent dit qu'il était important de connaître la différence entre une bonne et une mauvaise créance est que les dettes ont le pouvoir de faire de vous à la fois quelqu'un de riche ou de pauvre. Tout comme un fusil chargé peut vous protéger ou vous tuer, il en va de même avec les dettes. Dans l'Amérique d'aujourd'hui, les dettes par cartes de crédit prennent à la gorge des tas de familles, même celles qui sont très instruites.

Le principal sujet du chapitre qui précède consiste à vous accorder du temps pour réfléchir à ce que vous enseignez à vos enfants à propos des dettes. Si vous voulez que votre enfant grandisse en ayant l'opportunité de devenir très riche en très peu de temps, alors à titre de parents il vous faut enseigner à votre enfant les mécanismes de base des dettes et la gestion de ces dernières.

Ce genre d'éducation commence avec les états financiers. Si vous n'enseignez presque rien à vos enfants en ce qui a trait aux dettes, il y a fort à parier que vos enfants vont se débattre pendant presque toutes leurs vies sur le plan financier, en faisant de leur mieux pour travailler dur, épargner de l'argent et se sortir de leurs dettes.

Les prochains chapitres expliqueront comment des parents peuvent commencer à améliorer le QI financier de leur enfant. Un enfant qui possède un QI financier élevé sera plus en mesure d'exploiter le pouvoir impressionnant que l'on retrouve dans les dettes. Comme le disait père riche: «Traitez toujours les dettes comme vous traiteriez un fusil chargé.» Il disait aussi: «Vous devez connaître la différence entre une bonne et une mauvaise créance.»

Quand vous commencez à enseigner à votre enfant ce qu'il doit savoir au sujet des bonnes et des mauvaises créances, des bonnes et des mauvaises dépenses, vous vous mettez alors à faire ressortir le génie financier de votre enfant.

Chapitre 12

Apprendre en utilisant
de l'argent véritable

Quand ma mère et mon père m'ont annoncé qu'ils n'avaient pas
suffisamment d'argent pour m'envoyer au collège, j'ai dit simplement: «D'accord. Je n'ai pas besoin de votre argent pour aller à
l'école. Je trouverai bien un moyen de payer pour mon éducation.» Je
pouvais bien dire cela avec assurance car j'avais déjà commencé à
gagner mon propre argent. Mais ce n'est pas l'argent que j'ai gagné à
cette époque qui allait me permettre de compléter mes études. Ce
sont les leçons que j'ai apprises en gagnant cet argent qui m'ont
permis de poursuivre mes études. Cela a commencé par cette leçon
de père riche qui consistait à nous enlever les 10 sous de l'heure que
nous gagnions. À l'âge de 9 ans, j'apprenais que je pouvais survivre
par mes propres moyens.

«J'ai cessé d'aider mon fils et j'ai commencé à lui enseigner»

Un père est venu vers moi récemment et m'a dit: «Je crois que
mon fils pourrait être le prochain Bill Gates. Brian n'a que 14 ans
mais il est déjà fortement intéressé par les affaires et les investissements. Je me suis aussi rendu compte après avoir lu vos livres que
j'étais en train de le gâter. En voulant l'aider, je lui nuisais en réalité
plus qu'autre chose. Donc, quand il est venu vers moi et qu'il m'a dit
qu'il voulait de nouveaux bâtons de golf, je lui ai proposé un nouveau
défi.

– De quelle façon lui nuisiez-vous?» ai-je demandé.

– Je lui enseignais à travailler pour l'argent», a dit le père. «En temps normal s'il était venu vers moi et m'avait demandé des bâtons de golf, je lui aurais dit d'aller gagner l'argent et de s'acheter ensuite les bâtons. Après avoir lu vos livres, j'ai compris que j'étais en train de le programmer à devenir un consommateur laborieux. On l'avait programmé à être un homme qui travaille dur au lieu d'être un homme riche qui sait comment faire en sorte que son argent travaille durement à son service.

– Qu'avez-vous donc fait de différent?» ai-je demandé.

– Eh bien, je lui ai dit de faire le tour du quartier à la recherche de travaux qui devaient être faits. Normalement, je lui aurais donné cet argent et je lui aurais dit d'en épargner assez pour s'acheter les bâtons de golf.

– C'est intéressant», ai-je répliqué. «Au lieu de lui enseigner qu'il méritait automatiquement cet argent, vous lui avez dit de partir à la recherche d'occasions et de gagner cet argent.»

En faisant signe que oui, ce père fier a dit: «J'ai pensé qu'il serait fâché mais il était réellement excité à l'idée de démarrer sa propre entreprise, de lancer quelque chose de sa propre initiative sans avoir à me demander de l'argent. Alors il a tondu des pelouses pendant tout l'été pour 500 $, ce qui aurait été plus que suffisant pour défrayer le coût des fameux bâtons. Mais c'est alors que j'ai fait quelque chose d'autre de différent.

– Qu'avez-vous fait?» ai-je demandé.

– Je l'ai emmené dans une firme de courtage et il a acheté pour 100 $ de fonds mutuels de placement à forte croissance. Je lui ai dit que c'était là de l'argent pour son éducation universitaire.

– C'est bien», ai-je dit. «Puis l'avez-vous laissé acheter ses bâtons de golf?

– Oh non», a dit le père rayonnant de fierté. «J'ai fait alors quelque chose que votre père riche aurait fait.

– Et qu'est-ce que c'était?» ai-je demandé prudemment.

– J'ai pris les 400 $ et je lui ait dit que je les conserverais jusqu'à ce qu'il trouve un actif qui lui achèterait ses bâtons de golf.

– Quoi?» ai-je demandé. «Vous lui avez dit d'aller acheter un actif? Vous avez donc retardé son besoin de gratification encore plus longtemps?

– Oui», a dit le père. «Vous avez dit que la gratification à retardement est une forme importante d'intelligence émotionnelle qu'il faut développer. J'ai donc pris son argent et j'ai remis à plus tard sa gratification.

– Qu'est-il arrivé alors?» ai-je demandé.

– Eh bien, il s'est fâché pendant environ une demi-heure, puis il a compris ce que je faisais. Quand il a pris conscience que j'essayais de lui enseigner quelque chose, il s'est mis à réfléchir. Et après avoir réalisé ce que je faisais, il a saisi la leçon», a dit le père.

– Et quelle était la leçon?» ai-je demandé.

– Il est revenu vers moi et a dit: "Tu essaies de préserver mon argent, n'est-ce pas? Tu ne veux pas que je le gaspille sur des bâtons de golf. Tu veux que j'obtienne ces bâtons et que je conserve quand même mon argent. C'est bien ce que tu veux que j'apprenne, n'est-ce pas?"» a dit le père, rayonnant. «Il a saisi la leçon. Il a compris qu'il pouvait maintenant garder son argent durement gagné et obtenir ses bâtons de golf. J'étais tellement fier de lui.

– Super!» fut tout ce que j'ai trouvé à dire. «À l'âge de 14 ans il a compris qu'il pouvait conserver son argent et obtenir quand même ses bâtons de golf?

– C'est exact», a dit le père. «Il a compris qu'il pouvait avoir les deux.»

À nouveau, tout ce que j'ai trouvé à dire a été: «C'est super!» Puis j'ai dit: «La plupart des adultes n'apprennent jamais cette leçon. Comment donc y est-il parvenu?

– Il s'est mis à lire les annonces classées dans les journaux. Il s'est rendu ensuite à une boutique de golf et il a parlé aux pros pour savoir ce qu'ils cherchaient et ce dont ils avaient besoin. Puis un jour, il est venu à la maison et il m'a dit qu'il avait besoin de son argent. Il avait découvert une façon de conserver son argent et d'acquérir ses bâtons de golf.

– Racontez-moi la suite», ai-je insisté.

– Il a trouvé une personne ayant des distributeurs automatiques à vendre. Puis, il est allé voir le golfeur professionnel et a demandé s'il pouvait placer deux distributeurs dans la boutique de golf. Le professionnel a dit oui et mon fils est venu à la maison pour me demander son argent. Nous sommes retournés chez le vendeur de distributeurs automatiques et avons acheté deux distributeurs, une provision de noix et des friandises pour environ 350 $, et nous avons installé les distributeurs dans la boutique de golf. Une fois par semaine, mon fils se rend à la boutique de golf pour recueillir l'argent des appareils et les réapprovisionner. Après deux mois, il avait gagné plus qu'il ne faut d'argent pour acheter ses bâtons de golf. Donc, il a maintenant ses bâtons et un revenu régulier provenant de ses six distributeurs, son actif.

– Six distributeurs», ai-je dit. «Je croyais qu'il n'avait acheté que deux distributeurs de friandises?

– C'est ce qu'il a fait», a dit le père. «Mais aussitôt qu'il a pris conscience que ses machines étaient un actif, il est allé en acheter d'autres. Par conséquent, les fonds pour ses études augmentent régulièrement, le nombre de ses distributeurs de friandises augmente également, et il a le temps et l'argent pour jouer au golf autant qu'il veut car il n'a pas à travailler pour l'argent pour défrayer ses parties de golf. Il projette d'être le prochain Tiger Woods, et je n'ai rien à débourser dans tout cela. Et ce qui est plus important encore, il apprend beaucoup plus que si je lui avais tout simplement donné l'argent.

– On a l'impression que vous avez là un heureux mélange entre Tiger Woods et Bill Gates.»

Ce père si fier s'est mis à rire. «Vous savez, cela n'a pas vraiment d'importance. Ce qui importe c'est qu'il sache maintenant qu'il peut devenir tout ce qu'il voudra quand il sera grand.»

Il peut devenir celui qu'il veut devenir

Nous avons discuté longuement de l'importance pour son fils de savoir qu'il peut en grandissant devenir la personne qu'il veut devenir. «Mon père disait: "La réussite consiste à devenir celui ou celle que tu veux devenir"... et il semble que votre fils ait déjà réussi.

– Eh bien, il est heureux», a dit le père. «Il ne fait pas partie à l'école du groupe branché. Il a pour ainsi dire choisi une autre voie, disent-ils. Donc, maintenant qu'il a sa propre entreprise et son propre argent, il a sa propre identité... un sentiment de sécurité personnelle. Il n'essaie pas de vérifier jusqu'à quel point il peut être populaire auprès de ceux qui sont "dans le coup". Je crois que le fait de se sentir rassuré quant à sa propre identité lui offre le temps de réfléchir davantage à ce qu'il veut devenir plutôt que d'essayer d'être ce que ses amis considèrent «cool». Il a acquis beaucoup d'assurance au cours de ce processus.»

J'ai acquiescé, tout en ayant à l'esprit la période de mes études secondaires. Il m'est pénible de me rappeler que j'étais une sorte d'*intrus* et non pas un *initié*.

Je me rappelle que je ne faisais pas partie du groupe branché et à quel point je me sentais solitaire de ne pas être reconnu ou accepté par ceux que l'on disait «cool». Quand je fais un retour sur le passé, je me rends compte que le fait d'avoir étudié avec père riche m'a procuré un sentiment de sécurité personnelle et de l'assurance même si mon identité n'était pas très «cool» selon certains. Je savais que même si je n'étais pas le gars le plus intelligent ou le plus «cool» à l'école, je savais du moins qu'un jour je serais riche... et c'est cette identité que je désirais le plus.

«Dites-moi», a demandé le père, m'arrachant soudain à mes souvenirs de l'école secondaire, «qu'ajouteriez-vous d'autre à l'éducation de mon fils? Il s'est rendu jusqu'où il est en ce moment, il se débrouille bien, mais je sais qu'il peut encore en apprendre davantage. Que suggéreriez-vous?

– Oh, c'est toute une question», ai-je répliqué. «Comment se débrouille-t-il avec ses écritures?

– Ses écritures?» a demandé le père.

– Oui, ses registres... ses états financiers. Sont-ils à jour?

– Non. À chaque semaine il me fait simplement un rapport verbal. Il me montre l'argent qu'il a recueilli dans les distributeurs automatiques et les reçus de ses achats de friandises pour remplir ses machines. Mais il ne se sert pas d'états financiers formels. Est-ce trop difficile?

– Ça ne doit pas l'être. Cela peut s'avérer très simple. À vrai dire, il est préférable que ce soit d'abord vraiment simple.

– Vous voulez dire qu'il doit préparer un état financier concret comme il le fait quand il joue à *CASHFLOW*?» a demandé le père.

– Oui», ai-je dit. «Ce n'est même pas difficile. Ce qui est le plus important est qu'il comprenne le fonctionnement global des états financiers, et il pourra ensuite ajouter, lentement mais sûrement, d'autres détails, des distinctions plus subtiles. Quand il fera cela, son QI financier augmentera de plus en plus, et sa réussite financière s'accroîtra.

– Nous pouvons faire cela», a dit le père. «Je vais vous faire parvenir une copie du premier état financier que nous allons préparer.»

Après une poignée de main, nous nous sommes séparés. Environ une semaine plus tard, j'ai reçu dans mon courrier une copie de l'état financier de son fils. Le voici:

L'état financier commercial de Brian pour le mois de juin

Revenus	
Revenu provenant de 6 distributeurs de friandises	465 $

Dépenses	
Friandises et noix	85 $
Salaire de Brian	100 $
Des fonds pour l'université	150 $
Économies	130 $

Actif		Passif	
Économies	680 $	0 $	
Des fonds pour l'université	3 700 $		
6 distributeurs de friandises	1 000 $		

Je lui ai fait parvenir mes félicitations et mes commentaires. Ces derniers étaient les suivants: «Où sont donc ses dépenses personnelles?» Son père m'a répondu ceci par courrier électronique: «Il tient maintenant compte de ses dépenses personnelles sur un état financier distinct. Il ne veut pas confondre les dépenses d'entreprise avec ses dépenses personnelles.»

Je lui ai renvoyé ce message par courrier électronique: «Excellente formation. Il est important de connaître la différence entre les finances personnelles et les finances d'entreprise. Mais qu'en est-il des taxes?»

Son père a répliqué: «Je ne veux pas qu'il subisse tout de suite un tel choc. Nous aborderons ce problème l'an prochain. Je le laisse tout simplement gagner pour l'instant. Il apprendra bien assez tôt ce qu'il doit savoir au sujet des taxes.»

Huit mois plus tard

Environ huit mois plus tard, son père m'a fait parvenir un courrier électronique et une copie du dernier état financier de Brian. «Je veux seulement vous faire part des progrès de Brian. Le fonds commun de placement dans lequel il a investi des fonds pour l'université a eu un excellent rendement, même dans un mauvais marché, et il a maintenant presque 6 000 $ dans ce fonds. Il possède maintenant 9 distributeurs de friandises et il songe à présent à acheter une entreprise d'appareils automatiques... tout comme ceux que l'on retrouve sur les cartes de jeux de *CASHFLOW*. Il a engagé un aide-comptable à temps partiel car sa comptabilité était devenue trop compliquée.

«C'est maintenant le temps de lui parler des taxes et de lui présenter un expert-comptable. Il vient tout juste d'avoir 15 ans et je crois qu'il est prêt à affronter le monde réel. Son "bulletin scolaire" financier est excellent de même que son bulletin scolaire à l'école. À mesure que son assurance a augmenté, ses notes se sont également améliorées.»

Au bas de cette note était écrit: «P.S.: Brian a même une petite amie maintenant, et il lui enseigne ce qu'il a appris. Elle dit qu'elle l'aime bien car il n'est pas comme les autres garçons, et elle croit qu'il a de l'avenir. En outre, je pense qu'elle est davantage intéressée aux affaires que lui. Son estime de soi et sa confiance en lui-même sont maintenant à leur maximum. La chose la plus importante est qu'il apprend à devenir ce qu'il veut devenir... au lieu de décider de devenir ce que les autres jeunes pensent qu'il devrait devenir. Merci. Le père de Brian.»

La partie la plus satisfaisante de mon travail

Le courrier que nous recevons, qu'il soit électronique ou sur papier, est très positif et enrichissant pour la plus grande partie. Je remercie tous ceux parmi vous qui nous envoient des mots empreints de gentillesse. Cela inspire notre entreprise à continuer. Quoique 99 % des lettres que nous recevons soient positives, il y a celles qui sont négatives. Nous recevons des commentaires tels que: «Vous avez tort. Je ne suis pas d'accord avec vous», ou bien: «Vous avez offensé mes croyances.»

Comme je l'ai dit, la majeure partie de la correspondance que nous recevons, est positive, et nous vous remercions car c'est le soutien positif qui nous donne l'énergie nécessaire pour continuer. Je ne veux pas dire que nous n'apprécions pas ces gens-là qui nous signalent nos erreurs pour que nous les corrigions. Continuez donc de nous envoyer vos commentaires, positifs et négatifs. Nous les apprécions.

Un autre type de lettres que je reçois souvent est celui-ci: «Je souhaiterais avoir lu vos livres et joué à vos jeux il y a 20 ans.» Et je réponds à ces gens: «Il n'est jamais trop tard, et je vous félicite d'admettre que vous auriez pu faire certaines choses différemment.» Certaines personnes cherchent à justifier ce qu'elles ont fait dans le passé, elles m'accusent d'offenser leurs croyances, puis elles continuent de faire ce qu'elles faisaient par le passé, même si ce qu'elles ont fait alors ne marche plus, et n'est plus efficace aujourd'hui. Bien souvent, ces gens avaient une formule gagnante qui a marché pour eux dans le passé mais qui ne marche plus aujourd'hui... Et le fait de continuer avec une vieille formule gagnante qui ne marche plus, cela s'appelle vivre son existence à la manière d'un perdant.

La partie la plus satisfaisante de mon travail consiste à entendre les témoignages de parents dont les enfants apprennent à se sentir confiants, indépendants et en sécurité sur le plan financier. Les enfants qui n'attendent pas une vingtaine d'années avant de commencer leur éducation financière font en sorte que mon travail en vaut particulièrement la peine. Les enfants à qui on offre l'occasion d'acquérir un certain niveau de sécurité financière et d'assurance sur le plan financier dans leur jeunesse ont la formidable opportunité de se créer une vie exactement comme ils voudraient qu'elle soit.

Une solide base financière n'apporte pas à votre enfant toutes les réponses de la vie. Une base n'est qu'une base. Néanmoins, si la base est solide, les enfants peuvent grandir et trouver les réponses qu'ils doivent découvrir pour avoir la liberté de vivre leur vie exactement comme ils l'entendent.

De jeunes futurs millionnaires

Depuis que mon livre *Père riche, père pauvre* a été publié, de plus en plus de parents remplis de fierté viennent vers moi et me racontent des histoires telles que les trois qui suivent. Chacune de ces histoires m'impressionne car elle illustre l'initiative et la créativité d'un enfant en particulier.

Un jeune homme de 16 ans, originaire de Adélaïde, en Australie, est venu vers moi et m'a dit: «Après avoir lu votre livre et joué au jeu *CASHFLOW*, j'ai acheté mon premier immeuble, j'en ai vendu une partie, et j'ai mis 100 000 $ dans mes poches.» Il a continué en disant qu'avec l'aide de son père, un avocat, il a fait la transaction sur son téléphone cellulaire pendant qu'il se trouvait dans la salle d'études à l'école. «Ma mère a peur que je laisse cet argent me monter à la tête, mais cela n'arrivera pas. Je connais la différence entre un actif et un passif, et je projette d'utiliser ces 100 000 $ pour acheter d'autres actifs... et non pas des dettes passives.»

Une jeune femme de 19 ans, de Perth, en Australie, après avoir lu mon livre, est allée acheter des immeubles à usage locatif avec sa mère pour associée. Elle m'a dit: «J'ai déjà gagné davantage grâce à mes revenus de location que je ne pourrais faire d'argent comme vendeuse dans un magasin de vente au détail. Je n'ai pas l'intention d'arrêter. Tandis que la plupart de mes amis sont en train de boire dans des bistrots, je suis à la recherche d'autres investissements.»

Une mère célibataire de 26 ans est venue à une de mes séances de signature pour un de mes livres à Auckland, en Nouvelle-Zélande, et m'a dit: «Je vivais de la sécurité sociale jusqu'au jour où une amie médecin m'a donné votre livre et a dit: "Lis cela." Après l'avoir lu, je suis allée retrouver cette amie et je lui ai dit: "Faisons un projet ensemble." Et nous l'avons fait.

Elle et moi avons acheté la clinique médicale qui l'employait pour un acompte de seulement 1 000 $, et nous avons financé le reste grâce au cash-flow de la clinique médicale. De mère célibataire que j'étais, je suis devenue une maman indépendante sur le plan financier en une seule transaction. Aujourd'hui, j'observe les médecins qui travaillent pour ma clinique médicale se rendre au travail tandis que je reste à la maison avec mon enfant. Mon amie et moi cherchons d'autres investissements car nous avons maintenant le temps de le faire.»

Encouragez et protégez la créativité de votre enfant

Vous avez peut-être aussi remarqué que la plupart de ces jeunes gens n'ont pas eu peur de s'endetter pour s'enrichir. Ils n'ont pas dit: «Ne prends pas de risques.» Ils n'ont pas appris à avoir peur de commettre des erreurs ou d'échouer. Ils ont plutôt été encouragés à prendre des risques et à apprendre. Quand on enseigne à un enfant à avoir peur de faire des erreurs, la créativité de cet enfant est diminuée et même étouffée. La même chose se produit quand des parents disent: «Fais-le à ma manière.» Et quand on les encourage à penser par eux-mêmes, à prendre des risques et à chercher leurs propres réponses, le génie des enfants peut éclore, et leur créativité est alors encouragée et protégée.

Je suis toujours étonné à quel point les jeunes gens sont créatifs. Les histoires qui précèdent constituent des exemples de cette créativité. Encouragez la créativité financière de votre enfant quand il est jeune. Au lieu de dire aux enfants quoi faire, permettez-leur de se servir de leur créativité naturelle, et laissez-les découvrir leurs propres façons de résoudre des problèmes financiers et de se créer exactement la vie qu'ils veulent.

Le plus grand de tous les risques

L'un des commentaires les plus fréquents que je reçois de parents qui jouent à mon jeu *CASHFLOW* avec leurs enfants est celui-ci: «Les enfants me battent toujours. Ils apprennent tellement plus rapidement que les adultes.» Il existe plusieurs raisons pour expliquer cela. L'une de ces raisons est que les enfants n'ont pas encore été conditionnés par la peur. Ils sont jeunes et ils savent que s'ils tombent, ils vont se relever. Il semble que pour plusieurs d'entre nous, plus nous prenons de l'âge, plus nous semblons avoir peur de tomber.

Étant donné que nous apprenons en commettant des erreurs, le plus grand de tous les risques consiste à attendre trop longtemps avant de commencer à faire des erreurs. J'ai des amis qui s'entêtent depuis plus de 20 ans à faire toujours la même vieille chose, et plusieurs parmi ces amis ont des problèmes financiers. La raison pourquoi ils éprouvent ces problèmes est qu'ils ne sont pas parvenus à faire suffisamment d'erreurs quand ils étaient plus jeunes.

À présent, plusieurs parmi eux manquent de temps et d'argent, et le temps est de loin le plus important des deux. Par conséquent, veuillez encourager vos enfants à commencer à jouer avec de l'argent véritable et à adopter des habitudes financières qui accroîtront leur bien-être financier à mesure qu'ils grandiront. Le plus grand de tous les risques est de ne pas prendre de risques et il vous faut apprendre de vos erreurs quand vous êtes jeunes. Plus vous prenez de l'âge, plus les erreurs peuvent être importantes.

Chapitre 13

D'autres façons d'accroître le QI financier de votre enfant

*E*n juin 2000, un journaliste de Phœnix, en Arizona, m'a interviewé. C'était un individu gentil mais plutôt sceptique et presque cynique. Nous avions le même âge et nos antécédents étaient semblables. Son père était un juge respecté à Boston, où il avait grandi. Malgré le fait que nous étions du même âge et que nos antécédents scolaires et socioéconomiques étaient presque similaires, il y avait une énorme différence entre nos situations financières et sociales dans la vie.

À 53 ans, il disposait de très peu d'argent pour prendre sa retraite. Il m'a dit: «J'avais projeté d'écrire mon grand roman une fois à la retraite, mais il semble maintenant que j'aurai toujours besoin de travailler comme journaliste à la pige pour payer l'hypothèque et pour mettre de la nourriture sur la table.»

Je lui ai alors demandé: «Pourquoi ne commencez-vous pas à investir? Pourquoi n'achetez-vous pas quelques immeubles à usage locatif ici à Phœnix et vous pourrez prendre ensuite le temps qu'il faut pour écrire ce grand roman qui sommeille à l'intérieur de vous?»

Sa réponse fut la suivante: «Vous ne pouvez plus trouver de bonnes affaires ici à Phœnix. On le pouvait il y a 10 ans à peine, mais les bonnes transactions n'existent tout simplement plus. Le marché est beaucoup trop changeant et fébrile. Par conséquent, quand le marché boursier va s'effondrer, le marché de l'immobilier va probablement s'effondrer aussi. Je crois que c'est trop risqué pour investir.»

Par ce simple commentaire, j'ai compris qu'il finirait par travailler jusqu'à la fin de ses jours. J'avais le sentiment qu'il allait probablement s'accrocher à sa formule gagnante jusqu'à la fin de sa vie. Je pouvais deviner cela rien qu'à entendre les mots qu'il utilisait. S'il ne changeait pas ses mots, il n'allait pas changer sa vie.

Un vocabulaire riche

Étant donné que j'avais deux pères, je pouvais comparer les ressemblances et les différences entre eux. J'avais environ 14 ans quand je me suis mis à prendre conscience que mes deux pères ne parlaient pas le même langage même s'ils parlaient tous deux l'anglais. L'un parlait le langage d'un professeur et l'autre celui d'un homme d'affaires et d'un investisseur. Ils parlaient tous deux l'anglais mais ce qu'ils disaient était très différent.

Je suis extrêmement conscient du vocabulaire que les gens emploient. Rien qu'à écouter leurs mots, je peux apprendre beaucoup de choses sur les gens. Par exemple, un de mes amis aime vraiment les sports. Lui et moi pouvons avoir une superbe conversation tant et aussi longtemps que nous parlons de sports. Cependant, s'il fallait que je lui demande: «Quel est le ratio d'endettement de ta maison?» Je suis sûr qu'il serait embarrassé de répondre même si c'est une question simple.

Si je posais la même question différemment, il me comprendrait mieux. Au lieu de lui demander quel est le ratio d'endettement de sa maison, je pourrais lui demander: «Combien dois-tu encore sur ta maison et quelle est selon toi sa valeur?» En utilisant les mots qui précèdent, je pose à peu près la même question en recherchant à peu près la même réponse. La différence est qu'il peut me comprendre quand je me sers de certains mots mais qu'il ne me comprend pas quand j'utilise un vocabulaire plus riche, plus complexe. Et c'est de cela dont il s'agit dans ce chapitre: le pouvoir des mots.

Rien n'est compliqué quand vous utilisez des mots simples

Mes deux pères m'ont enseigné à ne jamais laisser passer un mot que je ne comprenais pas. Ils m'ont toujours encouragé à interrompre quelqu'un au milieu d'une phrase pour lui demander d'expliquer un mot ou des mots que je ne comprends pas. Par exemple, j'étais dans le bureau de l'avocat de père riche quand celui-ci a employé certains mots que père riche n'a pas compris. Père riche a dit calmement: «Un instant, je n'ai pas compris ce que vous venez tout juste de dire. Pourriez-vous m'expliquer ce mot dans mon langage à moi?»

Père riche usait de cette pratique à l'extrême, surtout avec son avocat qui aimait employer des mots recherchés. Quand son avocat disait: «La première partie en cause...», père riche l'interrompait et demandait: «De quel genre de partie êtes-vous en train de parler? Une surprise-partie où la tenue habillée est de rigueur ou une fête en tenue sport chez nous?»

Mon père instruit disait: «Plusieurs personnes croient que si elles utilisent des grands mots que personne ne comprend, elles auront l'air plus intelligentes. Le problème est qu'elles ne réussissent pas à bien communiquer même si on a l'impression que ce qu'elles disent semble intelligent.»

Chaque fois que j'éprouvais une quelconque difficulté avec des termes financiers, père riche me disait: «Rien n'est compliqué lorsque tu utilises des mots simples.»

Bien des gens ont des difficultés financières pour la simple raison qu'ils emploient des mots qu'ils ne comprennent pas. Deux exemples classiques sont les définitions des mots *actif* et *passif*. Au lieu de me donner la définition du dictionnaire, laquelle est très complexe, père riche m'a fourni une définition que je pouvais utiliser et comprendre. Il disait simplement: «L'actif met de l'argent dans ta poche, et le passif sort de l'argent de ta poche.» Pour que j'intériorise davantage ce concept, il disait également: «Si tu arrêtes de travailler, l'actif te nourrira et le passif te dévorera.»

Si on examine d'un peu plus près les définitions de père riche, vous remarquerez peut-être qu'il utilise une activité physique pour définir sa définition au lieu d'énoncer seulement une définition mentale ou verbale, comme la définition d'un «actif» tirée d'un dictionnaire: des articles sur un bilan montrant la valeur comptable des avoirs et possessions.

Quand vous regardez la définition du dictionnaire, il n'est guère étonnant que tant de gens croient que leur maison est un actif. Pour commencer, la plupart des gens ne se sont jamais donné la peine de rechercher ce mot. Deuxièmement, la plupart des gens ont tendance à accepter une définition sans se poser de questions quand ils perçoivent que c'est un expert dans la matière, comme leur banquier ou leur comptable, qui leur explique cette définition: «Votre maison est un actif.»

Comme je l'ai déjà dit, quand votre banquier vous déclare que votre maison est un actif, il ne vous ment pas. Votre banquier ne dit tout simplement pas à qui appartient cet actif. On dit également que l'intelligence est cette capacité de faire des distinctions plus subtiles. Par conséquent, le fait d'avoir plusieurs définitions est une autre façon de faire des distinctions plus subtiles. Troisièmement, si vous avez fait l'expérience d'un mot sur les plans personnel et physique, vous aurez tendance à en avoir une meilleure compréhension.

Si vous jetez un coup d'œil sur la pyramide d'apprentissage, vous commencerez à comprendre pourquoi tant de gens n'acceptent que les définitions mentales des mots, sans se poser de questions.

Après sa troisième année scolaire ou quand un enfant atteint environ l'âge de 9 ans, le système d'éducation actuel a tendance à insister avant tout sur un apprentissage mental pur et simple. Les jeux de cubes et les jouets sont mis de côté et les écoliers commencent à étudier mentalement. Pour accélérer le processus d'apprentissage, on demande aux enfants d'accepter presque aveuglément, comme un fait accompli, ce qu'ils lisent ou ce que leur dit un symbole d'autorité, tel un professeur. Le système, à ce stade, se concentre sur un apprentissage mental quasi absolu. Sur le plan émotionnel, l'enfant apprend à avoir peur de commettre des erreurs et il craint de questionner ou de mettre en doute ce qu'on lui dit.

L'apprentissage physique, à l'exception des arts et de l'éducation physique dans le gymnase ou sur le terrain de gymnastique, est presque inexistant. Les enfants qui ont une intelligence verbale et linguistique réussissent bien, et les écoliers qui apprennent mieux physiquement ou qui sont plus portés vers les arts commencent alors à être dépassés par les autres.

À cette étape, on demande souvent à des enfants d'accepter des concepts intellectuels comme étant des faits, sans aucune preuve physique. C'est peut-être pourquoi la plupart des gens acquiescent et acceptent comme un simple énoncé des faits – sans une seule preuve physique –, ce qu'affirme un banquier quand il leur dit: «Votre maison est un actif.» Après tout, c'est de cette façon qu'on nous enseigne à apprendre dès l'âge de 9 ans.

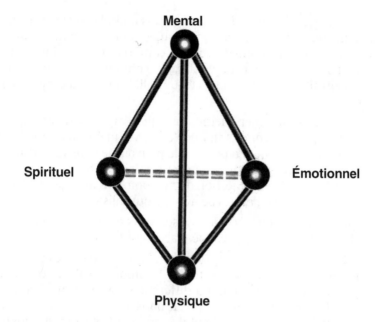

Le pouvoir des noms et des verbes

Mon père riche a fait de son mieux pour qu'on s'associe physiquement à chaque nouveau mot ou concept. C'est pourquoi sa définition d'un actif ou d'un passif comportait toujours des références physiques, comme l'*argent* et une *poche*, et certaines activités comme de «mettre de l'argent dans votre poche». Il employait des *noms* tels que «argent» et «poche» et des *verbes* tels que «mettre» dans ses descriptions. C'était là des noms et des verbes que Mike et moi comprenions aisément.

Quand vous consacrez du temps à enseigner à vos enfants les notions élémentaires de l'argent, prenez bien soin d'employer des mots qu'ils comprennent. Et si ce sont des apprenants physiques, prenez grand soin d'utiliser des définitions que vos enfants peuvent «voir», «toucher» et «ressentir», quels que soient leurs âges. Les jeux sont d'excellents professeurs car ils procurent un aspect physique au nouveau vocabulaire financier que votre enfant est en train d'apprendre.

Le pouvoir des mots

Au début de ce chapitre, j'ai mentionné ma conversation avec le journaliste. C'était un homme très intelligent, à peu près de mon âge, et j'ai pris plaisir à notre rencontre. Nous partagions plusieurs des mêmes centres d'intérêt dans la vie, mais quand on est venu à parler d'argent, notre façon d'aborder ce sujet était différente à plusieurs points de vue. J'ai immédiatement compris qu'il me faudrait être prudent avec lui, dans mes paroles, concernant deux thèmes précis, car il pourrait mal comprendre ce que j'allais lui dire à propos de l'argent.

En fait, le premier thème était que l'argent est un sujet très émotionnel, et le second était que j'éprouve un énorme respect pour le pouvoir de la presse. La presse a le pouvoir de vous faire connaître ou de vous briser... par conséquent, j'ai fait très attention à ce que je lui disais quand il a été question de mes opinions au sujet de l'argent. Voici un exemple de l'entrevue avec le journaliste:

Journaliste: «Pourquoi investissez-vous dans l'immobilier plutôt que dans les fonds communs de placement?»

Robert T. Kiyosaki (RTK): «Eh bien, j'investis dans les deux, mais il est vrai que j'ai plus d'argent dans l'immobilier. Pour commencer, chaque type d'investissement a différentes forces et différentes faiblesses. Une des forces que j'apprécie dans le domaine immobilier est que l'immobilier me donne le plus grand contrôle à savoir quand je paie mes taxes et combien je paie de taxes.»

Journaliste: «Êtes-vous en train de dire que les gens devraient *éviter* de payer des taxes? N'est-ce pas un peu risqué?»

RTK: «Je n'ai pas dit *éviter*... j'ai dit que l'immobilier me donnait un plus grand contrôle sur mes taxes.»

La simple différence entre les définitions et la compréhension des expressions *éviter des taxes* et *contrôler des taxes* est vaste. Il m'a fallu au moins 20 minutes pour expliquer les différences entre les mots *éviter* et *contrôler*. Pour parvenir à en expliquer les différences, il m'a fallu exposer les différences entre le droit fiscal pour un employé et le droit fiscal pour un investisseur. J'ai dû aussi expliquer les différences entre le droit fiscal des fonds communs de placement et le droit fiscal de l'immobilier.

Sur le plan de la communication, le cœur du problème entre lui et moi était que, à titre d'employé, il avait très peu de contrôle sur ses taxes, impôts et contributions. Étant donné ce peu de contrôle qu'il avait, le mot *éviter* avait pour lui une connotation d'*évasion*, et la plupart d'entre nous savent que l'évasion fiscale est illégale. Donc, quand j'ai parlé de «contrôle sur les taxes», il a traduit cela par «évasion fiscale», et tous ses signaux d'alarme se sont déclenchés et il s'est mis sur la défensive.

Comme je l'ai dit précédemment: «30 grammes de perception nécessite souvent 1 000 kilogrammes d'enseignement pour changer notre façon de percevoir quelque chose.» Dans ce cas-ci, on n'a pas eu besoin de 1 000 kilogrammes d'enseignement mais il a fallu 20 minutes d'explications ardues pour calmer la situation. Je ne voulais absolument pas que le pouvoir impressionnant de la presse s'exerce contre moi à cause d'un simple malentendu concernant les définitions de deux mots.

Après cela, l'entrevue s'est déroulée plus normalement:

Journaliste: «Le problème avec votre message est qu'on ne peut plus acheter de l'immobilier. Les prix ici à Phœnix sont tout simplement trop élevés. En outre, comment puis-je trouver une propriété, l'acheter à bas prix, la réparer et la vendre? Je n'ai pas tout ce temps à ma disposition.»

RTK: «Eh bien, je ne fais pas le commerce de l'immobilier. J'investis dans l'immobilier.»

Journaliste: «Êtes-vous en train de dire que le fait de réparer une propriété et de la vendre à profit ne constitue pas un investissement?»

RTK: «Eh bien, dans le sens large de la définition d'un investissement, je crois que vous pourriez dire que le fait d'acheter et de vendre de l'immobilier constitue un investissement. Mais dans le monde de l'investissement, les gens qui achètent quelque chose qu'ils ne projettent pas d'utiliser ou de posséder sont le plus souvent appelés des "spéculateurs". Ils achètent pour vendre. Un investisseur achète habituellement pour détenir et utiliser l'actif comme cash-flow et pour les gains en capital. Ce n'est là qu'une distinction plus subtile.»

Journaliste: «Mais ne devez-vous pas vendre votre propriété pour obtenir des gains en capital?»

RTK: «Non. Les vrais investisseurs vont faire de leur mieux pour obtenir leurs gains en capital sans spéculer ou vendre leurs propriétés. Voyez-vous, le premier objectif d'un investisseur est d'acheter et de détenir, acheter et conserver, acheter et garder. Le principal objectif d'un vrai investisseur est d'accroître ses actifs, et non pas de les vendre. Il se peut qu'il les vende, mais ce n'est pas son premier objectif. Dans l'esprit d'un authentique investisseur, cela requiert trop de temps pour trouver un bon investissement, alors il préfère acheter et détenir une propriété. Un spéculateur achète et vend avec l'espoir d'augmenter chaque fois sa comptabilité de caisse. Un investisseur achète pour détenir un bien et un spéculateur achète pour vendre.»

Le journaliste est resté silencieux pendant un certain temps, secouant la tête. Finalement il a dit: «Cela semble à mes oreilles un langage inintelligible et on ne peut plus confus.» Puis, il a repris ses esprits et il m'a posé une autre question.

Je ne me sentais pas tellement bien car j'avais abordé des thèmes que j'aurais dû éviter. Je faisais de mon mieux pour utiliser un langage simple, mais je me rendais compte que je n'y parvenais pas vraiment. Dans ma tentative de faire des distinctions plus subtiles, je me suis également aperçu que je ne faisais que rendre les choses un peu plus confuses encore:

Journaliste: «Voulez-vous dire que vous n'êtes pas à la recherche de propriétés délabrées que vous pourriez réparer et vendre à profit?»

RTK: «Je pourrais être à la recherche de telles propriétés, surtout si je peux les acheter et les conserver. Mais ma réponse est non. Je ne suis pas nécessairement à la recherche de propriétés délabrées qui nécessitent des réparations.»

Journaliste: «Alors, que recherchez-vous donc?»

RTK: «Pour commencer, je recherche habituellement un vendeur motivé. Les gens ont souvent besoin de vendre rapidement, alors ils sont disposés à négocier un bon prix. Ou bien je m'informe auprès de certaines banques des propriétés qu'elles ont saisies.»

Journaliste: «Il semble que vous vous en preniez à des gens qui éprouvent des problèmes financiers. Cela ne m'apparaît pas équitable.»

RTK: «Eh bien, pour commencer, la personne a besoin de vendre. Elle est ravie d'avoir un acheteur intéressé. Et deuxièmement, vous est-il déjà arrivé dans votre vie de vouloir vous débarrasser de quelque chose dont vous n'aviez plus besoin, et d'être content d'obtenir de l'argent en échange?»

Journaliste: «Eh bien, j'ai encore l'impression que vous recherchez des gens pour profiter d'eux. Si ce n'était pas le cas, pourquoi achèteriez-vous des propriétés qui ont été saisies? La raison pourquoi quelqu'un s'est fait saisir sa maison par la banque n'est-elle pas attribuable au fait qu'il a traversé une période économique très difficile?»

RTK: «Eh bien, je peux comprendre pourquoi vous voyez la situation ainsi, et de ce point de vue, vous marquez un point. Mais l'autre côté de la médaille est que la banque a saisi la propriété hypothéquée car la personne n'a pas tenu ses engagements envers la banque. Je n'ai pas saisi l'immeuble de cette personne, c'est la banque qui l'a fait.»

Journaliste: «D'accord, je comprends ce que vous dites mais je continue de croire que c'est là un autre cas d'une personne riche qui s'en prend aux pauvres et aux faibles. Donc, après avoir trouvé un vendeur motivé ou une saisie d'hypothèque par la banque, que recherchez-vous de plus?»

RTK: «Eh bien, par la suite je fais certains calculs et je regarde si le TRI, ou taux de rentabilité interne, a du bon sens.»

Journaliste: «Le TRI? Pourquoi est-ce important?»

Tout de suite après avoir dit «TRI», j'ai su que j'étais à nouveau dans l'eau chaude. J'aurais dû dire «rendement du capital investi» ou bien «comptant sur l'état de recettes». D'un autre côté, je sentais que je ne gagnais pas sur plusieurs fronts avec ce journaliste. J'avais besoin de réagir rapidement. Il me fallait utiliser les définitions toutes simples que mon père riche employait si je voulais rétablir la communication avec ce journaliste.

RTK: «Comme je l'ai dit précédemment, mon objectif en tant qu'investisseur est d'acheter et de détenir une propriété. Le taux de rentabilité interne est important car il mesure à quelle vitesse je peux ravoir mon capital initial, souvent appelé mon "versement initial". Je veux ravoir rapidement mon capital initial car je veux retourner sur le marché et acheter un autre actif avec.»

Journaliste: «Qu'en est-il de la dette? Êtes-vous intéressé à régler la dette?»

À ce stade de l'entrevue, j'ai su que la partie était perdue pour moi. J'ai renoncé à essayer d'être un professeur et j'ai tout simplement énoncé la formule d'investissement que j'avais en tête, et je l'ai laissé décider de ce qu'il allait faire de cet article de journal.

RTK: «Non. Mon objectif n'est pas de régler ma dette. Mon objectif est d'augmenter ma dette.»

Journaliste: «Augmenter votre dette? Pourquoi voudriez-vous accroître votre dette?»

Comme je l'ai déjà dit, à ce stade-ci je savais que l'entrevue était fichue. Je me suis nui encore davantage quand j'ai expliqué les risques fiscaux inhérents aux pertes subies dans des fonds communs de placement. Il n'avait pas aimé ce que j'avais dit à propos des fonds communs de placement pour la simple raison que tout son compte de retraite était en fonds communs de placement. La brèche dans notre communication allait s'élargissant au lieu de se rétrécir. Je me rendais compte que chaque fois que nous abordions le thème de l'investissement, non seulement nous employions des mots différents mais il y avait comme un mur entre nous.

Au bout du compte, néanmoins, il a écrit un surprenant compte rendu précis de mes idées sur l'investissement, même s'il n'était pas nécessairement d'accord avec ces idées. Il m'a même fait parvenir une copie de l'article pour que je l'approuve avant de le publier. Je lui ai envoyé une lettre pour le remercier de son objectivité et j'ai approuvé l'article. Ce dernier était tellement bien écrit que je n'ai eu aucun changement à effectuer. Toutefois, il m'a téléphoné par la suite pour me dire que son éditeur n'allait pas publier l'article pour des raisons que l'éditeur ne voulait pas expliquer.

Pourquoi il n'est pas nécessaire d'avoir de l'argent pour faire de l'argent

On me demande souvent: «Est-ce que ça prend de l'argent pour faire de l'argent?» Et ma réponse habituelle est la suivante: «Non. L'argent n'est qu'une idée... et les idées sont déterminées par des mots. Par conséquent, plus vous choisirez avec soin le vocabulaire que vous employez, plus vous aurez de chances d'améliorer votre situation financière.»

Je me rappelle avoir entendu le docteur R. Buckminster Fuller au cours des années 1980. Pendant une de ses conférences à laquelle j'assistais, Bucky s'est mis à parler du pouvoir des mots. Il a dit: «Les mots sont les outils les plus puissants jamais inventés par les êtres humains.» Étant un élève ayant échoué en anglais au secondaire, j'avais un point de vue lamentable sur le sujet des mots jusqu'au jour où j'ai entendu ce grand homme parler de leur pouvoir.

En effet, c'est sa causerie qui m'a aidé à prendre conscience que la différence entre mon père riche et mon père pauvre commençait par la différence qu'il y avait entre leurs mots. Comme je l'ai dit précédemment, mon vrai père avait le vocabulaire d'un professeur, et mon père riche avait le vocabulaire d'une personne dans les affaires et les investissements.

La première étape pour devenir riche

Quand des gens me demandent ce qu'ils peuvent faire pour améliorer leur situation financière dans la vie, je leur dis: «La première étape pour devenir riche consiste à ajouter à votre vocabulaire des mots du domaine financier. En d'autres termes, si vous voulez devenir riche, commencez par enrichir votre vocabulaire.» Je les informe également qu'il y a deux millions de mots dans la langue anglaise et que la personne moyenne n'emploie que cinq mille mots dans son langage courant.

Puis, je leur dis: «Si vous êtes vraiment déterminé à devenir riche, fixez-vous l'objectif d'apprendre mille mots du domaine financier et vous serez de loin plus riche que ces gens qui n'emploient pas ces mêmes mots.» Je les mets ensuite en garde en ajoutant: «Mais ne vous contentez pas de connaître mentalement la définition des mots. Élargissez votre compréhension jusqu'à inclure la connaissance de chaque mot sur les plans mental, émotionnel, physique, et spirituel. Si vous possédez à fond vos mots du domaine financier, votre confiance en vous-même augmentera à coup sûr.» Je termine en disant: «Et ce qu'il y a de plus beau en ce qui concerne cet investissement de votre temps est que les mots sont gratuits.»

Les mots permettent à votre esprit de voir ce que vos yeux ne voient pas

L'intelligence est la capacité de faire des distinctions plus subtiles. Les mots permettent à votre esprit de faire ces distinctions plus subtiles. Les mots permettent à votre esprit de voir ce que vos yeux ne voient pas. Par exemple, il y a tout un monde de différences entre un *actif* et un *passif*... mais la plupart des gens ne sont pas conscients de ces différences. Et le simple fait de connaître ces différences peut grandement influer sur l'aboutissement financier dans la vie d'un individu.

Dans mes précédents livres, j'ai écrit à propos des différences dans les trois différents types de revenus: *revenu salarial, revenu sans exploitation active* et *revenu de portefeuille*. Je le répète, ces trois types de revenus sont tous regroupés sous l'appellation *revenus*, mais il y a une énorme différence entre chacun de ces trois revenus. Quand vous dites à votre enfant: «Va à l'école, obtiens de bonnes notes et décroche-toi un emploi», vous conseillez alors à votre enfant de travailler pour un revenu salarial.

L'un des gros problèmes avec le revenu salarial est qu'il est le plus imposé des trois, et que c'est celui qui vous donne le moins de contrôle sur les impôts et contributions. Mon père riche me conseillait de travailler dur pour un revenu sans exploitation active, qui est essentiellement un revenu provenant de l'immobilier. Il est le moins imposé des trois types de revenus et c'est celui qui vous offre le plus de contrôle sur les impôts et contributions.

Le revenu de portefeuille en est un qui provient des valeurs mobilières détenues en portefeuille et constitue dans la plupart des cas le second meilleur type de revenus à recevoir. Comme vous êtes peut-être à même de vous rendre compte, la différence dans les mots n'est pas énorme, et pourtant la différence dans le résultat du «bulletin scolaire» financier d'une personne est renversante.

Les revenus des riches

Quand vous jetez un coup d'œil aux états financiers d'une personne, il est facile de voir quel type de revenus cette personne croit être important. Ce qui suit est l'état financier extrait de *CASHFLOW 101*:

Feuille de jeu de *CASHFLOW® 101*
© 2000 *CASHFLOW®* Technologies, Inc. Tous droits réservés.

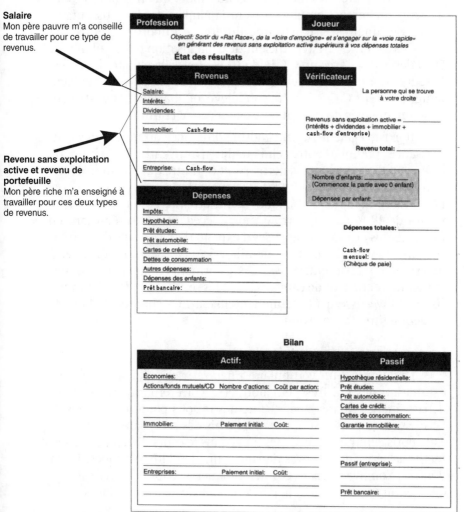

Salaire
Mon père pauvre m'a conseillé de travailler pour ce type de revenus.

Revenu sans exploitation active et revenu de portefeuille
Mon père riche m'a enseigné à travailler pour ces deux types de revenus.

Il est difficile de devenir riche avec un revenu salarial, quel que soit le montant d'argent que vous gagnez. Si vous voulez être riche, vous devez apprendre comment convertir un revenu salarial en un revenu sans exploitation active ou en un revenu de portefeuille. C'est ce que les riches enseignent à leurs enfants de faire.

Les chiffres précisent davantage la distinction

Si on ajoute un chiffre précis aux mots qu'on utilise, l'esprit devient surchargé. Comme le savent la plupart des investisseurs en actions ordinaires, il existe une différence importante entre des actions avec un C.C.R. (coefficient de capitalisation des résultats) de 10 et des actions avec un C.C.R. de 15. En outre, la plupart des investisseurs expérimentés n'achèteront pas des actions en se basant seulement sur le C.C.R., qu'il soit élevé ou bas. Un investisseur expérimenté exigera davantage de mots et de chiffres.

Il existe également une énorme différence au niveau des connaissances pratiques entre celui qui dit: «Notre entreprise a rapporté beaucoup d'argent le mois dernier», et cet autre qui affirme: «Notre entreprise a rapporté 500 000 $ le mois dernier, avec une marge bénéficiaire nette de 26 %, laquelle fut atteinte en augmentant les ventes de 12 % par rapport au mois précédent, et en réduisant en même temps de 6 % les dépenses d'exploitation.» Ce type d'information me fournirait tous les détails nécessaires pour m'inciter à investir dans cette entreprise. Ces informations supplémentaires, jointes au coefficient de capitalisation des résultats, réduiraient mon risque d'investissement et augmenteraient mes chances de faire de l'argent à titre d'investisseur.

Le pouvoir de la communication

Le pouvoir d'un vocabulaire financier riche allié à une bonne estimation des chiffres peut donner à votre enfant un excellent départ financier dans la vie. L'une des raisons pourquoi je trouvais l'école si ennuyeuse est que j'y apprenais des mots sans les chiffres. J'ai appris comment utiliser les mots dans le cours d'anglais et comment me servir des chiffres dans le cours de mathématiques. Étant donné qu'on avait séparé ces deux matières, elles devinrent toutes deux ennuyeuses et sans rapport avec ma vie de tous les jours.

Quand père riche a commencé à m'enseigner comment investir en jouant au *Monopoly*, j'ai acquis un tout nouveau vocabulaire et j'ai découvert une passion pour les mathématiques. Tout ce que j'avais à faire était de mettre le symbole du dollar après les chiffres et mon intérêt pour les mots et les chiffres a monté en flèche. Quand des enfants jouent aux jeux de *CASHFLOW*, ils apprennent un tout nouveau vocabulaire financier, et ils apprennent en même temps à aimer les mathématiques sans s'en rendre compte.

Mon père instruit appelait la combinaison des mots et des chiffres «le pouvoir de la communication». Étant un érudit sur le plan scolaire, il était toujours intéressé par le comment et le pourquoi de la communication entre les gens. Il avait découvert que lorsque des gens partageaient les mêmes mots et étaient enthousiastes à l'idée de mesurer les distinctions que l'on retrouve dans chaque mot, la communication entre eux se développait. Il me disait: «Le mot *communication* trouve sa racine dans le mot *communauté*. Quand des gens prennent plaisir aux mêmes mots, une communauté se forme. Les gens qui ne partagent pas les mêmes mots, ou qui ne sont pas intéressés à en mesurer les distinctions, sont des gens exclus de ce type de communauté fermée.»

Aujourd'hui, nous trouvons des gens qui parlent le langage des ordinateurs avec des mots tels que «mégaoctet» et «gigaoctet». Les gens qui s'intéressent aux octets et aux différences qui existent entre méga et giga font tous partie de la même communauté. Si vous n'aimez pas ces mots ou si vous ne comprenez pas ces différences, vous ne faites pas partie de cette communauté. Et c'est là le pouvoir des mots et des chiffres. Ils peuvent vous inclure ou vous exclure.

Une façon de donner à vos enfants un bon départ financier est de commencer à leur enseigner le vocabulaire de l'argent et à leur inculquer la compréhension nécessaire pour qu'ils puissent évaluer ces différences. Si vous faites cela, ils auront une bien meilleure chance d'être inclus dans la communauté des spécialistes des questions financières. S'ils ne possèdent pas les mots et la compréhension suffisante pour bien mesurer les mots, ils peuvent être exclus de cette même communauté.

Souvenez-vous des mots de mon père riche: «Il existe une très grande différence entre un actif et un passif, même si ce ne sont que deux mots. Si vous ne voyez aucune différence entre ces deux mots, la différence apparaîtra dans votre état financier et dans le fait que vous aurez à travailler d'arrache-pied pendant toute votre vie.» Je dis: «Assurez-vous que votre enfant connaît la différence entre un actif et un passif, et votre enfant obtiendra un très bon départ dans la vie.»

Chapitre 14

À quoi sert l'argent de poche?

L'autre jour, j'ai vu l'un de mes amis donner 100 $ à son enfant. Ce dernier a pris l'argent, l'a mis dans sa poche, s'est retourné et s'est éloigné sans dire un mot.

Mon ami a dit alors: «Tu ne dis rien? Tu pourrais au moins dire merci?»

Le garçon de 16 ans s'est retourné et a dit: «Merci pour quoi?

– Pour le 100 $ que je viens tout juste de te donner», a dit le père.

– C'est mon argent de poche», a dit le jeune homme. «Je le mérite. D'ailleurs, d'autres jeunes à l'école obtiennent beaucoup plus que ça. Mais si tu penses que je dois dire: "Merci", alors je vais le dire: "Merci."» L'adolescent est alors sorti de la maison avec l'argent au fond de sa poche.

Voilà un excellent exemple de cette mentalité de l'argent de poche auquel on a complètement droit et que plusieurs jeunes d'aujourd'hui ont développée. Malheureusement, je vois cela se produire bien trop souvent. Sharon Lechter disait que ce phénomène faisait en sorte que: «Les parents sont devenus des guichets automatiques aux yeux de leurs enfants.»

L'argent est un outil d'enseignement

«L'argent est un outil d'enseignement», disait père riche. «Je peux former, "dresser" des gens à faire beaucoup de choses. Tout ce que j'ai à faire est d'agiter quelques dollars dans les airs et les gens réagissent. Tout comme un dompteur se sert de petites gâteries pour enseigner à ses animaux, l'argent est utilisé à peu près de la même façon avec les êtres humains.

– N'est-ce pas une façon cruelle d'envisager l'argent et l'éducation?» ai-je demandé. «À vous entendre, cela semble tellement primitif et déshumanisant.

– Je suis content de t'entendre dire cela», a dit père riche. «J'ai voulu que cela ait l'air primitif et déshumanisant.

– Pourquoi?» ai-je demandé.

– Parce que j'ai voulu que tu prennes conscience de "l'autre côté de l'argent". J'ai voulu te montrer le pouvoir que l'argent peut avoir. Je veux que tu connaisses ce pouvoir et que tu en éprouves du respect. Si tu as du respect pour ce pouvoir, j'ai bon espoir que tu n'abuseras pas du pouvoir de l'argent quand tu le posséderas.

– Que voulez-vous dire par "l'autre côté de l'argent"?» ai-je demandé. J'avais alors 17 ans et j'allais bientôt commencer ma dernière année du secondaire. Jusqu'à ce jour-là, père riche m'avait enseigné comment acquérir, conserver et investir de l'argent. À présent, il était sur le point de m'enseigner quelque chose de nouveau à propos de l'argent.

Père riche a alors sorti une pièce de monnaie de sa poche. La tenant en l'air, il a dit: «Chaque pièce de monnaie a deux côtés. Souviens-toi de cela. Remettant la pièce dans sa poche, il a dit: «Allons faire un tour dans le centre de la ville.»

Dix minutes plus tard, père riche a trouvé une place de stationnement et a mis de l'argent dans le parcomètre. «Il est presque 17 heures», a-t-il dit. «Il faut nous dépêcher.

– Nous dépêcher pourquoi?» ai-je dit.

– Allez viens, tu verras», a dit père riche tandis qu'il regardait des deux côtés de la rue, puis il a traversé celle-ci en coup de vent.

Une fois de l'autre côté, lui et moi sommes restés là à regarder, tout le long du trottoir, les nombreux magasins tout alignés. Soudainement, à 17 heures précises, les magasins ont commencé à fermer. Des clients se dépêchaient d'effectuer leurs derniers achats, et des employés commençaient à sortir des boutiques en disant: «Bonne soirée», et: «On se reverra demain matin», aux propriétaires des boutiques.

– Tu vois ce que je veux dire par être bien formés ou bien dressés?» a dit père riche.

Je n'ai pas répondu. Je comprenais la leçon que père riche voulait que j'assimile. Et je n'aimais pas cette leçon.

«À présent, comprends-tu ce que je veux dire quand je te dis: "L'argent est un outil d'enseignement"?» a demandé père riche pendant que nous déambulions devant les magasins maintenant fermés. Les calmes rues désertes dégageaient une atmosphère vide et froide tandis que père riche s'arrêtait à l'occasion pour jeter un coup d'œil à travers les vitrines des magasins qui l'intéressaient.

Je demeurais silencieux.

En réintégrant la voiture, père riche a répété sa question: «Comprends-tu?

– Je comprends», ai-je répliqué. «Voulez-vous dire que le fait de se lever chaque matin pour aller travailler n'est pas une bonne chose?

– Non. Je ne dis pas que quoi que ce soit est bon ou mauvais. Je veux seulement que tu comprennes le pouvoir extraordinaire que possède l'argent et pourquoi l'argent est un outil d'enseignement.

– Expliquez-moi cet outil d'enseignement», ai-je dit.

Père riche a réfléchi pendant un moment. Finalement, il a dit ceci: «Avant que l'argent n'existe, les êtres humains erraient en se rassemblant en peuplades pour chasser, vivant de la terre et de la mer. Au fond, Dieu ou la nature nous a fourni tout ce dont nous avons besoin pour survivre. Mais à mesure que nous sommes devenus plus civilisés et qu'il a été de plus en plus pénible de troquer des biens et des services, l'argent a pris de plus en plus d'importance. Aujourd'hui, ceux qui contrôlent l'argent ont plus de pouvoir que ces gens qui font encore le troc des biens et services. En d'autres termes, l'argent mène le jeu de nos jours.

– Que voulez-vous dire par "l'argent mène le jeu de nos jours"?» ai-je demandé.

– Eh bien, jusqu'à il y a quelques centaines d'années de cela, les êtres humains n'avaient vraiment pas besoin de l'argent pour survivre. La nature y pourvoyait. Vous pouviez faire pousser des légumes et les manger, ou bien errer dans les bois et chasser pour obtenir de la viande. De nos jours, l'argent vous donne la vie. Aujourd'hui, il est difficile de survivre en ne faisant pousser que des légumes dans un appartement minuscule à la ville ou dans votre arrière-cour en banlieue. Vous ne pouvez pas régler votre facture d'électricité avec des tomates, et le gouvernement n'acceptera pas un quartier du chevreuil que vous avez abattu à titre de paiement pour vos impôts.

– Par conséquent, étant donné que les gens ont besoin d'argent pour l'échanger contre des biens et services essentiels à la vie, vous dites que cet argent mène le jeu de nos jours. L'argent et la vie vont maintenant main dans la main.»

Père riche a alors acquiescé. «Il est difficile de survivre sans argent dans le monde d'aujourd'hui. L'argent et la survie personnelle vont maintenant de pair.

– Et c'est pourquoi vous dites que l'argent est un outil d'enseignement», ai-je dit doucement. «Car l'argent est intimement lié à la survie personnelle; si vous avez de l'argent, vous pouvez enseigner à des gens à faire des choses qu'ils ne voudront peut-être pas nécessairement accomplir. Des choses comme de se lever le matin et d'aller travailler tous les jours.

– Ou bien d'étudier avec ardeur afin de pouvoir décrocher un bon emploi», a ajouté père riche avec un sourire affecté.

– Mais les travailleurs instruits et bien formés ne sont-ils pas importants pour notre société?» ai-je demandé.

– Très importants», a dit père riche. «Les écoles fournissent les médecins, les ingénieurs, les policiers, les pompiers, les secrétaires, les esthéticiennes, les pilotes, les soldats, et plusieurs des professions dont on a besoin pour que notre société demeure une société civilisée. Je ne dis pas que l'école n'est pas importante... et c'est pourquoi je veux que tu te rendes jusqu'à l'université, même si tu ne le veux pas. Je veux simplement que tu comprennes de quelle façon l'argent peut s'avérer un outil d'enseignement puissant.

– Je le comprends maintenant», ai-je dit.

– Un jour tu seras un homme très riche», a dit père riche. «Et je veux que tu sois conscient du pouvoir et de la responsabilité que tu auras quand tu acquerras ton argent. Au lieu d'utiliser ta richesse pour garder les gens asservis à l'argent, je te demande de te servir de ta richesse pour enseigner aux gens à devenir les maîtres de l'argent.

– Tout comme vous me l'enseignez à moi», ai-je dit.

Père riche a alors fait signe que oui. «Plus notre société civilisée devient dépendante de l'argent en ce qui a trait à la vie elle-même, plus l'argent a de pouvoir sur nos âmes. Tout comme on peut enseigner à un chien à obéir avec des biscuits pour chiens, on peut aussi enseigner à un être humain à obéir et à travailler dur toute sa vie avec de l'argent. Beaucoup trop de gens travaillent pour l'argent juste pour survivre, au lieu de se concentrer à fournir des biens et services qui rendent notre société civilisée meilleure. Voilà le pouvoir que l'argent a comme outil d'enseignement. Il y a à la fois un bon et un mauvais côté à ce pouvoir.»

Qu'enseignez-vous à votre enfant au sujet de l'argent?

Je suis surpris à quel point beaucoup de jeunes sont persuadés qu'ils méritent de l'argent ou que c'est un droit pour eux. Je sais que ce ne sont pas tous les jeunes, mais j'ai remarqué que de plus en plus de jeunes gens adoptent ce genre d'attitude. J'ai également constaté que plusieurs parents se servent de l'argent pour se libérer de leur culpabilité. Étant donné que tellement de parents sont occupés à travailler, certains d'entre eux ont tendance à utiliser l'argent pour remplacer l'amour et l'attention que l'on prodigue normalement à son enfant. J'ai remarqué que les parents qui ont les moyens d'avoir une bonne d'enfant à plein temps en ont habituellement une.

Un nombre grandissant de mères célibataires qui possèdent leur propre entreprise emmènent leurs enfants dans leur lieu de travail, surtout pendant la période estivale. Mais il y a tout de même beaucoup trop d'enfants laissés seuls à la maison: ce sont ces enfants dont les parents travaillent et qui doivent rentrer seuls après l'école. Ils arrivent à la maison et ils sont sans surveillance pendant des heures parce que papa et maman sont au travail... en train de travailler dur pour mettre de la nourriture sur la table. Comme le disait mon père riche: «L'argent est un outil d'enseignement.»

L'importance de l'échange

Les parents peuvent enseigner à leurs enfants une leçon importante à propos de l'argent s'ils leur expliquent le concept de l'*échange*. Le mot *échange* était un mot très important aux yeux de père riche. Il disait: «Tu peux avoir tout ce que tu veux tant et aussi longtemps que tu es disposé à échanger quelque chose qui a de la valeur contre ce que tu veux.» En d'autres termes, plus vous donnez, plus vous obtenez.

On me demande très souvent d'être le mentor de quelqu'un. Il y a un peu plus d'un an, un jeune homme a téléphoné et m'a demandé s'il pouvait m'inviter à dîner. J'ai décliné son invitation mais le jeune homme était persistant, j'ai donc finalement accepté. Pendant le repas, le jeune homme a demandé: «J'aimerais que vous soyez mon mentor.» J'ai refusé mais il a persisté encore plus qu'au moment où il m'avait invité à dîner.

Finalement, je lui ai demandé: «Si j'acceptais, que voudriez-vous que je fasse en tant que votre mentor?»

Il a répliqué: «Eh bien, je veux que vous m'emmeniez avec vous dans vos rencontres, que vous passiez au moins quatre heures par semaine avec moi, et que vous me montriez comment investir dans l'immobilier. Je veux simplement que vous m'enseigniez ce que vous connaissez.»

J'ai réfléchi pendant quelques instants à sa requête et je lui ai dit: «Et qu'est-ce que vous allez me donner en échange?»

Le jeune homme a sursauté en entendant cette question, s'est redressé sur sa chaise, a esquissé un charmant sourire et a dit: «Eh bien, rien. Je ne possède rien. C'est pourquoi je veux que vous m'enseigniez tout comme votre père riche vous a enseigné. Vous ne l'avez pas payé, n'est-ce pas?»

Je me suis calé dans ma chaise, regardant fixement le jeune homme. «Donc, vous voulez que je consacre du temps à vous enseigner ce que je sais gratuitement. Est-ce bien ce que vous voulez?

– Eh bien, bien sûr», a dit le jeune homme. «Que vous attendez-vous que je fasse? Vous donnez de l'argent que je n'ai pas? Si j'avais de l'argent, je ne vous demanderais pas cela. Je vous demande de ne m'enseigner qu'une seule chose: Apprenez-moi à devenir riche.»

Un sourire est apparu sur mon visage et de vieux souvenirs où j'étais en face de père riche, de l'autre côté de la table, me sont revenus à l'esprit. Cette fois-ci, j'étais dans le fauteuil de père riche, et j'avais l'opportunité d'enseigner de la même façon que père riche m'avait enseigné. Je me suis levé debout et j'ai dit: «Merci pour le repas. Ma réponse est non. Je ne suis pas intéressé à être votre mentor. Mais je suis en train de vous enseigner une leçon très importante. Et si vous apprenez la leçon que vous avez besoin de comprendre, vous allez devenir cet homme riche que vous souhaitez devenir. Apprenez bien cette leçon et vous découvrirez la réponse que vous cherchez.» Le garçon est alors venu remettre l'addition et j'ai désigné le jeune homme du doigt. «C'est son addition.

– Mais quelle est donc cette réponse?» a demandé le jeune homme. «Dites-moi. Fournissez-moi seulement la réponse.»

Dix demandes par semaine

On me demande souvent d'être le mentor de quelqu'un. L'une des choses les plus courantes que j'ai remarquées est que très peu de ces demandes s'accompagnent d'un des mots les plus importants en affaires. Et ce mot est l'*échange*. En d'autres termes, si vous demandez quelque chose, qu'êtes-vous disposé à donner en échange?

Si vous avez lu *Père riche, père pauvre* vous vous souviendrez peut-être de l'épisode où père riche m'enlève mon 10 sous de l'heure et me fait travailler pour rien. Comme je l'ai dit, pour un garçon de 9 ans, le fait de travailler sans aucun salaire a représenté pour moi une puissante leçon, qui a influé sur ma vie de façon permanente. Père riche ne m'a pas enlevé les 10 sous de l'heure pour se montrer cruel. Il m'a retiré cet argent pour m'enseigner une des plus importantes leçons si l'on veut devenir riche, et cette leçon c'est l'échange. Comme le disait père riche: «L'argent est un outil d'enseignement.» Il voulait également dire que le manque d'argent pouvait s'avérer un outil d'enseignement tout aussi puissant.

Plusieurs années après avoir appris cette leçon concernant le travail sans aucune rémunération, j'ai demandé à père riche s'il aurait continué quand même à m'enseigner si je n'avais pas travaillé gratuitement. Il m'a répondu: «Non, absolument pas. Quand tu m'as demandé de t'enseigner, j'ai voulu voir si tu étais disposé à donner quelque chose en échange pour mes leçons. Si tu n'avais pas été prêt à donner quelque chose en échange, alors il t'aurait fallu comprendre par toi-même cette leçon – quand je t'aurais laissé tomber. Les gens qui apprennent à recevoir quelque chose sans rien donner en retour n'obtiennent habituellement rien dans la vie de tous les jours.»

Dans le livre *Rich Dad's Guide to Investing*, je raconte comment j'ai demandé à Peter de devenir mon mentor. Quand il a finalement accepté, la première chose qu'il m'a demandé de faire a été de me rendre en Amérique du Sud, à mes propres frais, pour examiner une mine d'or en son nom. Voilà un autre exemple parfait d'échange. Si je n'avais pas accepté d'aller en Amérique du Sud, ou si j'avais demandé que mes dépenses soient défrayées, je suis persuadé que Peter n'aurait jamais accepté de devenir mon mentor. Cela a également démontré que je tenais fortement à apprendre de lui.

La leçon qui se cache derrière la leçon

Quoique cette leçon d'échange est évidente pour la plupart d'entre vous qui lisez ce livre, il y a une autre leçon, une leçon qui se cache derrière la leçon de l'échange que père riche m'a enseignée quand il m'a enlevé le 10 sous de l'heure. C'est une leçon que la plupart des gens ne parviennent pas à apprendre, et c'est une leçon importante pour tous ceux qui veulent devenir riches. Il est important de commencer à l'enseigner à votre enfant quand il est tout jeune.

Plusieurs personnes riches comprennent cette leçon, surtout si elles ont gagné elles-mêmes leur fortune, mais bien des travailleurs ne la saisissent jamais.

Père riche m'a dit un jour: «La raison pourquoi la plupart des gens ne deviennent pas riches est qu'on leur enseigne à chercher un emploi. Il est presque impossible de devenir riche si vous cherchez et décrochez un emploi.» Père riche a enchaîné en expliquant que bien des gens viennent le voir et lui disent: «Combien allez-vous me payer si je fais ce travail pour vous?» Il a ajouté: «Les gens qui pensent ainsi et qui disent de tels mots ne deviendront probablement jamais riches. On ne peut pas s'attendre à devenir riches si on part à la recherche de gens qui vous rémunérerons pour le travail que vous ferez pour eux.»

L'histoire qui a suivi l'anecdote des 10 sous de l'heure que père riche n'a plus voulu me payer dans *Père riche, père pauvre* a été celle des bandes dessinées. C'est dans cette histoire des bandes dessinées que la véritable leçon de père riche, laquelle se cache derrière la leçon de l'échange, s'est imposée à moi. Après avoir travaillé sans être payé, j'ai commencé à voir les choses différemment. Je me suis mis à chercher une opportunité d'affaires ou une possibilité d'investissement au lieu d'un simple emploi. Mon esprit avait été formé à voir ce que la plupart des gens ne voient pas.

Après avoir demandé d'obtenir les bandes dessinées que le magasin de père riche mettait au rebut, dans ce même commerce où je travaillais sans être payé, j'ai commencé à apprendre l'un des plus grands secrets de père riche pour devenir riche. Et ce secret était de *ne pas* travailler dur pour de l'argent, en s'attendant être payé pour effectuer un emploi. Comme père riche me l'a dit plus tard : «La raison pourquoi la plupart des gens ne parviennent pas à devenir riches est qu'ils ont été conditionnés à penser en termes de rémunération pour le travail qu'ils font. Si tu veux être riche, tu dois penser en termes du nombre de gens que tu peux servir.»

Quand j'ai cessé de travailler pour 10 sous de l'heure, j'ai cessé aussi de penser en termes d'être payé pour le travail que j'accomplissais pour père riche, et je me suis mis à chercher des façons de servir le plus de gens possible. Lorsque j'ai commencé à penser de cette manière, je me suis mis à penser comme mon père riche.

Il n'y a que 24 heures dans une journée

La plupart des jeunes gens d'aujourd'hui vont à l'école pour y apprendre une profession, puis ils se mettent à la recherche d'un emploi. Nous savons tous qu'il n'y a que 24 heures dans une journée. Si nous vendons nos services à l'heure ou dans une autre mesure de temps, nous disposons dans une journée d'une quantité limitée de temps. Et c'est cette quantité limitée de temps qui restreint les montants d'argent que nous pouvons gagner. Par exemple, si une personne demande 50 $ pour son temps et travaille pendant huit heures, le potentiel bénéficiaire maximum de cette personne est de 400 $ par jour, 2 000 $ par semaine, et 8 000 $ par mois.

La seule façon pour cette personne d'accroître ce montant est de travailler plus d'heures – et c'est une des raisons pourquoi, selon des statistiques gouvernementales américaines, un seul Américain sur 100 devient riche avant l'âge de 65 ans. La plupart des gens sont formés à penser en termes d'être rémunérés pour un travail qu'ils accomplissent plutôt que de penser en termes du nombre de gens qu'ils peuvent servir. Père riche disait souvent : «Plus tu sers de gens, plus tu deviens riche.»

La plupart des gens sont formés à ne servir qu'un seul employeur ou un nombre restreint de clients. Père riche disait : «La raison pourquoi je suis devenu un homme d'affaires est que je voulais servir le plus de gens possible.» Il lui arrivait à l'occasion de dessiner le schéma suivant du *Quadrant du CASHFLOW* pour faire ressortir le point qu'il voulait démontrer. (Tiré de *Père riche, père pauvre (la suite) Le Quadrant du CASHFLOW*[1]).

---

1.   Publié aux éditions Un monde différent, Saint-Hubert, 2001, 280 pages.

Signification des lettres: E = Employé T = Travailleur autonome P = Propriétaire d'entreprise I = Investisseur

Désignant du doigt le côté gauche du Quadrant, père riche disait: «La réussite de ce côté dépend d'un travail physique.» Montrant du doigt le côté droit du Quadrant, il disait: «La réussite de ce côté du Quadrant exige une saine gestion financière.» Il enchaînait en disant: «Il existe une grande différence entre le travail physique et la gestion financière.» En d'autres termes, il existe une énorme différence entre vous travaillant *physiquement* ou votre argent ou votre système travaillant *fiscalement*. Père riche disait encore: «Moins j'ai à travailler physiquement, plus je peux servir de gens, et alors en échange, plus je peux faire d'argent.»

Mon intention première en écrivant *Père riche, père pauvre* était de trouver une façon de servir autant de gens que possible, sachant que si j'y parvenais, je ferais davantage d'argent. Avant de me mettre à écrire le livre, j'enseignais le même sujet en personne, ou physiquement, et je demandais des milliers de dollars en échange. Quoique je gagnais de l'argent, je ne servais qu'un certain nombre de gens, je devenais très épuisé et je ruinais même ma santé en faisant cela. Quand j'ai compris qu'il me fallait servir davantage de gens, j'ai réalisé qu'il me fallait écrire au lieu de parler.

Aujourd'hui, les mêmes leçons coûtent une vingtaine de dollars. Je sers des millions de gens et je fais plus d'argent tout en travaillant moins. Donc, cette leçon au cours de laquelle père riche m'enlevait mes 10 sous de l'heure, il y a de cela plusieurs années, continue de rapporter. Elle est payante parce que la leçon de père riche qui se cache derrière la leçon qui consiste à devenir riche était de servir autant de gens que possible. Comme il le disait: «La plupart des gens terminent leurs études et se mettent à la recherche d'un emploi hautement rémunéré au lieu de chercher des façons de servir le plus de gens possible.»

Pour ceux qui sont intéressés à apprendre ce que père riche m'a enseigné sur la façon de servir autant de gens que possible, cette leçon se trouve dans le troisième livre *Rich Dad's Guide to Investing*. Cette leçon est enseignée dans le Triangle P-I, cette structure qui guide les gens sur la manière de transformer leurs idées en entreprises de plusieurs millions de dollars qui servent le plus de gens possible. Bien des gens ont de grandes idées qui pourraient aider à faire de notre monde un meilleur endroit où vivre; mais le problème est que la plupart des gens terminent leurs études sans avoir les aptitudes nécessaires pour transformer ces idées en entreprises.

Au lieu de nous inciter à rechercher un emploi, père riche a enseigné à son fils Mike et à moi-même à bâtir des entreprises qui servent autant de gens que possible. Il disait: «Si vous créez une entreprise qui sert vraiment des millions de personnes, en *échange* de vos efforts, vous deviendrez millionnaires. Si vous servez un milliard de gens, vous devenez milliardaires. Ce n'est qu'une question d'échange.» Voilà de quoi traite le troisième livre. Il s'agit de construire une entreprise qui a le potentiel de servir des millions, peut-être des milliards de gens au lieu d'un seul employeur ou de quelques clients seulement.

Comme le disait père riche: «Vous pouvez devenir riches en mariant quelqu'un pour son argent, en étant chiches, en étant cupides ou en étant même des escrocs. Mais la meilleure façon de devenir riches est d'être généreux, et certaines des personnes les plus riches que j'ai rencontrées ont été des gens très généreux. Au lieu de penser au salaire qu'ils pourraient obtenir, ils pensaient au nombre de gens qu'ils pourraient servir.»

Combien devrais-je donner à mon enfant?

On me pose souvent des questions comme celles qui suivent:

* «Combien devrais-je donner d'argent de poche à mon enfant?»
* «Devrais-je cesser de payer mes enfants pour les services qu'ils me rendent?»

- «Je paie mes enfants quand ils ont de bonnes notes. Recommandez-vous cela?»
- «Devrais-je dire à mon enfant ne pas chercher un emploi au centre commercial?»

Ma réponse habituelle à des questions telles que celles-ci est: «Votre façon de rémunérer votre enfant ne dépend que de vous, chaque enfant est différent et chaque famille l'est aussi.» Je vous rappelle seulement les leçons de mon père riche et je vous demande de ne pas oublier que l'argent est un outil d'enseignement très puissant. Si vos enfants apprennent à ne compter que sur l'argent sans rien donner en échange, alors leur vie aboutira peut-être un jour à une vie remplie de riens.

Si votre enfant étudie pour la seule raison qu'il est payé pour étudier, alors qu'adviendra-t-il quand vous ne serez pas là pour le payer pour étudier? Il s'agit d'être vraiment prudents quant à votre façon d'utiliser l'argent comme outil d'enseignement. Car même si l'argent est un outil d'enseignement puissant, votre enfant doit apprendre des leçons beaucoup plus importantes encore. Ce sont les leçons qui se cachent derrière les leçons qui sont les plus importantes. Et l'une de ces dernières est la leçon sur le service.

La charité commence à la maison

Ma mère et mon père étaient des gens très généreux. Mais ils ne l'étaient pas de la même façon que mon père riche. À titre de responsable de l'éducation pour l'île d'Hawaï, mon père rentrait à la maison, dînait à la maison et se rendait ensuite à des rencontres de parents-instituteurs deux à trois fois par semaine.

Je me souviens quand je saluais mon père de la main par la fenêtre de la cuisine, quand j'étais enfant, tandis qu'il sortait son auto de l'allée pour se rendre servir le plus de familles possible. Il lui est arrivé souvent de rouler sur une distance de plus de 140 km pour se rendre à la rencontre et de revenir le soir même juste pour nous voir et pour être avec nous le matin suivant.

Ma mère nous faisait souvent travailler avec elle aux ventes de plats maison au profit de l'église ou aux ventes de bienfaisance. Elle croyait fermement au bénévolat et elle demandait également à ses enfants de donner de leur temps. Étant une infirmière diplômée, elle s'est également portée volontaire régulièrement pour la Croix-Rouge américaine.

Je me rappelle qu'au cours de désastres, tel un raz de marée ou une éruption volcanique, mon père et elle disparaissaient durant plusieurs jours, au service de ceux qui étaient dans le besoin. Quand l'occasion de se joindre au *Corps des volontaires de la paix* du président Kennedy s'est offerte à eux, ils ont saisi cette opportunité même si cela signifiait pour eux une importante réduction de salaire.

Père riche et son épouse possédaient des antécédents assez semblables à ceux de mes parents. Son épouse était active dans un groupe de femmes qui organisait constamment des collectes de fonds pour des causes louables. Père riche donnait régulièrement de l'argent à son église et à diverses œuvres de bienfaisance. Il était aussi membre des conseils d'administration de deux organisations à but non lucratif.

La leçon que j'ai apprise de mes parents et de ceux de Mike est la suivante: Que vous soyez un socialiste ou un capitaliste, la charité commence à la maison. Et si vous voulez que vos enfants soient riches, le fait de leur enseigner à servir autant de gens que possible s'avérera pour eux une leçon très précieuse à apprendre. Comme le disait mon père riche: «Plus vous servez de gens, plus vous devenez riches.»

Troisième partie

Découvrez le génie
de votre enfant

Mon père riche a encouragé fortement son fils et moi à devenir riches en servant autant de gens que possible. Il disait: «Si vous concentrez votre esprit à gagner de l'argent rien que pour vous-mêmes, vous trouverez cela difficile de devenir riches. Si vous êtes malhonnêtes, cupides et que vous en donnez moins aux gens pour leur argent, vous trouverez aussi qu'il est difficile de devenir riches. Vous pouvez acquérir la richesse en agissant ainsi, mais cette richesse vous coûtera très cher. Si vous orientez d'abord votre entreprise à servir le plus de gens possible... à penser seulement à rendre leurs existences un peu plus faciles, vous découvrirez alors une immense richesse, et le bonheur.»*

Mon père instruit croyait fermement qu'il y a un génie dans chaque enfant, même si cet enfant ne réussit pas bien à l'école. Il ne croyait pas qu'un génie était un être assis dans une salle de classe et qui connaissait toutes les réponses. Il ne croyait pas qu'un génie était quelqu'un de plus intelligent que qui que ce soit d'autre. Il croyait fermement que chacun de nous a reçu un don, un talent... et qu'un génie était simplement une personne ayant eu la chance de découvrir son don, et de trouver ensuite la façon de le transmettre à d'autres.

Pour rendre sa leçon sur le génie intéressante, mon père instruit nous racontait une histoire. Il disait: «Avant que chacun de vous ne vienne au monde, il vous a été donné un don à donner. Le problème est le suivant: personne ne vous a dit qu'on vous avait donné ce don. Personne ne vous a dit quoi faire avec votre don après que vous l'ayez trouvé. Après votre naissance, votre travail consistait à trouver votre don et à le donner... à le donner à tous. Si vous donniez votre don, votre vie serait alors remplie de magie.»

Continuant son histoire, il disait: «Un génie est celui qui découvre le génie à l'intérieur de lui-même. Tout comme Aladin a découvert le génie dans la bouteille, chacun de nous doit trouver le génie à l'intérieur de lui-même. Voilà d'où vient le mot génie. Un génie est cet être qui a découvert la personne magique à l'intérieur de lui-même. Un génie est quelqu'un qui a découvert le don qu'on lui a donné à la naissance.»

Mon père instruit ajoutait alors son mot d'avertissement: «Quand vous découvrirez votre génie, celui-ci vous accordera trois souhaits. Votre génie dira: «Le souhait numéro un est: "Souhaitez-vous donner votre don à vous-même?" Le souhait numéro deux: "Souhaitez-vous donner votre don seulement à ceux que vous aimez et qui sont proches de vous?" Ou bien le souhait numéro trois: "Souhaitez-vous en faire cadeau?"»

La leçon consistait manifestement à ce que nous les enfants choisissions le souhait numéro trois. La leçon de mon père instruit se terminait toujours sur ces mots: «Le monde est rempli de génies. Chacun de nous est un génie. Le problème est que la plupart d'entre nous gardent leurs génies enfermés hermétiquement dans leurs bouteilles. Beaucoup trop de gens parmi nous choisissent d'utiliser leurs génies rien que pour eux-mêmes ou pour ceux qu'ils aiment. Le génie sort de la bouteille à la seule condition que nous choisissions le souhait numéro trois. La magie se produit seulement quand nous choisissons d'offrir nos dons en cadeaux.»

Mes deux pères croyaient en la magie du don. L'un de mes pères croyait à la création d'une entreprise qui servirait le plus de gens possible. Mon autre père croyait en la recherche de ce don qu'on nous a donné, à la découverte du génie en nous-mêmes, et à laisser la magie du génie sortir de la bouteille.

Les leçons de mes deux pères ont agi de façon bénéfique sur moi quand j'étais un petit garçon. Leurs histoires à l'un et à l'autre m'ont donné une raison de vivre, une raison d'apprendre, et une raison de donner. Aussi bête que cela peut sembler, à l'âge de 9 ans, je croyais en la possibilité qu'il y ait un génie en moi et je croyais dans la magie... et j'y crois encore. Comment donc alors un garçon qui avait échoué à l'école parce qu'il ne parvenait pas écrire, a-t-il pu écrire un livre à succès international?

La dernière partie de ce livre est consacrée au génie de votre enfant.

Chapitre 15

Comment allez-vous découvrir les aptitudes naturelles de votre enfant?

*O*n vous a probablement déjà posé la question suivante: «De quel signe êtes-vous?» Et si vous êtes Balance, vous allez répondre: «Je suis Balance. Et vous, de quel signe êtes-vous?

La plupart d'entre nous connaissent leur signe du zodiaque, tout comme la plupart parmi nous savent qu'il y a 4 principaux groupes de signes: de Terre, d'Air, d'Eau et de Feu. La plupart d'entre nous savent également qu'il existe 12 signes du zodiaque: Vierge, Scorpion, Cancer, Capricorne, Verseau, Bélier, Gémeau, Taureau, Lion, Sagittaire, Poissons et Balance. À moins d'être des experts en astrologie, la plupart d'entre nous ne connaissent pas les traits de personnalité de chacun des douze signes.

Nous sommes habituellement au courant des traits de personnalité de notre propre signe astrologique et de quelques autres signes. Par exemple, je suis un Bélier et je dirais que la majeure partie de ce que l'astrologie révèle au sujet du comportement du Bélier s'applique à moi. Mon épouse est Verseau et elle suit également les tendances générales de son signe. Le fait de connaître ces différences est bénéfique pour notre relation car nous sommes plus en mesure de nous comprendre l'un l'autre.

Il existe différents traits de personnalité mais il existe aussi différents traits d'apprentissage, et cela peu de gens parmi nous le réalisent. Une des raisons pourquoi notre système d'éducation actuel est si laborieux pour tant de gens est que notre système scolaire a été conçu pour quelques-uns seulement des différents traits d'apprentissage. C'est comme d'avoir un système scolaire conçu seulement pour les signes de Feu et de se demander ensuite pourquoi les signes d'Eau, d'Air et de Terre n'aiment pas l'école.

Ce chapitre fera davantage la lumière sur les différents types d'apprentissage et vous aidera à découvrir les types d'apprentissage de vos enfants et même le vôtre, si vous avez l'intention de trouver le type d'apprentissage qui vous est propre et peut-être aussi votre génie particulier ou vos aptitudes naturelles.

Ce chapitre vous expliquera également pourquoi certaines personnes réussissent à l'école mais n'ont pas de succès dans la vie de tous les jours, et vice versa.

À chacun sa façon

La plupart d'entre nous ont entendu l'adage: «À chacun sa façon.» Et je suis d'accord.

Quand j'avais environ 5 ans, ma famille et moi sommes allés à la plage avec une famille voisine. À un moment donné, j'ai levé les yeux et j'ai aperçu mon ami Willy en train de se débattre dans l'eau. Il s'était aventuré trop loin et il allait bientôt se noyer car il ne savait pas nager. À force de crier et de hurler à tue-tête, j'ai finalement attiré l'attention d'un garçon du secondaire, et il a sauté dans l'eau pour sauver Willy.

Après cet incident presque fatal, les deux familles ont décidé qu'il était grand temps que tous les enfants suivent des cours de natation en bonne et due forme. Peu de temps après, je me suis retrouvé dans une piscine publique en train d'apprendre à nager, et j'ai détesté cela. Il a suffi de peu de temps pour que je sorte de la piscine et que j'aille me cacher dans la salle des casiers-vestiaires, terrifié à l'idée qu'on me crie après parce que je ne pouvais pas nager adéquatement. À partir de ce moment-là, j'ai appris à détester l'odeur du chlore d'une piscine en eau douce.

Au fil des années, j'ai appris à nager dans l'océan parce que j'aime la pêche au harpon pour attraper des homards. À l'âge de 12 ans, j'ai commencé à faire du surf sans planche, puis sur une planche de surf, mais je ne pouvais toujours pas nager comme il faut.

D'autre part, Willy a appris à nager comme un poisson et a participé peu de temps après à des concours de natation partout sur l'île d'Hawaï. À l'école secondaire, il a nagé dans les championnats de l'État. Même s'il n'a pas gagné, l'histoire démontre qu'il s'est servi d'un incident presque fatal pour découvrir finalement sa passion. Cet incident a forcé ma famille à me faire suivre des cours de natation, et j'ai appris à détester les piscines et je n'ai jamais appris à nager adéquatement.

Quand je suis allé étudier à New York, il nous fallait passer un test de natation dans une piscine. J'ai échoué. Malgré le fait que j'avais fait de la pêche au harpon, de la plongée en scaphandre autonome, et du surf sur d'énormes vagues, j'ai échoué mon test de natation parce que je ne connaissais pas les nages appropriées. Je me souviens avoir écrit à mes amis afin de leur expliquer que je suivais des leçons de natation parce que j'avais échoué mon test de natation. C'était ces mêmes amis avec lesquels j'avais passé plusieurs années à nager dans quelques-unes des plus dangereuses zones de surf à Hawaï.

La bonne nouvelle est que j'ai finalement appris à nager en chien de façon adéquate et que j'ai également assimilé le crawl dans une piscine d'eau douce. Jusqu'alors j'avais nagé en utilisant à la fois une combinaison de brasse et de nage sur le côté agrémentée d'une coupe de ciseaux, ce qui n'était pas très artistique et n'avait aucun sens aux yeux des instructeurs de natation.

Là où je veux en venir c'est que même si je ne pouvais pas nager adéquatement dans une piscine d'eau douce, j'étais très à l'aise à nager dans l'océan, même par mer agitée. Je ne suis toujours pas un bon nageur mais je me sens vraiment dans mon élément dans l'océan. Je connais des gens qui peuvent nager parfaitement dans une piscine mais qui sont terrifiés à l'idée des mers agitées, des courants de marée, des courants sous-marins et du martèlement des vagues. Comme le dit l'adage: «À chacun sa façon.»

Différents styles d'apprentissage

Mon intention n'est pas de discuter mon manque d'habileté à nager mais d'illustrer que nous apprenons tous différemment et que nous faisons tous les choses différemment. Même si je peux maintenant nager correctement, je trouve cela beaucoup plus pratique de nager à mon propre rythme. Je ne nagerai jamais dans des compétitions comme mon ami Willy et je n'obtiendrai jamais de prix pour l'élégance de mon style, mais le fait d'accomplir les choses à ma façon me convient parfaitement, et je crois que la plupart d'entre nous pensent ainsi. Nous savons ce que nous devrions faire mais nous préférons faire les choses de la manière que nous aimons les accomplir. Vos enfants ont la même attitude au sujet de l'apprentissage.

Comment découvrir les aptitudes naturelles de votre enfant

Pour découvrir le type d'intelligence ou les aptitudes naturelles de vos enfants, vous devez d'abord trouver quelle est leur façon préférée d'apprendre et pourquoi ils veulent apprendre telle ou telle chose. Par exemple, je n'ai pas appris à nager pour la simple raison que je ne voulais pas vraiment apprendre à nager. J'ai appris à nager parce que je voulais faire du surf. À part le surf, je n'étais nullement intéressé à apprendre à nager, et quand on m'a forcé à apprendre, j'ai détesté encore davantage la natation.

Au lieu de commencer mon apprentissage du côté le moins profond de la piscine avec les autres enfants, j'étais bien plus heureux quand je sautais dans la partie la plus profonde pour y apprendre à survivre. Il en va de même pour ce qui est d'apprendre à lire des états financiers. Je n'ai pas appris la comptabilité parce que je voulais devenir comptable. J'ai appris les rudiments de la comptabilité parce que je voulais devenir riche. Si vous croyez que mon style de natation est affreux, vous devriez jeter un coup d'œil à ma comptabilité.

Mon père riche a compris que je ne me distinguais pas par mes compétences sur le plan scolaire, et c'est pourquoi il m'a encouragé à découvrir mon propre style d'apprentissage. Au lieu de me forcer à me conformer et à suivre les méthodes traditionnelles d'apprentissage, il m'a encouragé à sauter dans la partie la plus profonde et à nager comme si ma vie devait en dépendre. Son attitude n'était pas cruelle. Il a pris conscience que mon style d'apprentissage m'appartenait en propre, et il a voulu que j'apprendre de la façon qui me convenait le mieux. Et tout comme ma manière de nager n'est pas belle à voir, il en va de même de ma manière d'apprendre.

D'autres gens apprennent par le moyen de méthodes plus traditionnelles. Bien des gens vont à l'école, apprécient leurs cours et prennent plaisir à suivre un programme d'études préétabli. Plusieurs aiment bien savoir qu'à la fin de leur programme d'études ils obtiendront une récompense. Ils sont enthousiastes à l'idée de savoir d'avance qu'ils vont obtenir un diplôme pour prix de leurs efforts.

Comme je l'ai déjà dit, ils aiment la certitude que cette récompense représente à la fin du programme. Tout comme mon ami Willy se débrouillait fort bien en natation parce qu'il aimait nager, bien des gens réussissent à l'école parce qu'ils aiment l'école.

Une des clés de la réussite des gens dans la vie est de découvrir de quelle façon ils apprennent le mieux et de s'assurer ensuite qu'ils sont dans un environnement qui leur permet de continuer d'apprendre de la manière qui leur convient le mieux. Le problème est le suivant: Découvrir exactement comment nous apprenons et quelles sont nos attitudes naturelles, cela s'avère souvent une entreprise hasardeuse.

Bien des gens ne découvrent jamais leurs propres aptitudes. Quand ils terminent leurs études, ils obtiennent un emploi et ensuite ils ne peuvent pas poursuivre leur processus personnel de découverte à cause de raisons financières ou familiales. Comment découvrir son propre style d'apprentissage et son propre type d'intelligence n'a jamais été clairement défini jusqu'à récemment.

Le test *Kolbe index*

Je parlais à une de mes amies et je lui expliquais que je détestais avoir un bureau. Je lui ai confié que j'avais déjà possédé plusieurs immeubles de bureaux mais que je n'avais jamais eu mon propre bureau. «Je déteste tout simplement être enfermé dans une pièce», ai-je dit.

Mon amie a souri et a dit: «As-tu passé le test *Kolbe index*?

– Non», ai-je répliqué. «Qu'est-ce que c'est?

– C'est un instrument qui mesure ton style naturel d'apprentissage ou M.O. (*modus operandi*). Il mesure tes instincts ou tes aptitudes naturelles.

– Je n'ai jamais entendu parler de ce test particulier mais j'ai passé plusieurs de ces types d'évaluation», ai-je dit. «Je les ai trouvés utiles, mais celui-ci n'est-il pas tout simplement un autre outil du même genre? N'est-ce pas un peu comme de chercher à en apprendre davantage concernant mon signe astrologique?

– Eh bien, oui, il y a des similarités», a dit mon amie. «Et pourtant il y a certaines distinctions que le test *Kolbe index* peut t'indiquer que d'autres évaluations ne font pas.

– Comme quoi?» ai-je demandé.

– Eh bien, comme je l'ai déjà dit, il va faire ressortir ton type d'intelligence et ton style naturel d'apprentissage. Il te révélera également ce que tu *feras* et ce que tu ne *feras pas* au lieu de ce que tu peux faire ou ne pas faire», a répliqué mon amie. «Le *Kolbe* va mesurer tes instincts naturels et non pas ton intelligence ou ta personnalité. Le test *Kolbe index* te révélera certaines choses très uniques à propos de toi-même qu'aucun autre test ne peut te dévoiler – car il mesure ce que tu es et non pas ce que tu crois être.

– Les instincts», ai-je dit. «Alors comment ce test pourrait-il m'aider?» À vrai dire, j'essayais d'éviter de me soumettre à un autre test.

– Passe simplement le test et nous en reparlerons ensuite. En fait, Kathy Kolbe, la créatrice du test, vit ici même à Phœnix. Après que tu auras passé le test, j'arrangerai une rencontre entre vous deux. Vois donc par toi-même si cet outil qu'elle a créé est vraiment aussi efficace que je l'affirme.

– Comment dois-je m'y prendre pour passer ce test?» ai-je demandé.

– Rends-toi simplement sur le site Web et passe-le. Je pense que cela coûte environ 50 $ et qu'il te faudra quelques minutes seulement pour répondre aux 36 questions», a-t-elle répliqué.

– Quand donc vais-je obtenir les résultats?

– Presque immédiatement», a répliqué mon amie. «Après avoir passé le test, tu peux l'évaluer, et je vais aussi organiser une rencontre entre Kathy et toi. Elle n'a pas l'habitude de rencontrer beaucoup de gens, mais c'est une de mes amies et je lui dirai que tu es mon ami.»

J'ai accepté et quelques minutes plus tard j'avais passé le test *Kolbe index*. Les résultats se trouvent un peu plus loin. Je trouve les résultats intéressants, mais sachant que j'allais bientôt dîner avec la créatrice du test, j'ai décidé d'attendre pour voir ce qu'elle allait dire.

Trois jours plus tard Kathy m'a rencontré pour dîner. En examinant mon test, elle a dit: «Cela vous donne de l'énergie de prendre des risques physiques, n'est-ce pas?»

J'ai lâché un petit rire. Kathy a une voix tellement douce et agréable et elle s'exprime avec tellement de compréhension et d'empathie. Je sentais qu'elle savait qui j'étais même si nous venions tout juste de nous rencontrer. «Comment pouvez-vous dire cela?» ai-je demandé.

– Votre force réside dans vos instincts, et cela me révèle votre M.O. ou votre mode opératoire. Dans votre cas, c'est l'énergie du "démarrage rapide" et du "réalisateur" qui mène vos actes», a-t-elle dit avec un sourire. «Les colonnes du graphique m'indiquent que vous recherchez instinctivement des risques physiques. Vous êtes naturellement attiré par ces derniers, n'est-ce pas?»

J'ai acquiescé.

«Avez-vous déjà été en sérieux danger?» a demandé Kathy.

– Oui, plusieurs fois, surtout quand j'étais au Viêt-nam. Pourquoi me demandez-vous cela?

– Vous êtes-vous en fait nourri du danger dans de telles situations?» a-t-elle demandé. «Vos instincts étaient-ils pleinement engagés et votre énergie était-elle fascinée par le danger dans lequel vous vous trouviez?

Résultats du test Kolbe A™ Index

Pour: Robert T. Kiyosaki

M. O.: 2 2 9 6

Forces conatives (facteurs d'impact pour chaque mode d'action):
Simplifier (Établissement des faits), Adapter (Suivi), Improviser (Démarrage rapide),
Rénover (Mise en œuvre)

Graphique Kolbe A Index

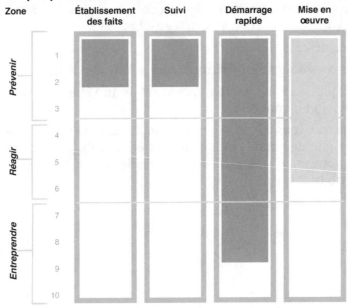

«Eh bien, j'aimais voler lors des combats», ai-je répliqué. «C'était tout aussi excitant que tragique parfois. Mais j'ai vraiment aimé voler lors de ces missions, et cela m'a manqué après la guerre.

– Cela me semble cohérent», a-t-elle dit. «Est-ce que le retour à la routine militaire courante a été difficile quand vous êtes revenu à la maison?» a-t-elle demandé. «Cela vous a-t-il occasionné des problèmes une fois au pays?

– Oui», ai-je dit. «Comment l'avez-vous su?

– Je le sais parce que votre talent du "suivi" consiste à jongler avec plusieurs balles dans les airs en même temps», a-t-elle dit doucement. «Cela me porte à penser que vous ne suivez pas les procédures. Les résultats du "démarrage rapide" et de la "mise en œuvre" indiquent que vous prenez des risques physiques et que vous vous accommodez fort bien d'un sentiment d'urgence. Par conséquent, vous vous êtes probablement bien débrouillé au Viêt-nam. Mais vous avez trouvé que la vie militaire en temps de paix était trop structurée, trop confinée. Vous aviez besoin d'excitation. Si vous n'en avez pas suffisamment, vous la créez. Cela s'appelle s'attirer des problèmes, ce qui se traduit souvent par un antagonisme avec les symboles d'autorité qui essaient de vous faire entrer dans les rangs et de faire suivre les règlements.

– Lisez-vous aussi les lignes de la main?» ai-je lancé. Je lui ai alors demandé si mon amie lui avait parlé de moi. J'étais en train de devenir soupçonneux car Kathy savait beaucoup de choses sur mon compte et nous venions tout juste de nous rencontrer.

Elle a répondu: «Non. Je ne sais rien de vous. Il est préférable qu'il en soit ainsi quand j'interprète les résultats d'une personne. Je me fie à la précision de mes tests et je préfère me fier à eux qu'à la description que quelqu'un me fait d'une autre personne – ou à mes souvenirs de ce qu'il m'a dit.» Kathy a enchaîné en disant qu'elle me rencontrait pour la simple raison que son amie le lui avait demandé et parce qu'elle éprouvait une grande joie à partager son travail avec des gens qui voulaient sincèrement en savoir davantage à ce sujet.

Après avoir fait plus. ample connaissance pendant le dîner, Kathy s'est mise à partager avec moi, plus en profondeur, ce que mon test *Kolbe index* révélait sur mon compte. Montrant à nouveau du doigt mon graphique, elle a dit: «Si vous fréquentiez encore l'école, vous seriez étiqueté comme ayant un trouble déficitaire de l'attention, et il est fort possible qu'on vous administrerait des médicaments pour vous calmer.

– Êtes-vous d'accord avec ce type de traitement?» lui ai-je demandé.

– Non. Pas pour la plupart des enfants», a-t-elle dit. «Je crois que de leur donner des médicaments et de les étiqueter de cette façon est souvent une terrible injustice à leur rendre quant à leurs capacités naturelles et à leur estime de soi. Cela leur dérobe cette fierté légitime qu'ils ont pour eux-mêmes. Si on vous avait "drogué" quand vous étiez jeune, vous n'auriez peut-être jamais trouvé votre voie dans la vie. Vous n'auriez peut-être jamais écrit des livres à succès. Vous n'auriez peut-être jamais obtenu cette réussite qui est la vôtre.

«D'un autre côté, il se peut fort bien que rien n'aurait pu vous en empêcher», a enchaîné Kathy. «À vrai dire, dans le système scolaire d'aujourd'hui, vous seriez étiqueté comme étant un enfant à problèmes, un écolier ayant un trouble. Le problème n'est pas que vous êtes incapable d'apprendre, mais vous ne pouvez tout simplement pas le faire de cette manière que les écoles l'enseignent habituellement. Vous avez été chanceux que votre père le comprenne», a-t-elle dit.

«Je sais que vous avez l'habitude d'appeler votre père éducateur, votre père pauvre, mais à bien des égards il a vraiment enrichi votre vie. Et à bien des égards, vous avez réussi à cause de votre père pauvre. Il a été suffisamment intelligent pour vous laisser étudier avec votre père riche et il vous a encouragé à apprendre de la manière qui vous convient le mieux, qui est comme vous l'admettez vous-même pas très orthodoxe.»

J'ai acquiescé et je lui ai dit: «Elle n'est définitivement pas orthodoxe.» Après une courte pause je lui ai demandé: «Alors comment définissez-vous le succès?»

Kathy m'a souri et a dit: «Je définis le succès comme étant la liberté d'être vous-même. Et c'est ce que votre père a fait pour vous. Il vous a respecté et il vous a accordé la liberté d'être vous-même.

«Bien des gens sont coincés à essayer d'être ce que leurs parents ou la société veulent qu'ils soient, et je ne crois pas que ce soit un réel succès... même s'ils deviennent très riches ou puissants. En tant qu'être humain, nous recherchons tout naturellement la liberté d'être qui nous sommes. Si nous ne luttons pas contre qui que ce soit qui nous force à agir à contrecœur, nous allons perdre le respect que nous avons de nous-même et renier notre propre intelligence.

– Eh bien», ai-je dit, «je n'aurais pas trouvé le succès si j'avais suivi les traces de mon père. À l'école secondaire j'étais une sorte d'intrus, je ne cadrais pas avec les élèves ou les professeurs.

– Mais je parie que vous aimiez l'école maternelle», a dit Kathy avec un grand sourire.

– Oui, j'aimais ça», ai-je répliqué. «Comment l'avez-vous deviné?»

Désignant du doigt mon graphique, Kathy a dit: «Pour les gens qui ont une colonne de "mise en œuvre" aussi longue que la vôtre, l'école maternelle a dû s'avérer quelque chose de magnifique. Les gens qui utilisent le mode d'action de la "mise en œuvre" sont des touche-à-tout et des bâtisseurs. Par votre mode d'action du "démarrage rapide" vous avez fait l'expérience de toute une panoplie de choses nouvelles. Votre mode d'action du "suivi" n'a pas été forcé de se plier à trop de structures. Et vous n'avez pas encore été mis à l'épreuve concernant toute une accumulation de faits. Cela correspond parfaitement à vous, n'est-ce pas?»

J'ai fait signe que oui et je lui ai dit: «Oui, c'est exact. Aujourd'hui, j'aime encore bâtir des choses, comme des nouveaux produits. J'aime investir dans l'immobilier quand je peux voir, toucher et sentir mes investissements. Je dis toujours aux gens que je n'ai jamais cessé de jouer au *Monopoly*. J'aime jouer.»

Kathy m'a fait un large sourire et a montré du doigt la section du «suivi» du graphique. «C'est alors que vous avez commencé vos trois premières années du primaire. Les enfants qui avaient un type de "suivi" différent du vôtre ont bien réussi à ce moment-là.

– Pourquoi ont-ils bien réussi?» ai-je demandé. «Pourquoi les trois premières années du primaire seraient-elles profitables pour une personne qui a un type de "suivi" différent?» J'étais maintenant de plus en plus intéressé par les connaissances de cette femme.

– Parce que durant ces années-là, les cubes et les jouets commencent à disparaître et la discipline et l'ordre deviennent partie intégrante du programme d'études. Et les jeunes qui ont un type de "suivi" dont la colonne est longue correspondent à cette demande de discipline et d'ordre. Et vers la troisième année scolaire, il ne subsiste plus un seul vestige de la "mise en œuvre" dans la salle de classe.

– Discipline et ordre?» ai-je dit. «Qu'est-ce que la discipline et l'ordre ont à voir avec l'éducation?»

Kathy a souri de nouveau et a dit: «Je peux voir d'après votre type de "suivi" que le fait de se conformer à une discipline et d'être ordonné n'est pas votre fort.

– Non, ça ne l'est pas. Mais est-ce que cela influerait sur ma performance à l'école?» ai-je demandé.

– Oh, définitivement», a dit Kathy. «Je parie que vous n'avez pas aussi bien réussi en première année qu'à l'école maternelle.

– C'est exact», ai-je dit. «En première année, j'ai commencé à me battre tandis qu'à la maternelle j'avais beaucoup joué avec mes jouets et sur un portique d'escalade. C'est lorsque je suis arrivé en première année que des professeurs ont commencé à dire de moi que j'étais un enfant "à problèmes" parce que je me battais.

– Eh bien, voilà ce qui peut se produire quand on enlève les jouets et les cubes», a-t-elle répliqué. «Les garçons sans jouets s'en prennent souvent aux autres enfants.

– Je dirais que c'était vrai dans mon école», ai-je dit. «Mais pourquoi donc les gens qui ont un type de "suivi" solide réussissent-ils pendant cette période de leur cours primaire?

– Parce qu'à cette étape du développement, la discipline et l'ordre sont requis. Dans la salle de classe, on s'assoit maintenant en ligne droite au lieu de s'asseoir sur le plancher ou en groupe autour d'une table. Au lieu de vous encourager à vous barbouiller les doigts de peinture, l'institutrice commence à insister sur une calligraphie et une écriture soignées. Elle veut maintenant que vous vous mettiez à écrire entre les lignes au lieu d'écrire partout sur la page. Les institutrices aiment les petites filles qui s'habillent d'une manière soignée et les petits garçons qui obéissent et ne dérangent pas les autres. Je ne crois pas que vous étiez un de ces garçons qui s'habillaient pour impressionner l'institutrice, n'est-ce pas?» a demandé Kathy avec le sourire.

– Non, ce n'était pas le cas. C'était quand même une bonne chose que j'habite en face de l'école car on m'a souvent renvoyé à la maison couvert de boue. J'ai toujours trouvé une quelconque façon de glisser et de tomber dans la boue.

– Avez-vous commencé à éprouver un sentiment différent à propos de l'école à cette époque?» a demandé Kathy.

– Pas en première année, mais je me souviens avoir commencé à remarquer certaines différences une fois en troisième année», ai-je répliqué. «Je me suis mis à remarquer que certains écoliers étaient les chouchous des professeurs. Une fille et un garçon dans ma classe de troisième année sont devenus plus tard des leaders à l'école secondaire. Ils sont maintenant mariés. Déjà en troisième année, tous savaient que ces deux-là étaient les vedettes. Ils paraissaient bien, ils étaient intelligents, bien habillés, populaires et c'étaient de bons élèves.

– Ça m'a tout l'air que l'école semblait spécialement conçue pour eux. Et qu'est-il advenu de ce couple?» a demandé Kathy. «Ont-ils trouvé le succès qu'ils voulaient?

– Je ne le sais pas vraiment. Je suppose que oui. Ils n'ont jamais quitté la ville où nous avons grandi. Ils sont très respectés dans la communauté et ils sont tout aussi populaires qu'ils l'étaient. Alors je suppose qu'ils ont trouvé le succès.

– Dans leur cas, cela semble idéal, il m'apparaît qu'ils ont joui de la liberté d'être eux-mêmes pendant toute leur vie et leur mariage», a dit Kathy.

– Qu'arrive-t-il après la troisième année quand les enfants sont sur le point d'avoir l'âge magique de 9 ans?» ai-je demandé.

– À partir de la quatrième année, tout écolier dont la colonne d'"établissement des faits" est longue s'adapte au système. De la quatrième année du primaire à la cinquième année du secondaire, notre système d'éducation a été conçu pour ceux qui excellent dans l'"établissement des faits". Certains jeunes se concentrent instinctivement sur les noms, les lieux et les dates. Cette approche d'"établissement des faits" est bien récompensée. De tels jeunes sont très à l'aise dans une salle de classe», a dit Kathy.

Kathy a enchaîné en expliquant qu'à partir de l'âge de 9 ans en montant, les écoliers sont évalués par une série de chasses aux erreurs. Vous subissez des épreuves d'orthographe, vous apprenez par cœur les tables de multiplication, vous faites le compte des livres que vous avez lus et vous le prouvez en vous rappelant les faits qui s'y trouvent.

Je lui ai parlé de la théorie de Rudolph Steiner concernant le changement qui se produit à l'âge de 9 ans, et comment plusieurs professeurs s'y prennent pour savoir si un enfant aura du succès ou non dans le système scolaire. Je lui ai dit: «Vers l'âge de 9 ans, je savais que je ne serais pas une étoile reluisante dans le système. Ils m'ont enlevé les cubes pour toujours.»

Kathy a ri. «Oui, pour une personne comme vous, avec les besoins qu'exige votre "mise en œuvre", les cubes doivent vous manquer. Si vous aviez du talent dans l'"établissement des faits", qui consiste à simplifier au lieu de mémoriser des faits complexes et des chiffres, vous deviendriez frustré. Votre "démarrage rapide" interviendrait alors et essaierait toutes sortes de façons originales de contourner ce que vous considérez être la stupidité du système scolaire.

– Et les professeurs le savent», ai-je dit. «C'est pourquoi on étiquette tant de jeunes aujourd'hui: on les dit intelligents, stupides ou fomentateurs de troubles très rapidement au début de leurs études.»

Kathy a acquiescé avec un air triste. «La plupart des professeurs possèdent de solides instincts de "suivi" et/ou d'"établissement des faits". Les gens ont tendance à étiqueter d'autres personnes dont les instincts sont similaires aux leurs en les qualifiant de personnes intelligentes. Bien sûr, l'intelligence n'a rien à y voir. Mais les éducateurs ont des œillères quant à la valeur de vos instincts. Leurs compétences s'exercent au mieux dans un environnement scolaire, alors ils s'en tiennent à cela. Le système d'éducation est leur élément naturel. Ils s'y sentent bien.

«Par conséquent, le système d'éducation continue de se concentrer sur un seul style d'apprentissage et il continue de faire des distinctions plus subtiles quant au pourquoi certains jeunes ne peuvent pas apprendre. C'est la raison pourquoi nous avons peut-être identifié autant de difficultés d'apprentissage différentes», a résumé Kathy.

– Ce n'est pas très intelligent», ai-je dit. «Nous n'avons pas de difficultés d'apprentissage, nous avons un système scolaire dépassé qui éprouve des difficultés à enseigner! Et j'ai détesté cela quand j'y étais», ai-je ajouté avec amertume.

– Mais vous aimez apprendre, n'est-ce pas?» a demandé Kathy.

– J'aime apprendre. J'assiste à des séminaires, je lis des livres et j'écoute des cassettes constamment. Cela me stimule beaucoup quand je découvre quelque chose de neuf et d'excitant à apprendre. Je prends plaisir à assimiler l'objet de vos recherches», ai-je dit. «Mais pour une quelconque raison, je détestais tout simplement l'école. Mais comment pouvez-vous dire que j'aime apprendre si je détestais l'école?»

Kathy a montré alors du doigt mes résultats du test *Kolbe*. «Voyez-vous cela?» a-t-elle demandé.

Sous une section intitulée «Cheminement possible de carrière»

Résultats du test Kolbe A™ Index

Pour: Robert T. Kiyosaki

M. O.: 2 2 9 6

Forces conatives (facteurs d'impact pour chaque mode d'action):
Simplifier (Établissement des faits), Adapter (Suivi), Improviser (Démarrage rapide),
Rénover (Mise en œuvre)

Graphique Kolbe A Index

Cheminement possible de carrière

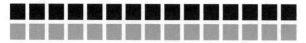

Vous créez vos propres opportunités que vous ne planifierez ou n'articulerez peut-être pas comme des objectifs spécifiques. Étant donné que votre sens de l'accomplissement provient du fait que vous surmontez des obstacles et que vous amenez des solutions contre toute attente, vous avez besoin de vous placer vous-même dans des situations qui obligent votre créativité à intervenir. Vous avez du talent pour la diversité et un sens aigu de l'espace qui vous entoure – donc, quoi que vous fassiez, ne vous laissez pas coincer mentalement ou physiquement.

«Innovateur» n'est pas une appellation d'emploi mais plutôt un mode d'opération (M.O.). C'est en fait une approche, dans un sens large, de votre façon de résoudre des problèmes et du talent que vous déployez pour accomplir une tâche. Vous réussirez dans des rôles qui vous permettront d'utiliser cet «avantage naturel». Les choix de carrière suivants ne constituent pas nécessairement des cheminements de carrière recommandés, mais c'est une liste partielle de fonctions parmi lesquelles *Kolbe Corp research* en a découvert d'autres faisant bon usage des instincts d'«innovateur»:

ACTEUR	CONSTRUCTEUR DE PROTOTYPES
ARTISAN D'ART ORIGINAL	PROMOTEUR IMMOBILIER
AVOCAT EN ÉCOLOGIE	TRAUMATOLOGUE
SPÉCIALISTE DES SCIENCES PHYSIQUES	INVENTEUR
RESTAURATEUR	PROMOTEUR DE NOUVEAUX PRODUITS
CASCADEUR	SPÉCIALISTE D'EFFETS SPÉCIAUX
EXPLORATEUR	PRODUCTEUR POUR LA TÉLÉVISION
PROMOTEUR SPORTIF	CONCEPTEUR DE PLACARDS PUBLICITAIRES
ÉDUCATEUR NON TRADITIONNEL	PROFESSEUR POUR DES GENS AYANT DES DIFFICULTÉS PHYSIQUES

Kathy était en train de montrer du doigt la carrière dont le titre est «Éducateur non traditionnel». «Les gens que j'ai rencontrés et qui ont choisi ce cheminement de carrière sont généralement des êtres qui apprennent de façon très active. Ils ne s'épanouissent tout simplement pas dans la structure de l'éducation traditionnelle.

– C'est exact», ai-je répliqué. «J'assiste à des séminaires régulièrement. J'y assiste plutôt que de fréquenter un collège régulier parce que je n'ai pas besoin du diplôme ou du certificat de fin d'études. Je ne veux que les informations.

– Combien parmi ces possibilités de carrière seriez-vous prêt à considérer sérieusement?» a demandé Kathy.

Après avoir examiné la liste pendant quelques instants, j'ai dit: «Je les aimerais toutes sauf le traumatologue et le restaurateur.

– Y a-t-il une raison à cela? a demandé Kathy.

– J'ai déjà eu bien trop d'expériences dans ces domaines. J'ai vu assez de sang et de traumatismes psychiques au Viêt-nam, et mon père riche possédait des restaurants. Mais je pourrais facilement devenir un solide avocat en écologie, et j'ai possédé une entreprise en éducation non traditionnelle pendant presque 10 ans. J'adore enseigner. Aujourd'hui, je continue de construire des prototypes, je suis promoteur immobilier et j'ai inventé et fait breveter des choses. À vrai dire, j'aime développer de nouveaux produits. J'aime aussi le domaine de la publicité et j'éprouve du plaisir à produire des annonces publicitaires télévisées. Je dirais donc que votre liste est remplie de choses qui m'intéressent ou que j'ai déjà faites.»

Je suis resté assis en silence pendant quelques instants, réfléchissant à tout ce que Kathy et moi avions traité. J'étais emballé parce que j'aime vraiment apprendre et je prends plaisir à découvrir pourquoi l'école ne me convenait pas. Après avoir examiné de nouveau les résultats de mon test *Kolbe index*, j'ai demandé: «Les jeunes qui réussissent à l'école après la troisième année, vers l'âge de 9 ans, sont donc des enfants qui sont forts dans ''l'établissement des faits'' et ''le suivi''?» ai-je demandé.

– Oui, a dit Kathy. «Et c'est pourquoi vous avez commencé à éprouver des problèmes à l'école, car ils vous ont retiré les jouets et les cubes et vous ne pouviez plus continuer d'apprendre en jouant. Vous étiez peut-être dans la salle de classe physiquement mais votre esprit était très loin, il s'échappait par la fenêtre.

– C'est vrai», ai-je dit. «Je m'ennuyais et j'en faisais juste assez pour ne pas échouer. J'étais impatient d'obtenir mon diplôme pour pouvoir me retrouver au plus vite dans le monde réel.

– C'est "le démarrage rapide" en vous qui vous faisait réagir ainsi», a dit Kathy. «À cause de l'énergie que vous témoignez dans "la mise en œuvre" et "le démarrage rapide", vous avez le talent de construire des choses tangibles très rapidement, comme vos jeux, vos livres et votre entreprise. C'est pourquoi le fait de fabriquer des portefeuilles de nylon et de mener à bien tous vos autres projets vous a conduit au succès. Vous êtes un entrepreneur-né avec un esprit innovateur.»

Résultats du test Kolbe A™ Index

Pour: Robert T. Kiyosaki

M. O.: 2 2 9 6

Forces conatives (facteurs d'impact pour chaque mode d'action):
Simplifier (Établissement des faits), Adapter (Suivi), Improviser (Démarrage rapide), Rénover (Mise en œuvre)

Graphique Kolbe A Index

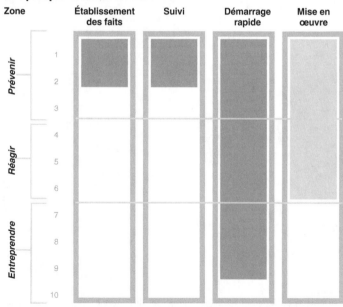

«Pourquoi dites-vous un esprit innovateur?» ai-je demandé

– Eh bien, c'est ce que les résultats de votre test m'indiquent. Votre "mise en œuvre" procède littéralement d'un talent ayant une expérience pratique de travail, et votre "démarrage rapide" se nourrit de l'aventure. Vous n'êtes pas un entrepreneur-né dans le sens traditionnel de développer une entreprise et des produits. Votre motivation vous incite à être le premier aux frontières de l'innovation.

– Voilà donc pourquoi il m'est souvent difficile d'expliquer ce que je fais car je suis souvent plusieurs années en avance sur mon temps», ai-je ajouté. «Je crée des produits pour un marché qui n'existe pas encore.

– Oui», a dit Kathy, désignant du doigt le graphique[1]. «La perspective du "démarrage rapide" est l'avenir. La perspective de "l'établissement des faits" est le passé. La "mise en œuvre" est dans le présent, et la perspective du "suivi" consiste à intégrer le passé, le présent et l'avenir. Vous êtes toujours concentré sur l'avenir et vous bâtissez des entreprises et des produits dans le présent en prévision de l'avenir. Vous serez toujours en avance sur votre temps.»

---

1. Note de l'auteur: Si vous examinez le graphique qui compare les modes d'action *Kolbe* (page suivante), vous remarquerez les différences parmi les résultats possibles de tests *Kolbe Index*. Dans son petit livre *Bottom Lines*, Kathy Kolbe nous offre 30 pages de tels graphiques et informations qui définissent davantage les différences.

Comparons les modes d'action *Kolbe*
Des concepts clés applicables à ceux qui entreprennent
des choses dans chaque mode d'action

Concept	Établissement des faits	Suivi	Démarrage rapide	Mise en œuvre
Espace temporel	Passé	Intégration du passé, du présent et du futur	Futur	Présent
Utilisation du temps	Évalue combien de temps il faudra pour accomplir quelque chose par l'action de l'expérience et de l'expertise; place des événements dans une perspective historique	Met en ordre les événements et fournit une continuité, règle notre propre allure; assigne un rythme à l'effort global et le coordonne avec les autres	Prédit et s'occupe d'événements longtemps à l'avance; se concentre sur l'avenir en prévoyant ce qui pourrait se passer; anticipe les changements	Se fonde sur ici et maintenant, veut que le moment présent dure; crée des produits de qualité qui dureront
Communiquer en utilisant...	Des mots écrits	Des graphiques et des tableaux	Le langage parlé	Des accessoires, des maquettes et des démonstrations pratiques
Stockage des informations	Selon la priorité	Alphabétiquement	Selon la couleur	Selon la qualité
Besoins d'apprentissage	Étudie des livres sur le sujet pour savoir comment cela s'est fait par le passé	Apprend la théorie de la formule	Procède à des expériences en ce qui a trait à des idées radicales et à des innovations	Travaille avec des maquettes ou des prototypes
Atteinte de l'objectif	• Grâce à une expertise; • En établissant des projets complexes; • En comparant les options.	• En intégrant des systèmes; • En développant des scénarios de la pire éventualité; • En certifiant un réel sens de la qualité.	• Par un sentiment d'urgence et des délais à court terme; • Par des objectifs visionnaires; • En recherchant des solutions qui défient les probabilités.	• En requérant des objectifs concrets et démontrables qui ont une valeur durable; • En employant des matériaux et une technologie de la plus haute qualité.

«Et c'est pourquoi je raisonne souvent avec des gens dont le monde d'action est "l'établissement des faits"», ai-je dit. Ces derniers veulent des faits et des chiffres, et je n'ai rien à leur montrer aujourd'hui car l'avenir n'est pas encore arrivé.»

Kathy a acquiescé et souri. «Oui, je dirais que quelqu'un avec votre mode d'opération (MO) entre nettement en conflit avec une personne qui recherche les détails de "l'établissement des faits" et/ou la structure du "suivi". Comme je l'ai déjà dit, vous avez probablement éprouvé des problèmes à l'école parce que la plupart des professeurs insistent sur les explications qu'entraîne "l'établissement des faits" et sur la méthode du "suivi", deux choses auxquelles vous résistez naturellement.

– Vous savez, cela a de plus en plus de sens à mes yeux. Je respectais vraiment la plupart de mes professeurs mais j'ai toujours su que nous n'étions pas sur la même page du livre», ai-je dit. «Je sais maintenant que nous n'étions même pas dans le même livre.»

Kathy a ri et a dit: «J'ai entendu une blague récemment dans une de mes classes. La question était celle-ci: "Quel nom donnez-vous à une organisation remplie de gens dont le mode d'action est "l'établissement des faits?" Et la réponse est: "Une université."»

J'ai eu un petit rire et j'ai alors ajouté: «Et comment appelez-vous une organisation pleine de gens dont le mode d'action est le "démarrage rapide" et "la mise en œuvre"? La réponse est: "Une école maternelle."»

Kathy a souri et a dit: «Ou une entreprise point-com .»

Sur ce, j'ai éclaté de rire. «Et c'est pourquoi beaucoup de sociétés point-com vont échouer», ai-je dit. «La plupart des entreprises point-com sont dirigées par quelqu'un dont le mode d'action est le "démarrage rapide", et cette personne travaille sans notions fondamentales, sans chercher à établir des faits, sans marge bénéficiaire, ou sans réelle expérience du monde de tous les jours. De plus, ces entreprises entretiennent un "suivi" des plus modestes. Je le sais parce que j'étais comme ça quand j'ai débuté en affaires. C'est pourquoi mes premières entreprises ont échoué.

«Nous avions une bonne affaire entre les mains mais le mode d'action de mes deux associés et moi-même était le "démarrage rapide" et aucun n'avait le mode d'action du "suivi". Quand j'ai bâti mes entreprises précédentes, celles-ci débordaient d'énergie, elles ont connu une croissance rapide et une fin tout aussi rapide. Nous n'avions pas de faits établis, ou le chiffre d'affaires que nous convoitions, ou de "suivi".

– C'est pourquoi j'ai décidé de travailler avec des entreprises», a dit Kathy. «À présent que vous êtes plus âgé et plus sage, que pensez-vous des gens qui mènent dans "l'établissement des faits" et dans le "suivi"?

– Je les apprécie», ai-je dit. «Je sais maintenant que je ne pourrais pas survivre sans eux.

– Et c'est le point que je tiens à souligner», a dit Kathy. «Il nous faut respecter les dons et le génie que chacun de nous amène à la table et au monde entier. Afin que n'importe quelle équipe survive, elle a besoin des différentes perspectives des quatre modes d'action. Au lieu de faire de la discrimination les uns envers les autres et de se donner des étiquettes, il nous faut apprendre à allier nos talents et à associer nos génies. Je parie que vous détestiez cela quand les professeurs disaient que les jeunes, dont le mode d'action était "l'établissement des faits", étaient intelligents, et que les jeunes comme vous dont le mode d'action était le "démarrage rapide", étaient moins intelligents.

– Je détestais cela et je trouvais ça insultant et humiliant.

– Alors qu'avez-vous donc fait de cette colère?» a demandé Kathy.

– Je suis allé ailleurs et j'ai fait des choses de ma propre initiative. Je voulais prouver que j'étais intelligent», ai-je dit. «Je détestais qu'on dise de moi que j'étais bête et que j'avais moins de chances de réussir. Je détestais cela quand les professeurs disaient: "Robert a tellement de potentiel... mais il ne s'applique tout simplement pas suffisamment à la tâche. Il suffirait qu'il s'attelle à son travail et qu'il étudie."

– Et plus ils ont essayé de vous atteler à la tâche, plus vous êtes devenu déterminé à réussir?» a demandé Kathy. «Avez-vous utilisé cette colère pour réaliser ce que vous vouliez accomplir dans votre vie?

– Eh bien, j'ai passablement bien réussi», ai-je répliqué d'un ton un peu suffisant. «J'ai écrit un livre à succès, et les jeunes de ma classe qui avaient obtenu un A en anglais n'en ont pas encore écrit un. Je gagne plus d'argent que la plupart des jeunes qui obtenaient de bonnes notes.» J'étais plutôt en train de me pavaner pour l'instant, comme le paon de la *NBC* dont la queue se déployait en éventail de couleurs. Je donnais libre cours à ma colère et à ma frustration après les avoir contenues en moi pendant des années.

– Par conséquent, avez-vous utilisé votre colère afin de découvrir votre propre façon de faire les choses? Avez-vous trouvé la liberté d'être qui vous êtes?» a demandé Kathy avec un doux sourire.

– Oui, j'y suis parvenu», ai-je dit avec un large sourire. «Je l'ai fait à ma manière et j'ai découvert la vie que je voulais, et je la vis de la façon que je veux la vivre. Et je n'ai pas voulu d'un emploi, je n'ai pas voulu que qui que ce soit me dise combien d'argent je pouvais gagner, et je n'ai pas voulu être confiné dans un bureau.

– Félicitations!», a dit Kathy. «Vous avez réussi. Vous avez du succès parce que vous avez la liberté d'être qui vous êtes.»

Je me suis calé dans mon fauteuil et j'ai laissé ses félicitations m'imprégner tandis que mes années d'école, remplies de frustration refoulée, se dissipaient. «Je n'avais jamais vraiment imaginé le succès en ces termes», ai-je dit. «Je veux dire que je n'avais pas réalisé à quel point ma colère et ma frustration m'avaient apporté beaucoup de succès.

– Très bien», a dit Kathy. «Et pouvez-vous comprendre qu'il y a d'autres gens qui définissent le succès d'une façon très différente de la vôtre? Pouvez-vous comprendre qu'il y a des gens qui ont besoin de faire des recherches, d'obtenir la sécurité d'emploi et de s'épanouir dans un environnement calme et stable? Pouvez-vous comprendre que certaines gens se contentent avec joie d'une auto et d'une maison toutes simples?

– Oui, je peux le comprendre», ai-je répliqué. «Ma mère et mon père étaient très heureux de toutes ces choses. Ils ont réussi selon leurs propres conditions. Toutefois, je savais que leur façon de faire ne me conviendrait pas. Alors oui, je peux comprendre que la vie se résume vraiment à ceci: "À chacun sa façon."

– Et maintenant que vous êtes plus âgé et plus sage, appréciez-vous davantage les différents types de gens? En fait, appréciez-vous, dans votre bureau, les gens habiles dans les modes d'action du "suivi" et de "l'établissement des faits"?

– Aujourd'hui plus que jamais», ai-je répliqué. «J'aime ces gens. Je ne pourrais pas accomplir ce que je fais sans eux. Je n'aurais pas de succès sans eux.»

Kathy a souri et a dit: «Je suis contente d'entendre cela.» Elle a fait une pause, elle a rassemblé ses idées, puis elle a demandé avec circonspection: «Et pensez-vous que vous pourriez mieux vous entendre aujourd'hui avec vos professeurs, même ceux qui vous ont fait échouer ou avec lesquels vous vous êtes disputés?

– Eh bien, je ne sais pas si je pourrais aller jusque-là», ai-je répliqué sans même réfléchir.

– Vous savez très bien que c'est le système d'éducation – et non pas les professeurs – qui est responsable de ce qui vous est arrivé?» a demandé Kathy.

J'ai acquiescé. «Oui, je le comprends, mais ça ne me plaît toujours pas. Je me rends compte qu'ils ont fait de leur mieux avec ce qu'ils avaient.

– Laissez-moi vous montrer maintenant pourquoi vous avez été autant en colère», a dit Kathy. «Je pense que vous êtes devenu très en colère parce que le système a essayé d'étouffer votre type d'intelligence le plus accompli et de vous forcer à adopter un autre type d'intelligence que vous ne vouliez pas accepter.

– Parlez-vous du type d'intelligence dont je fais preuve dans le mode d'action du "démarrage rapide"?

– Eh bien, dans ce domaine aussi. Mais le type d'intelligence dont je parle est celui dont vous faites preuve dans la colonne de "l'établissement des faits".

– Dans "l'établissement des faits"?» ai-je répliqué à mon grand étonnement. «La colonne de "l'établissement des faits" est ma colonne la plus faible. Alors comment pourrait-il être possible que je sois vraiment doué dans le mode d'action de "l'établissement des faits"?

– Un de vos dons extraordinaires est caché dans chaque catégorie, même dans celle de "l'établissement des faits"», a dit Kathy, me désignant du doigt une page de son petit livre.

Facteurs d'impact Kolbe
Les forces positives de chaque mode d'action

Mode d'action				
Zone d'opération	Établissement des faits	Suivi	Démarrage rapide	Mise en œuvre
Prévenir	Simplifier	Adapter	Stabiliser	Imaginer
Réagir	Perfectionner	Réajuster	Réviser	Rénover
Entreprendre	Justifier	Organiser	Improviser	Construire

Montrant du doigt le verbe *simplifier* dans la colonne de "l'établissement des faits", elle a dit: «Dans la catégorie de "l'établissement des faits", voici votre génie, votre don extraordinaire: Il se résume à votre capacité, à votre aptitude à recueillir des faits et à les simplifier. Je crois que la raison pourquoi vos livres se vendent si bien est que vous avez choisi un sujet complexe, comme l'argent, et vous l'avez simplifié.»

Commençant à comprendre, j'ai dit: «Eh bien, mon père riche agissait ainsi. Il aimait simplifier les choses.»

Kathy a alors montré du doigt le verbe *justifier* dans le mode d'action de "l'établissement des faits" et elle a dit: «Et cela est probablement tout le génie de votre père très instruit. Puisqu'il se débrouillait fort bien à l'école et qu'il avait réussi dans le milieu de l'éducation, il avait un réel don pour comprendre les faits et les chiffres. Je parierais que votre père très instruit était stimulé par le fait de recueillir des données, de faire des recherches, de chercher les spécificités et de définir des objectifs. Par conséquent, son génie particulier dans le mode d'action de "l'établissement des faits" était différent du vôtre, ce qui explique pourquoi il a bien réussi à l'école alors que ce fut le contraire pour vous.

– Nous avons tous un don, un génie particulier dans chacune des quatre colonnes», ai-je dit doucement tandis je commençais à comprendre davantage le travail de Kathy.

Kathy a alors acquiescé. «J'ai défini 12 types différents de génie. Chacun de nous possède 4 génies différents, un pour chaque colonne.

– Il y a 12 types différents de génie... et chacun de nous en possède 4. C'est pourquoi il est préférable de travailler en équipe, car chaque membre présente un point de vue différent sur la façon de résoudre des problèmes. Est-ce cela que vos recherches ont découvert?» ai-je demandé.

Kathy a acquiescé de nouveau. «Plus vous comprendrez ces graphiques, plus vous serez capable de faire de meilleures distinctions à propos des gens autour de vous et de vous-même. En nous comprenant mieux les uns les autres, nous pouvons respecter nos différences, travailler et vivre plus harmonieusement. Le fait de travailler en équipe peut aider à résoudre plus de problèmes, plus efficacement que si vous travaillez seul. Voilà pourquoi j'aime travailler à bâtir des équipes plus efficaces. Cherchez de la joie dans les différences – que ce soit au travail ou à la maison.

– Et c'est là votre génie ou votre don», ai-je dit. «Vous voulez que les gens travaillent ensemble avec un plus grand respect pour les dons et les talents des uns et des autres. Et dans quelles catégories se trouvent vos plus grandes forces?

– C'est dans le "démarrage rapide" et le "suivi" que je suis le plus efficace», a répondu Kathy. «Voilà pourquoi je donne des explications au moyen de graphiques et de tableaux. Il m'a fallu faire entrer dans mon système le répertoire entier des comportements humains avant d'être finalement persuadée de la validité de ma démarche. Puis, j'ai eu besoin que les gens de l'équipe dont le mode d'action est "l'établissement des faits" accomplissent ce qu'ils font le mieux. Je fais grand cas de leurs capacités qui complètent le talent que j'ai de simplifier. Comme vous, je fonce jusqu'au résultat final.

«Contrairement à vous, je mets mon travail dans un système logiciel, avec des algorithmes qui produisent les résultats finals sous le format de graphiques et de tableaux. Il est très gratifiant pour moi de pouvoir utiliser mes talents créatifs innés pour aider d'autres gens à trouver une plus grande satisfaction sur le plan personnel et en ce qui a trait à leur carrière. Mais je ne peux pas faire tout cela de ma propre initiative.

«Il faut une équipe et les 12 types de génie pour obtenir une entreprise prospère, surtout dans ce monde concurrentiel. Je ne sais vraiment pas comment un chef d'entreprise autoritaire peut réussir. Celui-ci ne possède, au mieux, que 4 génies. Par conséquent, j'accomplis mon travail dans le but de rendre les gens et les entreprises plus efficaces, mais aussi pour assurer un sentiment de dignité personnelle à chaque membre de l'équipe. Chaque membre d'une équipe est important.

– Félicitations!», ai-je dit. «Vous avez trouvé le succès dans votre vie. Vous avez véritablement trouvé la liberté d'être qui vous êtes vraiment.»

Kathy a alors acquiescé et elle a souri. «Maintenant, examinons de plus près votre type de génie dans le "démarrage rapide".»

Facteurs d'impact Kolbe
Les forces positives de chaque mode d'action

Mode d'action				
Zone d'opération	Établissement des faits	Suivi	Démarrage rapide	Mise en œuvre
Prévenir	Simplifier	Adapter	Stabiliser	Imaginer
Réagir	Perfectionner	Réajuster	Réviser	Rénover
Entreprendre	Justifier	Organiser	Improviser	Construire

© 2000 Kathy Kolbe, tous droits réservés.

«Dans le "démarrage rapide", votre génie particulier ou votre don extraordinaire se retrouve dans le verbe *improviser*. Cela signifie que votre instinct vous incite à prendre des risques, à entreprendre des changements, à promouvoir l'expérimentation, à rechercher les défis et les innovations, à défier les pires obstacles, à improviser, et à agir par intuition.»

J'ai fait une grimace quand j'ai entendu Kathy décrire plusieurs de mes tendances. «Vous appelez ça mon génie, mon don extraordinaire? J'ai toujours pensé que c'était plutôt ma folie.

– Ne sous-estimez jamais cette capacité. Une équipe – ou n'importe quelle organisation, quant à cela – a besoin de votre génie. Vous démarrez rapidement des choses tandis que d'autres personnes restent assises à parler pendant des heures, à constituer des comités qui au bout du compte ne font rien. Donc, le fait d'être une personne qui met en œuvre des choses, en prenant des risques et en défiant les probabilités, constitue une part importante de votre génie.

– Je souhaiterais que vous ayez pu dire cela à mes professeurs», ai-je dit doucement. «Ils ne voyaient pas cela comme du génie. Ils appelaient ça autrement.»

Kathy a eu un petit rire et a enchaîné. «Et votre père très instruit était probablement une personne qui n'était jamais mal préparée. Il lui fallait d'abord connaître les faits. Apparemment, il n'était pas impulsif comme vous et il n'était pas difficile à comprendre. Il recueillait les faits. Il ne créait pas de chaos et n'opérait pas dans un environnement en crise. Il calculait ses chances mais ne s'en remettait jamais au hasard.

– Ça lui ressemble vraiment», ai-je dit. «Et c'est pourquoi il a bien réussi à l'école et qu'il est devenu plus tard le responsable du système scolaire de tout l'État d'Hawaï.»

Kathy a alors acquiescé. «Donc, votre génie vous inspire et, comme le dit *Nike: "Faites-le!"* Votre "démarrage rapide" et votre "mise en œuvre" peuvent prendre une idée et la transformer en un produit, une entreprise, ou en argent très rapidement. Vous avez la touche de l'alchimiste. Je parie que vous pouvez faire de l'argent avec rien. Bien sûr, une longue ligne de "démarrage rapide" peut faire de la pauvreté à la richesse un voyage aller-retour.»

J'ai fait oui de la tête. «Ça je peux le faire. Je peux prendre une idée et passer à l'action très rapidement. Toutefois, il m'arrive souvent d'être mal préparé mais c'est ainsi que j'apprends. Je plonge dans la partie la plus profonde de la piscine et je suis submergé pendant quelques instants. Mais une fois à la surface, je suis bien plus intelligent car j'ai appris physiquement. J'apprends exactement de la même façon que nous apprenons tous à monter à vélo. Et vu que j'apprends physiquement, quand les gens me demandent comment j'ai pu faire ce que j'ai fait, je suis incapable de leur dire.

«Je ne peux pas leur dire car j'ai appris avec mon corps plutôt qu'avec mon esprit. C'est comme si vous essayiez de dire à quelqu'un comment monter à vélo sans lui laisser la chance d'essayer. J'ai découvert que les gens qui ont besoin de recueillir des faits et qui ont peur de prendre des risques bien souvent n'accomplissent pas grand-chose parce qu'ils ne parviennent pas à apprendre physiquement. Ils passent leur temps à étudier ces choses au lieu de les faire une fois pour toutes.

– Et quelqu'un comme votre père, un homme dominant dans "l'établissement des faits", pourrait risquer de se perdre dans ce que nous appelons communément la "paralysie de l'analyse"», a dit Kathy. «Vous pourriez vous rendre dans une ville étrange et y errer pendant des jours, tandis que votre père achèterait d'abord une carte et un guide de voyage au sujet de cette ville. Pouvez-vous comprendre à quel point vous êtes différent?

– Oui, je le peux. Mon père très instruit avait sans cesse besoin de recueillir des faits avant de faire quoi que ce soit. Je n'aime pas faire des recherches; je me jette tête baissée dans la mêlée et quand j'éprouve des difficultés, alors je commence à faire les recherches que j'aurais dû effectuer.

– Et c'est ainsi que vous apprenez. C'est ainsi que vous devenez plus intelligent, et votre père l'était suffisamment pour reconnaître cela.

– Lui et moi avons joué au golf ensemble seulement à quelques reprises à cause de cela», ai-je dit. «Mon père mesurait chaque coup. Il n'en finissait plus de calculer la vitesse du vent et la distance jusqu'à la coupe. Il mesurait la dénivellation des pentes du vert et même l'angle d'inclinaison du gazon. Moi, je me plaçais en position, je frappais la balle, puis j'analysais mon coup.

– Vous préférez donc les sports d'équipe?» a demandé Kathy.

– Oui, comment l'avez-vous su? J'aime le rugby et j'ai été le capitaine de mon équipe d'aviron à l'école militaire. Mais je n'aime pas les sports où je dois tout faire tout seul.

– J'en étais sûre, car pour avoir du succès, vous avez besoin d'une équipe autour de vous. C'est un désir ou une préférence qui reflète votre respect pour divers talents. Parfois, certaines personnes qui ont une longue ligne à la fois dans la colonne de "l'établissement des faits" et de celle du "démarrage rapide", croient vraiment qu'elles peuvent tout faire par elles-mêmes. (Voyez le graphique qui suit). Elles se fixent les priorités appropriées, puis elles se jettent têtes baissées et essaient de réussir l'opération. Elles sont bonnes au démarrage mais il leur faut davantage d'explications pour reconnaître aussi facilement que vous qu'elles ont besoin de plus que cela à long terme.

– Oh, cela est plein de sens», ai-je répliqué. «Plusieurs de mes amis qui ont du succès pensent qu'ils ont la capacité d'être passablement autonomes. Donc, ils ont un "démarrage rapide" et un "établissement des faits" plus long. Je crée une équipe pour me donner un coup de main.

– Et cela constitue une part importante de votre sagesse. C'est aussi pourquoi vous préférez un sport d'équipe plutôt que de jouer au golf», a enchaîné Kathy. «Le fait de reconnaître que vous aviez besoin d'une équipe autour de vous vous a aidé à bâtir une entreprise plus grande que celui qui essaie d'être plus autonome. De plus, une personne qui joindrait le "démarrage rapide" à "l'établissement des faits" aurait tendance à prendre davantage de risques calculés, tandis que vous avez tendance à prendre davantage de risques physiques. Ce qui fait que vous n'êtes pas très souvent dans votre bureau.

– Cela est très sensé», ai-je dit. "Je n'ai aucune chance de réussir seul. J'aime que beaucoup de gens m'aident à accomplir des choses.»

Résultats du test Kolbe A™ Index

Pour: John Doe

M. O.: 8 2 7 4

Forces conatives (facteurs d'impact pour chaque mode d'action):
Simplifier (Établissement des faits), Adapter (Suivi), Improviser (Démarrage rapide),
Rénover (Mise en œuvre)

Graphique Kolbe A Index

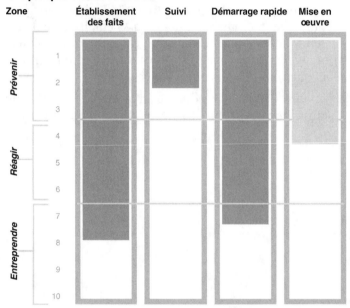

«Et c'est peut-être la raison pourquoi vous ne réussissiez pas bien lors des examens à l'école. Vous aviez besoin d'une équipe pour faire du remue-méninges afin de trouver les réponses, mais les professeurs appelaient cela tricher.»

J'ai alors demandé en riant: «Êtes-vous sûre que vous n'étiez pas assise derrière moi dans la salle de classe?

– Cela n'a pas été nécessaire. Mes classes étaient remplies de gens comme vous. Vous n'avez peut-être pas bien réussi dans une salle de classe, mais vous vous êtes bien débrouillé dans les sports d'équipe ou dans tout ce qui requiert une équipe pour accomplir des choses. Vous vous assurez toujours de ne pas subir seul les "examens" de la vie.

– C'est pourquoi je me suis toujours assis à côté des élèves les plus intelligents à l'école et que je les veux encore aujourd'hui dans mon équipe quand je travaille. Mon père riche disait toujours: "Les affaires sont un sport d'équipe." Et c'est pourquoi il y avait toujours une équipe de gens très brillants autour de lui pour l'aider sur le plan financier.

– Vous êtes tout aussi intelligent que ces gens mais leur génie à eux puisait dans le mode d'action de "l'établissement des faits". Si vous ajoutez ce mode d'action à votre propre talent, vous traitez alors un plus large éventail de points en question, vous vous aidez les uns les autres à compléter le puzzle. Lorsque les 12 types différents de génie travaillent ensemble, ils ont toujours le dessus», a dit Kathy. «Bien sûr, cela aide également d'avoir le bon génie au bon endroit pour résoudre un problème particulier.

– Donc, mon père a éprouvé des problèmes financiers parce qu'il travaillait seul alors que mon père riche travaillait avec une équipe. Mon père a fait ce qu'il a appris à l'école, c'est-à-dire à subir seul les examens, et mon père riche subissait ses "examens" financiers avec son équipe. Cela a entraîné une différence énorme dans la vie de tous les jours.»

Kathy a simplement acquiescé. «Avec la bonne combinaison d'instincts, vous aurez le dessus, et pas un seul être ne peut traiter l'éventail de tous les points en question. Nous avions épuisé le temps consacré à notre déjeuner, et nous avons convenu de nous rencontrer de nouveau mais cette fois-là en compagnie de toute l'entreprise. Au moment de nous séparer je lui ai demandé: «Avez-vous le test *Kolbe index* pour enfants?»

Toute rayonnante elle a dit: «Je suis heureuse que vous le demandiez. Oui, nous avons des outils pour enfants dont la capacité de lecture est du niveau de cinquième année. À vrai dire, j'ai un index pour les jeunes similaire au test *Index A* que vous avez subi, de même que d'autres produits que j'appelle les "exercices de réflexion". Ils aident les jeunes à apprendre à se fier à leurs instincts et à se servir de leur génie.

– Ce serait formidable que les enfants sachent quelles sont leurs forces d'apprentissage et qu'ils découvrent où se trouvent leurs différents types de génie», ai-je dit. «Et le plus tôt sera le mieux. Cela leur épargnera des années à tenter de découvrir cela à la suite d'un apprentissage par essai et erreur.

– Voilà pourquoi j'ai fait ce travail», a dit Kathy tandis qu'elle entrait dans son auto et me saluait de la main.

Qui est Kathy Kolbe?

En 1985, Kathy Kolbe fut choisie par la revue *Time* parmi les 7 «nouveaux innovateurs américains... ayant l'imagination, l'audace, l'énergie et une détermination inébranlable» typiques de «l'Homme ou la Femme de l'année». On l'a également honorée comme étant l'une des personnes les plus marquantes dans le domaine de la petite entreprise en Amérique, et elle fut choisie par la Maison-Blanche au nombre des 50 Américains ayant une attitude gagnante. Elle organise des séminaires et des conférences à travers le monde. Ses livres à succès incluent *Conative Connection* et *Pure Instinct*.

Kathy a été grandement influencée par son père, E.F. Wonderlic, concepteur du *Wonderlic Personnel Test*. Elle parle de lui avec tendresse mais elle a découvert que sa propre contribution à elle consistait à apprendre comment elle devait s'y prendre pour faire les choses différemment de son père. Il était le concepteur du test pour le personnel, avec son instrument cognitif. Elle n'a jamais cru que ce type d'approche du quotient intellectuel révélait le véritable génie ou les aptitudes naturelles innées. Avec les encouragements de son père, elle a utilisé l'expertise en élaboration de tests qu'elle avait apprise de lui dans le but de faire des recherches concernant la génération suivante dans le domaine des tests.

Si vous voulez en savoir davantage au sujet de Kathy Kolbe et de ses produits, rendez-vous à *www.richdad.com/kolbe* et découvrez-y d'autres informations. C'est un grand plaisir de faire affaire avec l'organisation de Kathy. Personnellement, je sens que j'ai trouvé un esprit semblable au mien dans le travail de Kathy, une œuvre qui cherche à apporter davantage de dignité et de respect à l'égard des étudiants et du monde de l'éducation. Elle est une des rares personnes à convenir avec moi que chacun de nous possède des dons et des génies que bien souvent le système d'éducation ne reconnaît pas. Aujourd'hui, en cet âge de l'information, ses connaissances et ses informations sont rafraîchissantes et instructives.

Nous avons inclus le test *Kolbe index* pour les adultes de même que celui pour les enfants sur notre site Web à *www.richdad.com/kolbe* si vous voulez obtenir votre profil graphique ou celui de vos enfants. L'index pour les jeunes s'appelle le test *Kolbe Y index*. Faisant partie intégrante du profil graphique des jeunes, le test analysera les trois secteurs suivants:

• Comment vous pouvez obtenir le meilleur rendement possible dans votre travail scolaire;

• Comment vous pouvez faire de votre mieux relativement à vos loisirs;

• Comment vous pouvez mieux communiquer.

Quand j'ai examiné les résultats de mon test *Kolbe*, j'ai eu l'extraordinaire confirmation de qui je suis instinctivement. Cela m'a montré immédiatement pourquoi j'étais considéré comme un inadapté ou comme un écolier plutôt bête par mes professeurs à l'école. Si j'avais subi le test *Kolbe index* lorsque j'étais tout jeune, j'aurais peut-être été capable d'éviter, ou du moins mieux comprendre, plusieurs des problèmes que j'ai éprouvés à l'école. J'espère que vous trouverez la même confirmation.

Gratuit! Téléchargement audio

Dans chacun de nos livres, nous aimons vous fournir une entrevue audio avec de nombreux aperçus additionnels à titre de prime. Pour vous remercier de lire ce livre, vous pouvez vous rendre sur le site Web *www.richdad.com/richkid* et télécharger une trame sonore de ma discussion en anglais avec Kathy Kolbe intitulée «*Find Out How Your Child Learns Best... Because All Children Learn Differently*[1].»

Merci de l'intérêt que vous portez à l'éducation financière de votre enfant.

---

1. «Découvrez la meilleure façon d'apprendre de votre enfant... car tous les enfants apprennent différemment.»

Chapitre 16

Le succès est la liberté d'être qui vous êtes

Q uand j'étais enfant mes professeurs disaient souvent: «Vous avez besoin d'une bonne instruction pour pouvoir décrocher un bon emploi.»

D'un autre côté, mon père riche me traçait le Quadrant du *CASHFLOW*. Au lieu de m'inciter à me trouver un emploi, ce qui m'aurait limité au quadrant E de l'employé, il m'a offert un choix de quadrants.

Quand j'éprouvais des difficultés à l'école, mon père très instruit m'a donné le choix de découvrir mon propre style d'apprentissage.

Plus de choix vous donne davantage d'occasions de réussir

Le sujet de ce chapitre est que dans notre monde d'aujourd'hui nous avons davantage de choix. Chaque fois qu'une nouvelle industrie s'ajoute, comme une aviation commerciale ou une filière informatique, nous élargissons nos choix de carrières et nos intérêts. L'un des problèmes relativement à l'éducation des enfants de nos jours résulte du fait que nous avons trop de choix, autrement dit trop de distractions. Pourtant, plus nous disposons de choix, plus nous avons de chances de réussir.

Si les parents se mettent à enlever des choix à leurs enfants, cela peut créer de la discorde au foyer. Si, à titre de parent, vous dites: «Ne fais pas cela», ou «Ne fais pas ceci», il y a fort à parier que vos enfants feront ce que vous ne voulez pas qu'ils fassent, ou qu'ils l'ont peut-être déjà fait.

Une des choses qui a bien marché dans mon cas quand j'étais enfant est que mes parents n'ont pas limité mes choix et qu'ils m'ont plutôt offert davantage de choix. Cela ne signifie pas que je n'étais pas puni quand je dépassais les bornes, mais l'une des choses que mes deux pères faisaient consistait à m'offrir des choix plutôt que de me limiter à ce que je pouvais ou ne pouvais pas faire.

Donc, l'espoir de ce chapitre est de donner aux parents davantage à offrir à leurs enfants pour que ces enfants trouvent finalement leur propre façon de réussir. Et comme le dit Kathy Kolbe: «Le succès est la liberté d'être qui vous êtes.»

Que voulez-vous être quand vous serez adulte?

Au lieu de me dire seulement: «Va à l'école pour décrocher un emploi», mon père riche m'a offert les choix suivants. C'est le Quadrant du *CASHFLOW*, dont traite le deuxième livre de la série *Père riche, père pauvre*.

Pour ceux qui n'ont peut-être pas lu le livre:

Le E représente l'employé.
Le T représente le travailleur autonome ou une petite ou moyenne entreprise[1].

---

1. Les petites et moyennes entreprises sont celles qui sont exploitées par les patrons qui risquent dans leurs affaires leurs propres capitaux, qui exercent sur ces affaires une direction administrative et technique effective, et qui ont des contacts directs et permanents avec leur personnel.

Le P représente le propriétaire d'entreprise.
Le I représente l'investisseur.

Étant donné qu'on m'en donnait le choix, je sentais que j'avais davantage le contrôle de ma destinée et de ce que je voulais étudier. En cours de route, j'ai également découvert que le droit fiscal était différent pour chacun des quatre quadrants, et ce fait m'a aussi aidé à tracer la voie de mon avenir. Comme la plupart des adultes parmi nous le savent très bien, les taxes et les impôts représentent la plus importante part de nos dépenses au cours de notre vie. Et malheureusement, ce sont les quadrants E et T qui paient plus que leur juste part de ces taxes.

Quand vous parlerez à votre enfant, vous voudrez peut-être lui offrir le choix parmi les quatre quadrants au lieu de lui dire seulement: «Va à l'école dans le but de décrocher un emploi.»

En ayant le choix, je savais que le programme d'études qui me convenait le mieux était celui qui me mènerait jusqu'au quadrant P et I. Je savais que c'était ce que j'avais voulu être quand je deviendrais adulte. Aujourd'hui, que nous soyons dans les quadrants E, T ou P, nous devons tous être des investisseurs, ou dans le quadrant I. Heureusement, vous ne vous attendez plus à ce que le gouvernement ou l'entreprise de votre employeur soit responsable de vous au moment de votre retraite.

Choix et conséquences

Mon père riche m'a donné un formidable départ financier dans la vie: celui de comprendre les choix et les conséquences que l'on retrouve sur des états financiers.

Si vous examinez entièrement l'état financier qui suit, vous comprendrez comment cette forme d'éducation s'avère importante.

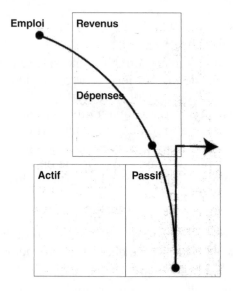

En accomplissant nos devoirs financiers, Mike et moi avons bientôt pris conscience qu'avec chaque dollar que nous recevions nous avions un choix à faire, et ce choix se trouvait dans la colonne des dépenses. Nous avons compris rapidement que chaque fois que nous gagnions ou dépensions un dollar, il y avait des répercussions ou une conséquence à cette action. En prenant un dollar pour acheter un passif telle une auto, nous savions que la conséquence à long terme était que nous devenions plus pauvres, et non pas plus riches.

En prenant des décisions en matière de dépenses, ou en faisant des choix qui ressemblent à ce qui suit, les conséquences à long terme étaient différentes.

Alors que nous n'étions encore que de jeunes garçons, nous pouvions déjà comprendre que le fait de *choisir* en matière de dépenses d'investir dans des actifs avait cette *conséquence* à long terme. À l'âge de 9 ans, Mike et moi savions que nous étions les seuls à avoir le pouvoir sur notre destinée financière, et personne d'autre que nous n'avait ce pouvoir. Nous savions que si nous faisions pendant toute notre vie des choix financiers semblables au second état financier nous serions alors riches, que nous ayons ou non un bon emploi ou une bonne instruction. Nous savions que notre réussite financière ne dépendait pas de notre réussite scolaire.

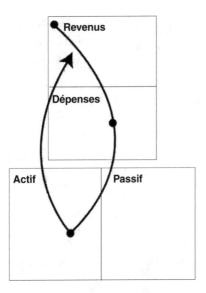

Dans son dernier livre *The Millionaire Mind*, Thomas Stanley, auteur de *The Millionaire Next Door*, affirme que ses recherches n'ont trouvé aucune corrélation entre la réussite financière et la réussite scolaire. Les deux ne sont pas liées. Et cela est facile à comprendre. Nous n'avons qu'à revoir ce dont nous avons discuté précédemment, c'est-à-dire le fait que notre système scolaire se concentre principalement sur les aptitudes scolaires et professionnelles. Ce qui manque à notre système scolaire c'est l'enseignement des techniques que mon père riche m'a enseignées, c'est-à-dire les compétences et les aptitudes financières.

Tel qu'énoncé au début de ce livre: «En cet âge de l'information, l'instruction est plus importante que jamais auparavant. Et pour préparer le mieux possible votre enfant en prévision de son avenir, de solides aptitudes financières sont d'une importance vitale.»

En enseignant à vos enfants les notions fondamentales de l'éducation financière, c'est-à-dire les états financiers, vous leur donnez le pouvoir de prendre le contrôle de leur destinée financière. Ils auront ce pouvoir quelle que soit la carrière qu'ils choisiront, les sommes d'argent qu'ils gagneront, ou quel qu'ait été leur rendement scolaire. Comme le disait souvent mon père riche: «L'argent ne vous rend pas nécessairement riches. La plus grande erreur que la plupart des gens font est de penser qu'en faisant plus d'argent ils deviendront plus riches. Dans la plupart des cas, quand des gens gagnent plus d'argent, ils s'endettent davantage. Voilà pourquoi l'argent en soi ne vous rend pas riches.»

Et c'est pourquoi il nous a enseigné à Mike et à moi qu'avec chaque dollar que nous dépensions, nous avions un choix, et qu'à chacun de ces choix était rattachée une conséquence à long terme.

Le pouvoir de quatre

La plupart d'entre nous avons déjà entendu l'adage: «Nul n'est une île.» ou «Deux têtes valent mieux qu'une.»

Même si je suis personnellement d'accord avec ces énoncés, notre système d'éducation a tendance à ne pas être d'accord avec une partie de la sagesse que l'on y retrouve. Dans mon livre *Rich Dad's Guide to Investing*, j'ai traité du pouvoir d'un tétraèdre. Ce qui suit est un tétraèdre, autrement dit une pyramide triangulaire.

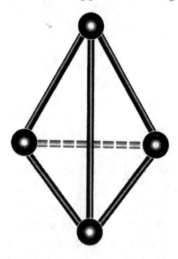

En étudiant la géométrie des solides, j'ai découvert que le tétraèdre est la structure la plus minimale en une seule pièce et la plus stable de toutes les structures, et c'est pourquoi les pyramides durent depuis si longtemps. La clé en est la magie que l'on trouve dans le numéro 4.

Quand vous consultez l'astrologie, vous voyez qu'il y a quatre éléments principaux: la Terre, l'Air, l'Eau et le Feu. Si vous deviez donner une forme à ces quatre groupes de base, elle ressemblerait au tétraèdre:

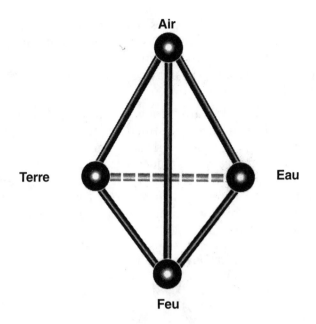

Les quatre éléments de base composent ce monde que nous connaissons.

Si nous jetons un coup d'œil sur le monde de l'argent et des affaires, nous y trouvons le Quadrant du *CASHFLOW*. À nouveau, le chiffre magique est 4. Les quatre côtés sont (E) l'employé, (T) le travailleur autonome ou le propriétaire d'une petite ou moyenne entreprise, (P) le propriétaire d'une grande entreprise, et (I) l'investisseur. Et à nouveau, un tétraèdre pourrait être formé.

Hippocrate (460-377 avant Jésus-Christ), le physicien de l'ancienne Grèce, souvent appelé le père de la médecine, utilisait aussi 4 types de personnalités différentes pour décrire les gens. Il se servait des termes *colérique, sanguin, flegmatique* et *mélancolique*.

Au XXᵉ siècle, le docteur Carl Jung a aussi classé par catégories les 4 types de personnalité, en employant les termes *celui qui pense, celui qui ressent, celui qui est intuitif* et *celui qui analyse*.

Au cours des années 1950, Isabel Myers et sa mère ont développé l'indicateur de type *Myers-Briggs (MBTI)*. Cet indicateur définit 16 types différents de gens, lesquels – ce qui est plutôt intéressant – sont ensuite ramenés à 4 catégories principales: D pour dominance; I pour influence; S pour soutien; et C pour conformité.

De nos jours, plusieurs de ces instruments pour évaluer les types de personnalité sont accessibles et plusieurs entreprises utilisent ces instruments pour s'assurer qu'ils placent la bonne personne dans le bon type d'emploi. Le point que je veux faire ressortir ici est l'importance du numéro 4.

Dans les travaux de Kathy Kolbe j'ai trouvé plusieurs choses intéressantes qui ajoutent des distinctions additionnelles à cette quête qui nous pousse à en découvrir davantage sur nous-mêmes et sur ce qui fait de nous des êtres uniques. Les travaux de Kathy se distinguent sur un point précis : Pourquoi donc certains enfants réussissent-ils bien à l'école et d'autres non ? Quand vous jetez un coup d'œil au tétraèdre, il est facile de voir pourquoi tellement de jeunes ont des problèmes à l'école.

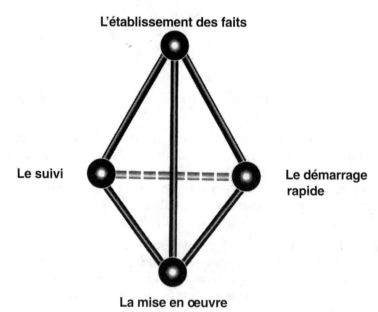

Il est facile de voir que le système d'éducation actuel est conçu principalement pour les étudiants qui excellent dans le mode d'action de «l'établissement des faits». Les trois autres catégories ont souvent à lutter pendant ce processus. En d'autres termes, le monde est constitué de quatre types d'apprentissage différents, mais le système scolaire n'en reconnaît qu'un seul.

Et le pouvoir de douze

La plupart d'entre nous savent qu'il y a 12 mois dans un an et 12 signes du zodiaque. Au cours de l'évolution de l'humanité, les chiffres 4 et 12 sont réapparus constamment comme des chiffres importants. Quand vous étudiez la géométrie des solides, vous pouvez comprendre pourquoi ce rapport se produit à maintes reprises. Il est regrettable que notre système d'éducation actuel ne reconnaisse qu'un seul style d'apprentissage et un seul type de génie ou d'intelligence.

L'argument principal de ce livre est de démontrer à quel point il est important pour des parents d'être au courant des 4 styles d'apprentissage et de la possibilité de 12 différents génies chez leurs enfants. En d'autres termes, vous disposez maintenant de plus de choix pour élever votre enfant et de moyens pour développer son génie. Tel que mentionné précédemment dans cet ouvrage, le mot *intelligence* signifie la capacité de faire des distinctions plus subtiles, et le mot *éducation* provient de la même racine que le mot latin *educare*, lequel signifie «extraire de», et non pas «mettre dans».

Quand vous regardez les yeux de votre jeune enfant, rappelez-vous toujours qu'à l'intérieur de lui se trouve un petit «génie». Ce n'est peut-être pas le même que recherche le système scolaire, mais le génie de votre enfant est là tout de même. Et malgré le fait que le système scolaire ne recherche peut-être pas ce type de génie ou d'intelligence, il est important que vous, les parents, ou vous, les professeurs, le cherchiez. Car chaque fois que vous regardez les yeux d'un enfant et que vous y voyez son génie particulier, le don extraordinaire, le génie de cet enfant est là pour nous rappeler à tous que nous avons nous aussi un «génie» à l'intérieur de nous. C'est ce «génie» en chacun de nous qui donne naissance à la magie de la vie.

Conclusion

Le rôle le plus important du monde

*M*on père très instruit avait l'habitude de dire: «Il y a deux sortes de jeunes. Il y a ceux qui réussissent en suivant les sentiers battus, et il y en a d'autres qui détestent ces chemins fréquentés et qui ont le sentiment qu'ils doivent tracer leur propre sentier. Ces deux catégories de jeunes vivent en chacun de nous.»

«Ne touche pas au poêle à bois»

C'était la façon qu'employait mon père très instruit pour me faire savoir qu'il était correct pour moi de tracer mon propre sentier dans la vie tant et aussi longtemps que mes intentions seraient honorables et intègres au cours de ma quête. Et il y a eu des périodes où je me suis éloigné pendant longtemps de mon sentier. Toutefois, mon père laissait la lumière allumée et m'a toujours accueilli à la maison quand je perdais de vue ma route pendant de longues périodes.

Bien souvent, il n'approuvait pas ce que je faisais et il me le disait, mais il ne m'a jamais empêché de faire des choses. Il disait: «La seule façon pour un enfant de savoir ce que signifient les mots *poêle à bois brûlant* est de toucher à un tel poêle.»

Je me souviens du soir où il a pris la parole pour l'association parents-maîtres et qu'il a raconté l'histoire de son «poêle à bois brûlant». Il y avait environ 150 parents dans l'auditoire quand il a dit: «La seule façon pour nous, adultes, de savoir ce qu'est un poêle à bois brûlant est d'en avoir touché un, à un moment ou l'autre de notre vie. Nous y avons tous touché même si on nous défendait de le faire.

Et si quelqu'un parmi vous n'en a pas touché un jusqu'à ce jour, je vous conseille d'en toucher un bientôt. Vous n'avez pas vraiment vécu si vous n'avez pas touché à un poêle brûlant.

Cette remarque a provoqué le rire des parents et des professeurs. Un parent a alors levé la main et a demandé: «Voulez-vous dire que nous ne devrions pas discipliner nos enfants?»

– Non. Je n'ai pas dit cela. Je dis que votre enfant apprendra grâce aux expériences de la vie. Je dis que la seule façon pour un enfant de savoir ce que veulent dire les mots *poêle à bois brûlant* est d'en toucher un. Si nous lui disons de ne pas y toucher, nous nous rendons ridicules. L'enfant touchera quand même à ce poêle. C'est ainsi que Dieu a voulu que l'enfant apprenne. L'enfant apprend en faisant des choses, en commettant des erreurs, et il apprend ensuite grâce à ces expériences. Nous, en tant qu'adultes, dans notre tentative d'éduquer nos enfants, nous leur disons de ne pas commettre d'erreurs, puis nous les punissons quand ils font des erreurs. C'est là une erreur.»

Je n'avais que 14 ans mais je me rendais compte que plusieurs parmi les parents et les professeurs n'aimaient pas le message de mon père. Pour plusieurs d'entre eux, le fait d'éviter les erreurs était une façon de vivre. Un autre parent a levé la main et a dit: «Donc, vous tentez de nous dire que le fait de commettre des erreurs est naturel et que c'est en commettant des erreurs que nous apprenons.

– C'est exactement ce que je dis», a répliqué mon père.

– Mais le système scolaire punit nos enfants quand ils font des erreurs», a dit le même parent qui était resté debout.

– Et c'est pourquoi je suis ici ce soir», a dit mon père. «Je suis ici parce que nous, à titre de professeurs, avons négligé notre rôle de "correcteurs" et nous nous sommes trop acharnés à rechercher et à punir les élèves qui commettent des erreurs. J'ai peur que plus nous punirons les erreurs au lieu d'enseigner à nos enfants à se corriger et à apprendre de leurs erreurs, plus nous passerons à côté de notre vocation éducative. Au lieu de punir les jeunes pour avoir fait des erreurs, il nous faut les encourager à en faire davantage. Plus ils commettront d'erreurs et en tireront des leçons, plus ils seront intelligents.

– Mais vos professeurs punissent et font échouer des étudiants qui commettent trop d'erreurs», a dit le parent.

– Oui, c'est vrai. C'est là un défaut de notre système et je fais partie de ce système, et c'est la raison pourquoi je suis ici ce soir.»

Mon père a enchaîné en expliquant que c'est la curiosité naturelle de l'enfant qui l'incite à apprendre. Mais de même que la curiosité peut tuer un chat, trop de curiosité peut s'avérer destructeur pour un enfant. Le message de mon père ce soir-là était que le travail d'un parent et d'un professeur était de corriger l'enfant sans nuire à sa curiosité naturelle.

On lui a alors demandé: «Comment corrigez-vous l'enfant sans nuire à sa curiosité naturelle?»

Mon père a répliqué: «Je ne connais pas la réponse. Je crois que c'est un art de même qu'un processus qui se règle selon la situation ou la conjoncture. Il se peut donc qu'il y ait plus qu'une seule réponse à cette question.» Il a continué en disant: «Je suis ici pour vous rappeler simplement qu'à titre de parents nous avons tous appris ce qu'était un poêle à bois brûlant en y touchant. On y a touché même si on nous avait dit de ne pas le faire. Nous y avons touché car nous étions curieux et que nous voulions apprendre quelque chose de nouveau.

«Je représente ici la curiosité naturelle de votre enfant et son désir d'apprendre. Tous les enfants naissent curieux, et notre rôle est de préserver cette curiosité et de faire de notre mieux, pendant ce temps, pour protéger l'enfant. Il est important de préserver cette curiosité car c'est ainsi que nous apprenons. Détruisez cette curiosité et nous détruirons l'avenir de l'enfant.»

Un autre parent a levé la main et a dit: «Je suis une mère célibataire. Mon enfant est incontrôlable ces temps-ci. Il reste dehors jusqu'à des heures tardives et refuse de m'écouter. Il se tient avec de mauvais compagnons. Que dois-je faire? Dois-je encourager sa curiosité ou attendre qu'il se retrouve en prison?»

Mon père a alors demandé: «Quel âge a votre fils?

– Il vient tout juste d'avoir 16 ans», a répliqué la mère célibataire.

Mon père a secoué la tête. «Comme je l'ai déjà dit, je ne possède pas *LA* réponse. Quand il s'agit d'élever des enfants, aucune réponse n'a réponse à tout.» Il a alors dit doucement: «Il se peut que la police ait la réponse que votre fils recherche. Mais pour le salut de votre fils, j'espère que ce ne sera pas le cas.»

Mon père a poursuivi en racontant l'histoire de deux types de jeunes, celui qui suit le droit chemin et l'autre qui a besoin de créer son propre sentier. Mon père a enchaîné en disant que tout ce qu'un parent peut faire est de laisser la lumière allumée et d'espérer que l'enfant retrouvera son chemin. Il a aussi rappelé aux parents que plusieurs parmi eux s'étaient eux-mêmes écartés de leur route. Il leur a rappelé qu'à l'intérieur de chacun de nous se trouve un être qui parfois veut seulement trouver sa propre route. Il s'est expliqué davantage en disant: «Nous croyons tous qu'il existe une bonne et une mauvaise route. Mais parfois, notre propre route est la meilleure pendant un certain temps.» Il a terminé en disant: «Et parfois notre route n'est pas celle de notre enfant.»

Insatisfaite de cette réponse, la jeune mère s'est levée de nouveau et a dit: «Mais qu'adviendra-t-il s'il erre sur la route dans l'obscurité et ne revient jamais? Que vais-je faire alors?»

Mon père est resté silencieux quelques secondes et, avec des yeux qui semblaient comprendre l'inquiétude de cette femme, il a ajouté doucement: «Laissez simplement la lumière allumée.» Il a alors rassemblé ses notes et il est descendu de la scène. S'arrêtant juste avant de sortir de la pièce silencieuse, mon père s'est retourné et a dit: «Le rôle d'un parent et d'un professeur est de laisser la lumière allumée. C'est le rôle le plus important du monde.»

«*Vous ne pouvez pas enseigner quelque chose à quelqu'un, vous pouvez seulement l'aider à le découvrir en lui-même.*»

– Galilée

Accorder de l'argent de poche ou ne pas en donner La sempiternelle question

par Sharon Lechter, maman

*A*ccorder de l'argent de poche ou ne pas en donner, voilà l'éternelle question. Que doivent faire les parents ? Il ne semble tout simplement pas y avoir une réponse définitive.

Plusieurs parents deviennent tellement perdus quand il s'agit d'aborder la question de l'argent de poche qu'ils en oublient d'enseigner à leurs enfants quoi faire avec l'argent qu'ils reçoivent. Que ce soit de l'argent provenant de leur argent de poche ou de paiements pour des tâches particulières, vos enfants doivent apprendre la responsabilité financière.

Que votre enfant reçoive ou non de l'argent de poche ce n'est *pas* la formule magique relativement à sa réussite financière future. Que votre enfant apprenne ou non la responsabilité financière constitue la formule magique pour sa réussite financière future. Comme nous l'avons décrit dans le chapitre 14, père riche a enseigné à Robert que le côté droit du *Quadrant du CASHFLOW* est là où se trouve la responsabilité financière. Les grands propriétaires d'entreprise et les investisseurs prospères ont maîtrisé la responsabilité financière et ils l'ont prouvé grâce à leurs succès soutenus.

L'argent de poche

La définition d'argent de poche est «une somme fournie régulièrement pour des dépenses personnelles». Bien que l'argent de poche soit approprié dans bien des cas, il est de toute première importance de savoir comment l'établir et comment l'expliquer aux enfants. Les enfants considéreront-ils l'argent de poche comme une allocation qui leur revient de droit ou bien comme une compensation acquise pour l'accomplissement de tâches ou de responsabilités acceptées d'un commun accord?

Dans une société où la mentalité des droits acquis est un problème toujours croissant dans le monde des adultes, nous croyons qu'il est très important que les parents ne forment pas leurs enfants à croire qu'ils ont droit à un certain montant en argent de poche chaque semaine. Par exemple, considérez la différence entre les deux énoncés suivants:

«Jean, maintenant que tu as 12 ans, tu es assez vieux pour avoir de l'argent de poche. Chaque vendredi, je te donnerai 10 $ d'argent de poche pour le dépenser comme bon te semblera.»

«Jean, tu es occupé par tes devoirs et des activités sportives tous les soirs, et je veux reconnaître tes efforts et t'encourager dans toutes ces activités. Tant et aussi longtemps que tu seras affairé à pratiquer ces activités, tu recevras 10 $ d'argent de poche par semaine pour tes dépenses.»

Payez pour des tâches précises

Le débat entourant l'argent de poche par opposition au paiement d'un montant d'argent pour des tâches précises comporte plusieurs aspects. Nous ne voulons pas dicter la philosophie parentale mais nous espérons fournir des solutions parmi lesquelles les parents pourront choisir pour les adapter à leur propre style parental personnel.

Quoique le fait d'accorder de l'argent de poche puisse développer chez l'enfant une attitude profondément ancrée en ce qui a trait à ce qui lui revient de droit, le fait de payer pour des tâches précises peut aussi avoir une conséquence négative car cela crée une mentalité d'employé:«Tu vas faire cela et je vais te payer 10 dollars.» Quoique le fait d'obtenir une compensation pour l'accomplissement de tâches précises soit un problème important, ce n'est là qu'un élément de l'enseignement général de la responsabilité financière.

Quand tout le reste échoue, «achetez-les»

Il faut que les enfants comprennent qu'ils doivent contribuer au plus grand bien de leur famille ou de leur groupe social sans s'attendre à une récompense financière. Trop souvent des parents «achètent» les services de leurs enfants quand ils veulent leur faire accomplir des tâches qui devraient être effectuées par ces derniers sans aucune récompense financière. Je peux parler de ce sujet en connaissance de cause, par expérience.

Quand vous vous rendez compte que vous avez recours à un tel stratagème, considérez cela comme un signal d'alarme. Vous donnez le contrôle à vos enfants quand vous essayez de les «acheter». Vous transférez alors votre pouvoir parental entre les mains de votre enfant. Plusieurs parents justifient cette forme parentale de «négoce» en lui donnant le nom de système de récompenses.

Une stratégie parentale

Sans vouloir dicter une philosophie parentale, nous avons développé une stratégie parentale que vous trouverez peut-être utile quand il s'agira d'établir la politique de l'argent de poche dans votre famille. Nous vous suggérons de développer un programme en quatre étapes avec vos enfants. Et ce qui est plus important encore, nous vous recommandons de communiquer ouvertement et régulièrement cette politique à vos enfants.

Première étape – Responsabilité personnelle: déterminez certaines tâches ou corvées que vos enfants doivent effectuer pour leurs soins d'hygiène personnelle et pour leur développement. (Par exemple, vous devriez faire comprendre à vos enfants que vous vous attendez à ce qu'ils se brossent les dents le matin et le soir, et que c'est leur responsabilité personnelle. Certains parents pourraient inclure le fait de faire son lit ou de mettre l'assiette à dîner dans l'évier après le repas). Il ne devrait pas y avoir de récompense financière pour des responsabilités personnelles.

Deuxième étape – Responsabilité familiale ou sociale: déterminez certaines tâches ou corvées qui contribuent à l'environnement social ou familial et qui n'entraînent pas une récompense financière. Ce sont des actions qui concourent au plus grand bien de l'environnement de votre enfant. (Mettre la table pour le repas, lire une histoire à une sœur ou un frère plus jeune, ou aider une personne âgée à transporter ses articles d'épicerie sont des exemples de responsabilité familiale ou sociale). Il ne devrait pas y avoir de récompense financière pour des responsabilités familiales ou sociales.

Troisième étape – Établir le montant d'argent de poche ou le paiement pour des tâches spécifiques est optionnel et dépend des convictions personnelles des parents. Déterminez des directives incluant la description des tâches et corvées que devront effectuer vos enfants pour «gagner» leur argent de poche. Essayez de prévenir que vos enfants ne développent pas ce genre d'attitude selon laquelle tout leur revient de droit. Faites participer vos enfants à la détermination des tâches qu'ils doivent accomplir.

Vous voulez peut-être que vos enfants vous «facturent» en ce qui a trait à leur argent de poche, les rendant ainsi encore plus responsables quant aux attentes sous-jacentes. (Le fait de laver et nettoyer l'auto une fois par semaine pourrait être, pour certains parents, une attente n'étant pas incluse dans la deuxième étape, et cela pourrait entrer en ligne de compte pour l'obtention d'argent de poche chaque semaine). Certains enfants sont tellement préoccupés par les sports et leurs études que leurs parents leur accordent une allocation en reconnaissance de leurs efforts. La question importante ici est de communiquer ouvertement vos attentes en ce qui a trait à la responsabilité de votre enfant.

Quatrième étape – Encouragez l'esprit d'initiative de votre enfant: oui encouragez-le à trouver des façons de gagner de l'argent. Amenez vos enfants à suggérer des tâches ou à partager des anecdotes sur la façon qu'ont d'autres enfants de gagner de l'argent, afin que leurs esprits s'ouvrent à des opportunités qui se présentent à eux. Encouragez-les à identifier des tâches précises qui doivent être effectuées, et fixez un paiement à l'avance pour l'accomplissement de chaque tâche. Faites en sorte que vos enfants vous «facturent» pour leur travail après l'avoir achevé.

C'est ici qu'il faut communiquer la philosophie de père riche en ce qui a trait à votre emploi par opposition à votre affaire. Le montant de paie déterminé pour chaque tâche constitue la définition de «l'emploi». Ce que vos enfants font avec leur argent est leur «affaire». Plus vos enfants comprendront tôt dans la vie la différence entre travailler pour d'autres et travailler pour eux-mêmes, meilleures seront leurs chances d'acquérir la réussite financière. Expliquez-leur que ce que vous faites pendant le jour est votre profession, ou votre emploi, mais que ce que vous faites avec l'argent (votre chèque de salaire) est votre affaire.

La responsabilité financière

Plusieurs parents se sentent tellement perdus quand il s'agit de régler la question de l'argent de poche qu'ils en oublient d'enseigner à leurs enfants quoi faire avec l'argent après l'avoir reçu. Que ce soit des sommes provenant de l'argent de poche, de cadeaux, ou de paiements pour des tâches précises, vos enfants se doivent d'apprendre la responsabilité financière. Il faut d'abord que votre enfant comprenne l'a b c du monde financier avant de chercher à développer chez lui la responsabilité financière. Par ailleurs, nous devons combattre aujourd'hui cette tendance du droit acquis et inaliénable en éduquant nos enfants en ce qui a trait à la gratification différée et aux dettes de carte de crédit.

L'a b c du monde financier

Enseignez à vos enfants les concepts de l'actif par opposition au passif; la différence entre les revenus gagnés, les revenus sans exploitation active et les revenus de portefeuille; l'importance des revenus sans exploitation active et les revenus de portefeuille. Reportez-vous aux simples schémas de ce livre-ci *Nos enfants riches et brillants* et du livre *Père riche, père pauvre* et servez-vous-en pour enseigner à vos enfants. Dotés de ce type d'éducation financière, vos enfants seront mieux préparés pour développer une saine responsabilité financière.

Une gratification différée

La responsabilité financière met en évidence l'a b c financier ainsi qu'une manière de comprendre la «gratification différée», laquelle est traitée en détail dans *Père riche, père pauvre*. L'un des avantages d'établir un programme d'épargne pour vos enfants est qu'il leur enseigne le pouvoir du concept de la gratification différée. En fixant des objectifs financiers avec vos enfants et en les aidant à déterminer un plan financier pour atteindre ces objectifs, vous faites pénétrer dans leur esprit la formule du succès. L'estime de soi qu'ils ressentent quand ils réalisent ces objectifs est précieux. Dans ce monde d'aujourd'hui de gratification instantanée, nous dérobons à nos enfants ce puissant sentiment de succès qui résulte de l'accomplissement d'un objectif. Comment? En leur donnant quelque chose au lieu que ce soit eux qui le gagnent par leur propre initiative.

Par exemple, votre enfant désire une nouvelle bicyclette. Commencez par cette philosophie présentée dans *Père riche, père pauvre*, où père pauvre disait: «Je n'en ai pas les moyens», tandis que père riche disait: «Comment puis-je me le permettre?» Enseignez à votre enfant à dire: «Comment puis-je?» au lieu de: «Je ne peux pas». Aidez-le à développer un projet pour parvenir à gagner suffisamment d'argent pour s'acheter la bicyclette.

Encouragez votre enfant à imaginer des façons de gagner de l'argent. Aidez-le à évaluer ses progrès en cours de route et à faire les ajustements nécessaires relativement à son objectif. Faites en sorte que lorsque votre enfant se procurera la bicyclette, ce sera son ultime récompense pour avoir mené à terme son projet. Reconnaissez les efforts de votre enfant et sa réussite finale.

Les dettes et les cartes de crédit

Les cartes de crédit sont aujourd'hui les instruments de la gratification instantanée. Malheureusement, il en résulte un traumatisme différé quand les factures arrivent. La fixation d'objectifs financiers et un exercice de gratification différée semblable à l'histoire de la bicyclette que nous venons de décrire nous livrent un bien meilleur message.

Quoi que nous pensions des cartes de crédit, elles sont omniprésentes dans nos sociétés d'aujourd'hui. Nos enfants sont bombardés tous les jours, par la télévision et la radio, par des messages comme celui-ci: «Achetez maintenant, payez plus tard». Il faut que les parents brossent un tableau complet à leurs enfants en leur exposant l'envers des cartes de crédit. Faites en sorte qu'ils vous voient payer des factures. Expliquez-leur l'effet multiplicateur de l'intérêt prélevé sur le solde dû des cartes de crédit. Montrez-leur qu'il existe une limite de crédit pour chaque carte.

Expliquez-leur qu'il y a aussi des avantages à utiliser des cartes de crédit. Les cartes de crédit peuvent grandement aider pour la tenue des dossiers et pour retracer comment vous dépensez votre argent. Bien des gens se servent des cartes de crédit intelligemment, en payant le solde chaque mois pour qu'aucuns frais d'intérêt ne soient encourus.

Plusieurs parents éprouvent des difficultés avec leurs propres dettes de cartes de crédit et ils craignent de susciter la peur chez leurs enfants s'ils leur confient trop de détails sur leur situation financière. Les réalités des dettes de cartes de crédit dans la vraie vie dépassent peut-être aussi le niveau de compréhension de votre enfant. Nous avons créé *CASHFLOW* pour les jeunes, un jeu financier breveté, pour aider les parents à enseigner à leurs enfants l'a b c du domaine financier.

En effet, ce jeu traite spécifiquement du processus de la prise de décision entre «je paie comptant» ou «mettez-le sur mon compte». Vos enfants auront appris les deux facettes du monde de la carte de crédit (la gratification instantanée et le traumatisme différé quand les factures arriveront) tout en ayant du plaisir en utilisant de l'argent factice. Ils seront bien mieux préparés pour faire face et éviter les dangers des cartes de crédit quand ils deviendront adultes.

Des emplois à temps partiel

Quand votre enfant aura atteint l'âge, il sera important qu'il apprenne en quoi consiste la responsabilité d'un emploi. Laissez vos enfants occuper des emplois à temps partiel si leurs études et leurs activités sportives le permettent. Examinez leur premier chèque de paye avec eux pour qu'ils comprennent que le gouvernement prend sa part en impôt sur le revenu avant de toucher leur chèque.

Quand j'étais à l'école secondaire, mes parents exigeaient de moi que j'épargne ou que j'investisse 50 % de l'argent que je gagnais dans mon emploi à temps partiel. C'est devenu une habitude de déposer immédiatement 50 % de mon chèque de salaire. On me permettait de dépenser l'autre 50 % selon mon bon vouloir. Cela a ancré en moi, très tôt, le concept de «paie-toi toi-même d'abord». Lorsque j'ai reçu mon diplôme du collège j'avais accumulé plus de 20 000 $ dans des investissements en épargnant simplement 50 % de mes revenus dans des emplois à temps partiel alors que j'étais étudiante.

À titre de parent, j'ai utilisé la même règle avec mes enfants quand ils ont commencé à occuper des emplois à temps partiel. Ils ont vu en action le concept de «paie-toi toi-même d'abord» et ils en sont venus à reconnaître l'avantage à long terme que peut créer ce concept. Malheureusement, le plus âgé de mes fils a été bombardé de cartes de crédit quand il est entré au collège. À l'insu de son père et de moi, il avait contracté de grosses dettes de cartes de crédit sans même s'en rendre compte.

C'est là que vous constatez après coup à quel point vous avez fait erreur sans le vouloir. Je croyais que l'exemple était la meilleure façon d'enseigner à mes enfants. Mon mari et moi avons plusieurs cartes de crédit, que nous utilisons régulièrement, incluant celles qui accumulent les points *Air Miles*. Nos cartes de crédit sont pour nous d'excellents outils de comptabilité et elles nous aident à être au courant de chacune de nos dépenses. Nous réglons chaque mois le montant total exigible pour ne pas avoir à payer d'intérêt sur nos cartes de crédit.

Cependant, notre fils s'est laissé influencer par l'attrait de paiements mensuels peu élevés. Il a obtenu une gratification instantanée mais il a éprouvé un traumatisme différé quand sa limite de crédit a été atteinte. Ça lui a pris quatre ans pour rétablir sa solvabilité à cause de cette erreur, mais il a appris une leçon très précieuse en vivant cette expérience. Aujourd'hui, il règle ses cartes de crédit sur une base mensuelle. Aujourd'hui il a également appris à se payer lui-même d'abord. Aujourd'hui, il est responsable sur le plan financier.

La réussite financière

Pour résumer, la sempiternelle question à savoir si vous allez donner ou non de l'argent de poche à votre enfant ne peut être tranchée que par vous. Mais demandez-vous à vous-même ce que la politique que vous voulez établir, reliée à l'argent de poche, enseigne à votre enfant. Êtes-vous en train de former votre enfant à avoir:

• une attitude ancrée de celui à qui tout revient de droit?

• une attitude ancrée d'employé?

• une attitude ancrée d'entrepreneur?

La responsabilité financière alliée à l'esprit d'initiative peut s'avérer une force très puissante. Aidez vos enfants à développer les deux, puis assoyez-vous et regardez-les remporter un succès financier après l'autre.

Le commentaire de Robert

Je suis d'accord avec Sharon et je voudrais ajouter une distinction subtile qui rendra peut-être cette leçon plus claire.

Mon père pauvre se concentrait sur le montant d'argent qu'il gagnait. C'est pourquoi il disait toujours: «Obtiens une bonne instruction pour décrocher un jour un emploi hautement rémunéré.»

Mon père riche ne se concentrait *pas* sur le montant d'argent qu'il gagnait. Au lieu de cela, il se concentrait sur le montant d'argent qu'il conservait. C'est pourquoi il disait: «Le montant d'argent que vous parvenez à conserver est bien plus important que l'argent que vous gagnez.» Il disait aussi: «Les gens qui se concentrent seulement sur le montant d'argent qu'ils gagnent travaillent *toujours* pour des gens qui se concentrent sur le montant d'argent qu'ils parviennent à conserver.»

Pour ce qui est de l'argent de poche, il est plus important d'enseigner à votre enfant à se concentrer à *conserver* son argent plutôt que de *gagner* de l'argent. Mon père riche disait que chaque dollar dans sa colonne de l'actif était comme un de ses employés: il travaillait pour lui. Une fois que le dollar se retrouvait dans la colonne de l'actif, il ne quittait jamais cette colonne. S'il vendait un actif, il employait les bénéfices pour acheter un autre actif. Les actifs qu'il a achetés peuvent maintenant être transmis à la prochaine génération.

En développant cette philosophie et en l'enseignant à vos enfants, vous pourrez les aider à découvrir la route de l'indépendance financière.

Appendice B

Excursions financières de terrain: Exercices monétaires pour les parents à effectuer avec leurs enfants
par Sharon Lechter,
comptable agréée et maman

*C*es exercices peuvent vous aider à enseigner à vos enfants ce qu'ils doivent savoir sur l'argent. En utilisant des expériences de la vie réelle quand vous enseignez à vos enfants, vous montrez automatiquement l'application pratique des leçons. Par exemple, un de nos exercices s'appelle «une excursion financière de terrain dans une banque». Après avoir complété cette excursion de terrain, votre enfant se souviendra des leçons apprises au cours de sa visite chaque fois qu'il passera devant la banque. On appelle souvent cela de l'apprentissage par l'expérience, et cet outil peut s'avérer très puissant pour enseigner à vos enfants les notions élémentaires de l'argent.

Les excursions financières de terrain ont été conçues comme des dialogues ou des scripts pour que vous les utilisiez afin d'enseigner les concepts financiers de base. Il n'y a pas de bonnes ou de mauvaises réponses. Les exercices et les observations qui suivent sont simples et ont été conçus avec l'intention de vous aider à créer un dialogue avec votre enfant au sujet de questions financières précises et pour élargir la prise de conscience de votre enfant concernant le monde financier dans lequel nous vivons. Mais c'est aussi une occasion d'avoir du plaisir avec vos enfants.

Excursions financières de terrain à la maison

A. Quand vous payez vos factures mensuelles

Faites asseoir vos enfants avec vous pendant que vous payez vos factures mensuelles. Laissez-les jeter un coup d'œil à chaque facture et expliquez-leur ce que couvre chacune. Cela leur apportera une meilleure compréhension de la vie. Vous n'avez pas besoin de tout révéler à vos enfants en ce qui a trait à vos finances, mais commencez par une simple prise de conscience des choses essentielles.

1. Payez-vous d'abord

Commencez par vous payer vous-même d'abord, même si ce n'est que quelques dollars. Après vous avoir vu vous payer vous-même d'abord maintes et maintes fois, votre enfant suivra très probablement votre exemple quand il commencera à recevoir de l'argent.

2. Payez les frais de ménage

Expliquez vos factures de services publics et laissez votre enfant examiner les factures. Cela lui donnera une meilleure compréhension quant à votre façon de dépenser votre argent. Le fait de comprendre que vous devez payer séparément l'électricité, l'eau, le gaz, la cueillette des ordures, et d'autres dépenses d'entretien ménager ouvrira l'esprit de votre enfant à l'idée du nombre d'entreprises dont vous avez besoin pour entretenir votre mode de vie. (Vous découvrirez peut-être un avantage additionnel grâce à cet exercice – certains parents nous ont dit que leurs enfants ont commencé à éteindre les lumières plus souvent et à prendre des douches plus brèves après avoir appris cette leçon).

3. Réglez votre versement hypothécaire

Expliquez votre versement hypothécaire à votre enfant en termes très simples. Expliquez comment la banque vous aide à acheter votre maison en vous prêtant la plus grande partie de l'argent, puis comment vous acceptez de rembourser la banque sur une certaine période de temps. Pour pouvoir contracter cet emprunt, vous acceptez de payer à la banque une certaine redevance, ou des intérêts, jusqu'à ce que le montant total soit remboursé à la banque. Montrez à votre enfant votre versement hypothécaire et de quelle façon chaque versement inclut le paiement des intérêts et le paiement sur le capital du prêt que vous devez sur votre maison.

4. Payez vos factures de cartes de crédit

Expliquez à votre enfant vos factures de cartes de crédit. Cela pourrait être un exercice difficile pour vous si vous avez accumulé d'importantes dettes avec vos cartes de crédit. Toutefois, il est essentiel que votre enfant comprenne à la fois les aspects négatifs et positifs de l'utilisation de cartes de crédit. Voici quelques définitions simples.

Les cartes de crédit – «Les cartes de crédit vous sont émises par des banques ou d'autres institutions financières ou magasins pour que vous puissiez acheter des biens ou services. Vous recevez les biens et services immédiatement et la banque ou le magasin paie à votre place pour les biens ou services.»

Un relevé de compte – «Chaque mois, ces institutions vous enverront un relevé de compte qui indiquera combien vous avez dépensé le mois précédent (combien elles ont payé pour vous) et la date d'échéance où vous devez payer le montant total dû afin d'éviter des frais d'intérêts et des frais de paiement en retard.»

Les intérêts des cartes de crédit – «Si le montant dû de votre relevé de compte n'est pas réglé à la date d'échéance, des intérêts seront calculés sur le solde impayé, et à un taux bien plus élevé que d'autres types d'emprunts.

Un paiement minimal dû – Plusieurs banques et magasins vous permettent de régler un paiement minimal au lieu du montant total dû. Les intérêts sont alors calculés et prélevés sur le solde encore dû. À vrai dire, ces institutions ne vous encouragent pas à régler d'un seul coup les soldes de vos cartes bancaires. Étant donné qu'elles se sont donné du mal pour vous ouvrir un crédit, ces institutions croient que vous devriez étirer vos paiements pour qu'elles puissent gagner beaucoup plus d'intérêts.

Important: C'est cet aspect particulier des cartes de crédit qui a créé les énormes dettes auxquelles bien des gens ont à faire face aujourd'hui. Comment cela se produit-il?

- Un certain mois, vous êtes un peu à court d'argent; vous réglez donc le paiement minimal dû de votre carte de crédit. Le solde de la carte continue d'augmenter tandis que vous continuez d'ajouter de nouveaux achats à votre compte.

- Le fait de ne régler que le paiement minimal a été si facile que vous refaites la même chose le mois suivant, et le mois d'après. Mais vous continuez aussi à porter les achats et les services à votre compte.

- Vu que vous réglez chaque fois le paiement minimal, votre cote de crédit est toujours bonne, et d'autres entreprises vous envoient de nouvelles cartes de crédit. Peu après, vous vous retrouvez avec cinq cartes de crédit différentes dans votre portefeuille (selon *CardWeb*, la plupart des familles nord-américaines ont entre cinq et six cartes de crédit bancaires différentes).

- Vous continuez de régler chaque mois le paiement minimal de vos cinq cartes de crédit. Par conséquent, vous conservez une bonne cote de crédit, mais à présent vous vous retrouvez avec un solde total dû vertigineux pour toutes vos cartes.

- Vous vous rendez compte un jour que vous déboursez beau-coup d'argent en paiements minima mais que votre solde total dû continue d'augmenter chaque mois.

- Ce n'est qu'au moment où vous ne pouvez même pas faire vos paiements mensuels minimums que votre cote de crédit en souffre.

- Puis, vous découvrez que vous avez dépensé le maximum du crédit disponible de vos cartes. Vous ne pouvez pas obtenir de nouvelles cartes car votre crédit n'est plus aussi bon mainte-nant puisque vous avez omis quelques paiements, et vous pouvez à peine régler les paiements minimums dus de vos cartes actuelles.

C'est malheureusement le cercle vicieux dans lequel se retrouvent bien des gens aujourd'hui. Même si cela peut sembler déprimant et que ce n'est pas un sujet dont vous voudriez accabler votre enfant, il est préférable qu'il soit initié à ce problème quand il est très jeune. Comment pouvez-vous expliquer ce sujet complexe à un enfant? Nous avons développé le jeu *CASHFLOW* pour les jeunes et nous avons inclus ce sujet dans le jeu.

Vos enfants apprendront qu'ils ont le choix: de payer comptant ou de porter l'achat sur leur compte, et que chaque choix a une conséquence. Au début, ils choisissent habituellement de porter à leur compte un article étant donné que c'est ce qu'ils ont l'habitude d'entendre à la maison. La conséquence qu'entraîne le fait de porter à leur compte est qu'ils doivent accroître les frais qu'ils doivent payer à chaque jour de paie. Ils apprennent rapidement qu'il est préférable de payer davantage en argent comptant plutôt que d'accroître leurs frais indéfiniment.

Nous avons inclus une section sur la façon de se débarrasser de ses dettes dans notre livre *Père riche, père pauvre: Le Quadrant du CASHFLOW*. Ce livre propose une formule pour régler des dettes en l'espace de 5 à 7 ans.

5. Encouragez la curiosité de votre enfant

Encouragez votre enfant à poser des questions, et répondez aux questions aussi honnêtement que possible. Si votre enfant pose une question à laquelle vous êtes incapable de répondre, cherchez quelqu'un qui peut y répondre et apprenez avec votre enfant.

6. Tenue des dossiers

Faites-vous aider par votre enfant à classer vos factures après les avoir payées. Une bonne tenue des dossiers est une excellente habitude à prendre.

B. Planifiez un budget pour une semaine de repas

Maintenant que votre enfant a une meilleure compréhension de ce que c'est que de payer les factures, il est temps d'introduire le concept de l'élaboration du budget. Plutôt que de révéler à votre enfant votre situation financière dans tous ses détails, commencez graduellement. Pour les besoins de cet exercice, disons que vous demandez à votre enfant de planifier vos menus pour une période d'une semaine.

Ainsi, l'objectif consiste à nourrir votre famille pendant une semaine dans les limites d'un budget déterminé d'avance. Votre enfant doit satisfaire les besoins de la famille et respecter le budget familial. Il est important que vous permettiez à votre enfant d'élaborer le menu de même que d'acheter les aliments. Vous pouvez aider à la préparation étant donné que la cuisson ne fait pas partie de la leçon.

1. Établissez un budget

Déterminez combien d'argent vous dépensez habituellement, chaque semaine, pour la nourriture de la famille. Pour que ce soit plus simple, vous voudrez peut-être n'inclure que le petit-déjeuner et le dîner. Pour les besoins de cet exercice, nous allons utiliser 200 $ pour une famille de 4, pour 7 petits-déjeuners et 7 dîners.

2. Faites en sorte que vos enfants planifient les repas sur un tableau

Pour chaque repas, arrangez-vous pour que vos enfants inscrivent le menu sur le tableau. Vous voudrez peut-être vous rendre à l'épicerie pour les aider à comprendre le coût de certains articles.

3. Faites en sorte que vos enfants préparent une liste d'épicerie

Quand ils auront complété les menus de la semaine, demandez à vos enfants de préparer une liste d'épicerie pour qu'ils sachent quels aliments ils doivent acheter.

4. Arrangez-vous pour que ce soit vos enfants qui achètent la nourriture

Quand vous serez dans l'épicerie, observez vos enfants tandis qu'ils passent en revue les articles à acheter. Vous pourriez leur suggérer de se servir d'une calculatrice pour ne pas perdre de vue le montant total dépensé. Il est important qu'ils ne dépassent pas en argent le budget établi.

5. Demandez à vos enfants de noter sur le tableau ce qu'ils dépensent pour chaque repas

Vous voudrez peut-être que vos enfants inscrivent les montants sur le tableau tandis qu'ils font le marché. Mais il leur faut aussi remplir le tableau à la maison en se servant du reçu, car certaines taxes devront être incluses dans les coûts des repas.

6. Préparez les repas

Il se peut que vous deviez aider à la préparation des repas; cela dépend de l'âge de vos enfants.

7. Analysez les résultats

Premièrement, vérifiez pour vous assurer que la famille a été satisfaite des repas proposés. C'est là une partie très importante de l'exercice; une rétroaction se produit dans tout ce que vous faites dans la vie.

Deuxièmement, demandez à vos enfants de comparer les coûts qu'ils ont budgétés aux sommes réelles dépensées pour chaque repas. Déterminez pour chaque repas le montant dépensé en dépassement de budget ou en sous-utilisation de l'argent prévu au budget. Puis, déterminez le total de l'argent dépensé en dépassement de budget ou en sous-utilisation de l'argent prévu au budget pour toute la semaine.

8. Faites le bilan de l'opération

C'est la partie la plus importante de l'exercice. Donnez à vos enfants l'occasion de partager leurs expériences avec vous. Qu'ont-ils appris? Soyez à l'écoute de leurs observations. Il se peut que vous découvriez chez vos enfants une plus grande appréciation pour le rôle que vous jouez comme parents.

9. Mettez en pratique toute l'opération

Discutez maintenant avec vos enfants et faites-leur savoir que vous avez besoin d'établir un budget pour toutes les dépenses. Si vous préférez ne pas révéler certaines informations financières précises, créez un budget type. Discutez de votre nécessité de budgéter les revenus de la maison et comment ils seront dépensés pour payer tous les frais encourus. Si vos enfants ont terminé l'exercice «payez vos factures», ils auront une meilleure compréhension des détails qu'il leur faut planifier.

Tout comme ils ont eu à planifier les menus dans les limites d'un budget, vous devez apprendre à planifier votre vie selon votre budget.

REVENUS

Chèques de paie
Prix des loyers pour immeubles à usage locatif
Intérêts ou dividendes
Autres revenus

Moins

INVESTISSEMENTS

Budgéter un certain montant d'argent à investir. C'est la catégorie du «payez-vous vous-même d'abord».

Moins

DÉPENSES

Taxes
Versement hypothécaire ou location
Nourriture
Vêtements
Assurances
Gaz
Services publics
Divertissements
Intérêts sur des cartes de crédit ou sur d'autres dettes

Solde après tous les investissements et les dépenses

À présent, calculez le pourcentage de vos revenus que vous investissez (que vous conservez comme actif) et le pourcentage de vos revenus que vous dépensez. Y a-t-il moyen pour vous d'accroître le pourcentage des revenus que vous investissez (que vous conservez comme actif) et de réduire le pourcentage des revenus que vous dépensez?

Si vous pouvez accroître votre actif et par conséquent augmenter vos revenus grâce à cet actif, une plus grande partie de votre argent travaillera à votre service. Votre salaire vous représente en train de travailler pour l'argent.

10. Faites un suivi

Après environ une semaine, discutez de nouveau de l'exercice avec vos enfants. Qu'ont-ils retenu de cette expérience? Seraient-ils intéressés à refaire l'exercice? Comprennent-ils les répercussions à long terme qu'entraîne le fait d'investir, d'acheter des actifs, ou de se payer d'abord soi-même?

Une excursion financière de terrain à la banque

Exercice initial: Emmenez votre enfant à la banque. Montrez-lui les caissiers et les gens du service à la clientèle assis à des bureaux. Si la banque n'est pas trop affairée, demandez à une caissière et à un employé du service à la clientèle de vous expliquer ce qu'ils font. Faites demander à votre enfant quel est le taux d'intérêt que la banque paie sur l'argent qu'on y dépose? Incluez les comptes d'épargne, les certificats de dépôt, et autres outils bancaires qu'offre une banque. Demandez à votre enfant de prendre des notes.

Puis, faites en sorte que votre enfant demande quel est le taux d'intérêt que la banque exige pour un prêt auto, un prêt maison, ou pour un prêt à la consommation. Si la banque émet sa propre carte de crédit, demandez à votre enfant de s'informer du taux d'intérêt sur le solde impayé de la carte.

Quittez ensuite la banque et allez dans un endroit calme pour remplir la liste suivante:

La banque vous paie des intérêts au taux de:	Vous payez des intérêts à la banque au taux de:
Compte d'épargne _____ %	Prêt auto _____ %
Compte de dépôt du marché monétaire _____ %	Prêt personnel _____ %
	Cartes de crédit _____ %
Certificat de placement _____ %	Hypothèque _____ %

Demandez à votre enfant d'examiner la liste, puis posez-lui les questions suivantes:

1. Quelle colonne affichent les taux les plus élevés?

2. Complète la phrase suivante:

«La banque me paie donc un intérêt de _____ *(taux d'intérêt du compte d'épargne)* dans mon compte d'épargne, mais quand je voudrai emprunter de l'argent pour une automobile il me faudra payer à la banque _____ *(taux d'intérêt du prêt auto)* pour de l'argent que j'emprunterai. Je vais payer *(taux d'intérêt du prêt auto moins le taux d'intérêt du compte d'épargne)* davantage que ce que je reçois.»

3. Revoyez maintenant le chapitre 10 avec votre enfant: «Pourquoi les épargnants sont des perdants.» Expliquez-lui qu'il est toujours sage d'avoir de l'argent dans un compte d'épargne, et que c'est de cette façon que nous commençons vraiment à adopter de bonnes habitudes monétaires. À vrai dire, on recommande aux gens de conserver suffisamment d'argent dans leur compte pour couvrir de 3 à 12 mois de dépenses en cas d'urgence. Nous ne vous conseillons pas de vous précipiter à la banque et de retirer l'argent que vous avez dans des comptes d'épargne. Nous disons simplement que les comptes d'épargne ne sont pas de bons instruments de placement.

4. Pour récapituler, demandez à votre enfant: «Si tu étais dans la situation suivante, est-ce que tu gagnerais de l'argent ou tu en perdrais?»

Tu as 10 000 $ dans un compte d'épargne qui rapporte 4 % d'intérêts.

Combien d'intérêts gagnerais-tu par année?

(10 000 $ x 4 %)   = _____ (A)

et

Tu as un prêt personnel sur lequel tu ne paies des intérêts que pour la première année à un taux de 9 %.

Combien d'intérêts paieras-tu?

(10 000 $ x 9 %)   = _____ (B)

par conséquent

Après un an, est-ce que tu gagnes ou perds de l'argent?

(A) moins (B)   = _____ (C)

Après 10 ans, combien d'argent as-tu gagné ou perdu?

(C) x 10 ans   = _____ (D)

BARÈME DE CORRECTION :

A = 400 $; la banque vous aura accordé 400 $ d'intérêts sur vos épargnes.

B = 900 $; vous aurez payé à la banque 900 $ d'intérêts pour votre prêt.

C = perte de 500 $ (ou – 500 $), vous aurez perdu 500 $ après un an.

D = perte de 5 000 $; après 10 ans vous aurez perdu 5 000 $. Vous aurez encore vos 10 000 $ d'épargne et vous aurez encore votre prêt personnel de 10 000 $, mais vous aurez payé 5 000 $ de plus en intérêts que ce que vous aurez reçu au cours de ces 10 années.

EXERCICE AVANCÉ

Revoyez les faits qui précèdent, mais ajoutons à cette situation l'impact de l'impôt sur le revenu. Le gouvernement vous impose sur les revenus en intérêts mais il ne vous accorde pas une déduction pour les intérêts que vous payez.

Commencez avec le montant net que vous avez calculé précédemment en (C); n'oubliez pas, c'est peut-être un nombre négatif.

(C) = _____

Prenez le montant de vos revenus en intérêts en (A)

(A) = _____

Multipliez ce montant par un impôt sur le revenu de 50 % (le taux d'impôt variera selon le total de vos revenus).

(A) x 50 % = _____ (E)

Maintenant, soustrayez (E) de (C) pour déterminer le montant d'argent que vous avez gagné ou perdu après impôt.

(C) moins (E) = _____ (F)

Après 10 ans, combien d'argent avez-vous gagné ou perdu?

(F) x 10 ans = _____ (G)

BARÈME DE CORRECTION :

E = 200 $; vous allez payer 200 $ en impôt sur le revenu sur les intérêts que vous avez gagnés de la banque, en supposant un taux d'imposition de 50 %.

F = une perte de 700 $ (ou – 700 $); après les répercussions de l'impôt sur le revenu, vous allez perdre 700 $ par année, ou vous paierez 700 $ de plus en intérêts sur votre prêt personnel que vous ne recevrez d'argent pour vos épargnes, après impôt.

G = une perte de 7 000 $; après 10 ans vous aurez perdu 7 000 $. Vous aurez encore 10 000 $ d'épargne et vous aurez encore un prêt personnel de 10 000 $, mais vous aurez payé 7 000 $ de plus en intérêts et en impôts que ce que vous aurez reçu en intérêts pour vos économies pendant ces 10 ans.

POUR RÉSUMER

Un examen rapide de l'exemple qui précède démontre que ce n'est pas un plan d'investissement très éclairé. Malheureusement, bien des gens suivent ce plan à la lettre sans même en prendre conscience. Voici quelques idées pour améliorer ce plan d'investissement.

Facile: Servez-vous de vos 10 000 $ d'économies pour rembourser votre prêt personnel de 10 000 $. De cette façon vous ne perdrez pas un sou de plus. Vous ne gagnerez pas d'intérêts et vous n'en paierez pas non plus.

Moyen: Trouvez un actif à acheter avec le 10 000 $ de votre compte d'épargne qui générera suffisamment de cash-flow pour payer pour votre prêt personnel. Il vous faudra trouver un investissement qui génère un cash-flow de 900 $ par année. Une autre façon d'envisager la situation est que votre comptant (900 $) sur l'état de recettes (10 000 $) est de 9 % (900 $ ÷ 10 000 $). Il est essentiel que n'importe quel investisseur comprenne l'opération du comptant sur l'état de recettes. De cette façon, votre actif paie pour votre passif, le prêt personnel. (L'impact de l'impôt sur le revenu n'est pas inclus dans cet exemple car l'impôt applicable à cet actif que vous achetez peut varier).

Complexe: Achetez l'actif avec le comptant d'un état de recettes d'au moins 9 %. Déterminez ensuite comment vous pouvez convertir le prêt personnel de 10 000 $ en un prêt à l'entreprise. Cela rendrait les 900 $ payés en intérêts sur le prêt déductibles pour votre déclaration d'impôt. Cette idée est traitée plus en détail dans *Rich Dad's Guide to Investing*.

Je vous prierais de ne pas oublier que cet exercice a pour but de démontrer la différence entre l'épargne et l'emprunt, de même que la différence entre l'épargne et l'investissement. Des parties composantes additionnelles ont été ajoutées pour introduire des niveaux plus élevés de complexité. Commencez par expliquer le premier exemple à votre enfant et continuez cette démarche si votre enfant se montre vraiment intéressé et s'il fait preuve d'une réelle compréhension des concepts initiaux.

Excursion financière de terrain dans une épicerie

L'expérience est la meilleure façon d'apprendre pour vos enfants. Dès leur plus jeune âge, vous pouvez commencer à leur parler d'argent. Cet exercice peut être effectué avant l'exercice de l'élaboration du budget pour aider vos enfants dans leurs achats quand ils planifient les repas de leur famille pour une semaine.

Quand vous vous rendez à l'épicerie, vous prenez constamment des décisions liées à la qualité et au prix des articles. Au lieu de vous parler à vous-même intérieurement, parlez à vos enfants de votre façon de procéder. Je vois souvent des gens brandir un jouet ou un jeu électronique aux visages de leurs enfants pour qu'ils se tiennent tranquilles. Faites-les participer aux achats. Montrez-leur que les magasins fournissent des comparaisons en ce qui a trait au prix unitaire des articles, et laissez-les découvrir et vous dire quelle conserve d'haricots est la plus économique.

Il pourrait s'avérer tout aussi important que vous expliquiez pourquoi, même si une boîte de conserve est moins chère, vous choisissez d'en acheter une plus dispendieuse. La qualité des haricots pourrait justifier la différence de prix. Vous voudrez peut-être acheter les deux boîtes de conserve pour pouvoir en montrer la différence à vos enfants à la maison.

Laissez vos enfants payer à votre place, comptez l'argent et la monnaie qu'on leur remet. Il est très important que vos enfants apprennent le concept de la valeur et de l'échange.

Excursion financière de terrain chez un concessionnaire d'automobiles et chez un vendeur d'appareils électroménagers

Si vous devez acheter une automobile ou un gros appareil électroménager, emmenez votre enfant avec vous. Discutez avec lui de la décision à prendre: payer comptant ou financer l'achat. Si vous financez l'achat, assurez-vous de dire à votre enfant que vous devez maintenant inclure ce nouveau paiement dans votre budget mensuel.

En restant assis près de vous pendant la procédure de financement, votre enfant peut apprendre des choses à propos des emprunts et de la nécessité d'un bon crédit très tôt dans la vie. Demandez au préposé aux prêts d'expliquer à votre enfant ce que représente un bon crédit et à quel point c'est important. Généralement, le préposé aux prêts sera heureux de raconter certaines histoires au sujet de clients potentiels qui ne sont pas parvenus à se qualifier pour le crédit, de même que d'autres anecdotes à propos de clients qui ont eu d'excellentes cotes de crédit.

C'est grâce à cette façon de procéder que votre enfant commencera à comprendre pour quelle raison vos états financiers personnels et votre bon crédit représentent votre «bulletin scolaire» dans la vie de tous les jours.

Ce peut être une brève visite, mais le simple fait qu'il soit exposé à cette situation, cela élargira l'esprit de votre enfant et sa prise de conscience en ce qui a trait à l'argent et aux emprunts.

Excursion financière de terrain dans une maison de courtage

Après avoir visité la banque, emmenez votre enfant dans une maison de courtage. Demandez au courtier d'expliquer son travail à votre enfant. (Vous voudrez peut-être organiser d'avance cette visite pour être sûr de trouver un courtier disponible).

Si votre enfant est un adolescent, vous voudrez peut-être lui ouvrir un compte dans cette maison de courtage. Faites en sorte que votre enfant soit présent au moment de remplir la demande d'ouverture du compte. Avec l'aide du courtier et de vous-même, permettez à votre enfant de choisir les investissements qui pourvoiront son compte en capital.

Demandez au courtier d'expliquer à votre enfant les différents types d'investissement et leurs taux de rendement relatifs. La plupart des adultes ne comprennent pas les différences entre les actions et comment les fonds communs de placement fonctionnent. Votre enfant connaîtra un départ financier extraordinaire s'il comprend les notions fondamentales de ces outils d'investissement.

À moins que votre enfant ne comprenne chaque concept que le courtier lui présente, il serait peut-être prématuré de discuter de concepts tels que les taux de capitalisation des bénéfices et autres aspects de l'analyse technique et fondamentale. On peut trouver de plus amples détails sur ces sujets dans *Rich Dad's Guide to Investing*.

Certains parents ont ouvert des comptes pour leurs enfants avec des sociétés commerciales en ligne. À vous de choisir. Cependant, dans un premier temps, il serait bénéfique que votre enfant puisse rencontrer un courtier face à face. Votre enfant établira alors une relation, il sera plus à l'aise pour poser des questions à propos de ce qu'il ne comprend pas.

Enseignez à votre enfant comment lire les pages financières de votre journal local. Si vous ne savez pas vous-même comment interpréter ces pages, demandez à un courtier de vous l'enseigner à tous deux.

Commencez toujours modestement. Ne permettez pas à votre enfant d'avoir l'autorité d'investir d'importantes sommes d'argent. On suggère cette façon de faire pour éduquer votre enfant quant au monde de l'argent et au pouvoir de l'argent. S'il a accès à beaucoup trop d'argent, cela pourrait permettre au pouvoir de l'argent de prendre le contrôle de votre enfant et de créer un monstre. Il est préférable de commencer modestement et d'apprendre en faisant des choses. Il est beaucoup plus facile de se remettre d'une petite erreur que d'une grande quand il s'agit d'argent.

Excursion financière de terrain chez *McDonald's*

Ça ne devrait pas être trop difficile d'emmener votre enfant chez *McDonald's*. Cette fois-ci, cependant, prévoyez suffisamment de temps pour inclure l'exercice suivant:

Tandis que vous roulez vers le *McDonald's*, faites ressortir les points suivants à votre enfant:

- «Quelqu'un possède le terrain sur lequel le *McDonald's* est érigé, et il se fait payer un loyer pour que le *McDonald's* puisse être sur son terrain. Le propriétaire du terrain n'a même pas besoin d'être sur place. Il reçoit simplement le prix du loyer chaque mois.»
- «Il se peut que la même personne possède l'immeuble et se fasse également payer un loyer.»
- «Quelqu'un possède l'entreprise qui fabrique les arches dorées pour *McDonald's*. Peux-tu imaginer une usine remplie d'arches

dorées? C'est peut-être ainsi que *McDonald's* peut s'assurer que toutes les arches auront la même couleur et seront similaires les unes aux autres.»

Après avoir commandé et avoir mangé, faites ressortir les points suivants à votre enfant:

- «Vois-tu la caissière derrière le comptoir? Elle est une employée de *McDonald's*. Elle est payée tel montant de l'heure pour se présenter ici et pour faire son travail. Tant et aussi longtemps qu'elle se présentera aux heures convenues et qu'elle effectuera le travail pour lequel elle a été formée, elle sera payée. Quand elle obtient son chèque de salaire, elle n'est payée que pour le temps où elle est physiquement ici en train de travailler.»
- **Demandez ensuite:** «Quels autres employés vois-tu?»
- **Puis résumez sommairement:** «Donc, il faut pas mal d'employés pour faire fonctionner ce *McDonald's* afin qu'il puisse bien servir ses clients.»

Regardez un peu partout dans le restaurant et signalez ensuite certaines des observations suivantes:

- «Vois-tu les gobelets en carton qu'ils utilisent et le papier avec lequel ils enveloppent les hamburgers? Ils sont faits spécifiquement pour *McDonald's* par d'autres entreprises. Ces dernières doivent s'assurer que les gobelets et les emballages soient en tous points identiques à ce que *McDonald's* a commandé, sinon ces entreprises risquent de ne pas être payées. Quelqu'un, qui est également un employé, probablement dans un bureau central de *McDonald's* situé quelque part ailleurs, est responsable de commander ces articles et de s'assurer qu'ils seront livrés à chaque *McDonald's* avant que ces derniers n'épuisent leurs provisions actuelles.»
- **Demandez ensuite:** «Quels autres articles selon toi pourraient être fabriqués pour *McDonald's* par d'autres entreprises?
- **Puis résumez sommairement:** «Donc, il faut plusieurs entreprises différentes, ayant une expertise de fabrication dans différents secteurs, pour approvisionner *McDonald's* de produits afin de s'assurer qu'il opère de façon efficace.»
- «Vois-tu l'homme qui travaille sur la machine à sodas (ou qui répare les ampoules, ou qui lave les vitres)? Il est probablement travailleur autonome ou possède sa propre petite entreprise. Le

gérant de ce *McDonald's* l'engage pour faire une tâche précise, comme de réparer la machine ou de laver les fenêtres. Il serait trop dispendieux pour le gérant du restaurant d'embaucher à plein temps un employé ayant de telles compétences, étant donné qu'il n'a besoin de son aide que lorsque quelque chose brise ou que les fenêtres sont sales.»

- **Demandez ensuite:** «Pour accomplir quels autres travaux ou tâches le gérant devrait-il selon toi engager une entreprise de l'extérieur au lieu d'engager un employé?»

- **Puis résumez sommairement:** «Donc, il faut plusieurs types de services différents offerts par des entreprises de l'extérieur pour s'assurer que ce restaurant fonctionne efficacement. C'est une occasion pour de petites entreprise et pour des travailleurs indépendants qui ont une expertise dans des secteurs particuliers de travailler pour *McDonald's* et de l'aider à soutenir les activités de l'entreprise.»

- «As-tu déjà remarqué que tous les *McDonald's* sont semblables? La nourriture est toujours la même. Les employés sont différents mais ils disent habituellement les mêmes choses. Le ketchup est toujours le même. Il en est ainsi parce que *McDonald's* a développé ce qu'on appelle des "systèmes". Chaque restaurant a des politiques et des procédures auxquelles il doit se conformer s'il veut continuer d'être un *McDonald's*. Ces politiques et ces procédures décrivent les systèmes qui doivent être suivis. *McDonald's* a des systèmes qui couvrent tous les aspects de ses activités. Il y a un système qui indique comment remplir ou nettoyer la machine à fouetter le lait ou la friteuse.»

- **Demandez ensuite:** «Quels autres systèmes peux-tu identifier?»

- **Puis résumez sommairement:** «Les systèmes en place dans ce *McDonald's* et dans tous les autres *McDonald's* à travers le monde sont ce qui en font une franchise aussi couronnée de succès. Ne serait-il pas formidable de posséder ces systèmes ou d'aider à créer des systèmes pour ta propre entreprise qui pourrait obtenir autant de succès?»

- As-tu remarqué que je n'ai jamais demandé si le propriétaire de ce *McDonald's* était présent en ce moment? Le propriétaire a engagé un gérant. Le gérant est responsable au jour le jour des activités du restaurant. Le gérant engage et congédie les employés. Il s'assure qu'on a commandé suffisamment de provisions, que les clients soient satisfaits, et que tout se déroule sans problème. Le gérant ne contacte le propriétaire que pour lui faire part des progrès du restaurant sur une base régulière, peut-être en lui téléphonant une fois par semaine ou lors d'une réunion mensuelle (tenue au bureau ou à la maison du propriétaire). Le propriétaire tient à ces coups de fil ou à ces réunions car il veut savoir combien d'argent le *McDonald's* lui rapporte. Le *McDonald's* est un actif, propriété du propriétaire. Ce dernier possède les systèmes qui font fonctionner le restaurant. À vrai dire, le propriétaire pourrait très bien se trouver sur un terrain de golf en ce moment, en train de jouer au golf.»

- **Demandez ensuite:** «Selon toi, combien de temps le propriétaire passe-t-il dans ce *McDonald's* ?

- **Puis résumez sommairement:** «Donc, le propriétaire possède cet actif qui travaille pour lui au lieu que ce soit lui qui travaille pour l'argent? Étant donné que cet actif génère du cash-flow pour le propriétaire, ce dernier est libre de passer son temps à bâtir d'autres actifs, ou sur le terrain de golf.»

Excursion financière de terrain dans un immeuble d'appartements

Trouvez un immeuble d'appartements à proximité de l'endroit où vous vivez. De préférence un immeuble que votre enfant reconnaîtra ou voit peut-être souvent au cours de vos déplacements. Stationnez votre auto en face de l'immeuble d'appartements et faites les observations suivantes:

- «Ceci est un immeuble d'appartements. Les gens qui y vivent sont appelés des "locataires" et ils paient ce qu'on appelle un "loyer". Le prix du loyer leur permet de vivre dans un des appartements, mais ils ne possèdent pas l'appartement. C'est comme s'ils payaient pour emprunter l'appartement. Habituellement, leur loyer leur permet également d'utiliser la partie commune à tous, c'est-à-dire la piscine, la buanderie ou le jardin avant.»

- **Demandez ensuite:** «Selon toi, combien y a-t-il d'appartements dans ce grand ensemble domiciliaire?»

- **Puis résumez sommairement:** «Donc, tous ces locataires paient un loyer au propriétaire de l'immeuble d'appartement pour l'utilisation de ces appartements.»

- «Le propriétaire de l'immeuble d'appartements possède donc tous les appartements. Généralement, le propriétaire a également emprunté de l'argent, qu'on appelle une "hypothèque", pour acheter l'immeuble et il doit payer à la banque chaque mois un montant sur les intérêts et un montant sur l'argent emprunté.»

- **Demandez ensuite:** «S'il y a appartements et que chaque locataire paie 1 000 $ de loyer par mois, alors le propriétaire de l'immeuble d'appartements fait beaucoup d'argent grâce à ces appartements.»

- **Puis résumez sommairement:** «Donc, si le propriétaire perçoit chaque mois plus d'argent en loyers que le montant qu'il doit payer à la banque, il aura alors un cash-flow positif.»

- «Mais il y a d'autres frais, comme les travaux autour de l'immeuble, l'entretien de la piscine, ou la peinture de l'immeuble, que le propriétaire doit aussi défrayer pour garder les appartements en bon état pour les locataires.»

- **Demandez ensuite:** «Peux-tu imaginer d'autres dépenses que le propriétaire doit défrayer?»

- **Puis résumez sommairement:** «Donc, le propriétaire doit percevoir suffisamment d'argent en location chaque mois pour s'assurer que les revenus de location des appartements sont plus élevés que les dépenses pour pouvoir conserver l'immeuble et le garder en bonne condition.»

- «Dans la plupart des cas, le propriétaire de l'immeuble d'appartements ne vit pas dans un des appartements de l'immeuble. Il a donc besoin d'un système pour percevoir les loyers et d'un autre système pour avertir les locataires de tout changement dans l'immeuble.»

- **Demandez ensuite:** «Selon toi, de quels autres systèmes le propriétaire a-t-il besoin pour que les appartements soient une réussite?» (Par exemple, trouver un moyen pour que les locataires puissent avertir le propriétaire de problèmes concernant leur appartement, et trouver une façon de déposer de l'argent et régler ainsi les factures ayant rapport à l'appartement).

- **Puis résumez sommairement:** «Donc, cela est semblable à *McDonald's* car il faut des systèmes pour que tout fonctionne efficacement et avec succès. Cet immeuble d'appartements n'est en fait qu'un autre type d'entreprise.»

- «Vous ne verrez peut-être jamais le propriétaire de l'immeuble d'appartements dans les parages car il ne vit pas ici. Il se peut qu'il y ait un gérant d'immeubles qui s'occupe de toutes les locations, de l'entretien, et des problèmes des locataires. Parfois, le gérant d'immeubles vit sur les lieux, mais pas toujours.»

- **Demandez ensuite:** «Donc, si le propriétaire n'est jamais là et que le gérant de l'immeuble coordonne tout, est-ce que cela est semblable au propriétaire d'un *McDonald's*?»

- Résumez ensuite sommairement: «Je le répète, le propriétaire de l'immeuble d'appartements possède un actif. Il possède également le "système" que coordonne habituellement le gérant de l'immeuble, lequel s'assure que les appartements sont gérés efficacement et en douceur. Le gérant d'immeubles fait son rapport au propriétaire sur une base régulière pour que ce dernier sache combien d'argent l'actif met dans sa poche. Le propriétaire a son actif qui travaille pour lui plutôt que ce soit le propriétaire qui travaille pour l'argent.»

En résumé, votre enfant considérera l'immeuble d'appartements sous un jour totalement différent après cette visite. De plus, si vous avez choisi un immeuble d'appartements à proximité de votre maison, chaque fois que votre enfant passera devant, il se souviendra de ce type d'entreprise qui consiste à posséder un immeuble d'appartements.

Vous pouvez également lui expliquer que bien des gens possèdent, à titre d'investissements, des maisons unifamiliales louées et des immeubles de bureaux auxquels l'analyse présente peut aussi s'appliquer. On a utilisé l'exemple de l'immeuble d'appartements à cause de sa simplicité et parce qu'il est connu des enfants. Le concept important à apprendre est le pouvoir de l'argent. Vous voulez que votre argent travaille pour vous au lieu que ce soit vous qui travailliez pour l'argent.

À propos des auteurs

Robert T. Kiyosaki

*R*obert T. Kiyosaki est l'auteur de *Père riche, père pauvre*, un best-seller international qui illustre la façon dont les riches font l'éducation financière de leurs enfants par opposition aux pauvres et à la classe moyenne. Il est également le créateur d'un jeu intitulé *CASHFLOW* et de divers produits financiers innovateurs.

«La principale raison pour laquelle les gens sont aux prises avec des problèmes financiers est qu'ils ont passé plusieurs année à l'école mais n'ont rien appris en ce qui concerne l'argent. Il en résulte que les gens apprennent à travailler au service de l'argent... mais n'apprennent jamais à mettre l'argent à leur service», dit Robert.

Né et élevé à Hawaï, Robert est un Japonais-Américain de la quatrième génération. Il est issu d'une famille éminente d'enseignants. Son père était directeur de l'éducation pour l'État d'Hawaï. Après ses études secondaires, Robert a étudié à New York. Après avoir obtenu son diplôme, il est entré dans les fusiliers marins et est allé au Viêt-nam en tant qu'officier et pilote d'hélicoptère de combat.

À son retour, Robert a entrepris une carrière dans les affaires. En 1977, il a fondé une entreprise qui a mis sur le marché le premier portefeuille-ceinture en nylon et velcro et qui est devenue une multinationale valant plusieurs millions de dollars. Robert et ses produits ont fait l'objet d'articles dans *Runner's World*, *Gentleman's Quarterly*, *Success Magazine*, *Newsweek*, et même *Playboy*.

En 1985, il a cofondé une entreprise de formation internationale ayant ses activités dans 7 pays. Il a ainsi formé des centaines de milliers de personnes dans les domaines des affaires et de l'investissement.

Ayant pris sa retraite à l'âge de 47 ans, Robert s'adonne maintenant à ce qu'il préfère entre tout: l'investissement. Conscient du gouffre qui grandit sans cesse entre les nantis et les non nantis, il a créé le jeu *CASHFLOW*, qui enseigne le jeu de l'argent, qui était depuis toujours un secret bien gardé par les riches. Robert a obtenu un brevet américain pour ce jeu.

Bien que Robert évolue dans le monde de l'investissement et de la création d'entreprises, sa véritable passion est l'enseignement. Ses conférences sur l'éducation financière et sur les tendances économiques sont très recherchées. Le processus par lequel il a changé sa vie a inspiré des auditoires composés de 50 à 35 000 personnes à travers le monde. Le message que livre Robert Kiyosaki est clair: «Prenez la responsabilité de vos finances ou bien attendez-vous à recevoir des ordres pendant toute votre vie. Vous êtes un maître de l'argent ou bien vous en êtes l'esclave.»

Étant donné la période de grands changements économiques que nous traversons, le message de Robert n'a pas de prix.

Sharon L. Lechter

*S*haron L. Lechter a consacré sa vie professionnelle au domaine de l'éducation. Elle est comptable agréée, éditrice, épouse et mère de trois enfants.

Sharon a obtenu un diplôme de comptabilité avec très grande distinction à l'université d'État de Floride. Elle a été par la suite l'une des premières femmes à joindre les rangs de ce qui était à l'époque l'une des 8 plus grandes firmes comptables. De plus, elle a été chef des opérations financières d'entreprises en phase évolutive dans le domaine de l'informatique, administratrice fiscale auprès d'une compagnie d'assurance nationale et fondatrice et éditrice adjointe du premier magazine régional féminin du Wisconsin, et tout cela en conservant son titre professionnel de comptable agréée.

Elle s'est rapidement orientée vers l'enseignement alors qu'elle observait ses trois enfants grandir. Les intéresser à la lecture était une lutte sans fin. Ils préféraient regarder la télévision.

Elle s'est donc associée avec l'inventeur des premiers «livres parlants» et a contribué à l'essor de l'industrie du livre électronique dont le marché global se chiffre aujourd'hui à des centaines de millions de dollars. Elle demeure une pionnière en ce qui a trait au développement de nouvelles technologies qui feront entrer le livre et la lecture dans la vie des enfants.

«Notre système d'éducation actuel est dépassé par les changements technologiques qui façonnent maintenant notre monde. Nous devons enseigner à nos enfants les techniques, tant scolaires que financières, dont ils auront besoin non seulement pour survivre, mais pour prospérer dans ce monde.»

En tant que coauteure de *Père riche, père pauvre*, du *Quadrant du CASHFLOW* et *Nos enfants riches et brillants*, elle se penche sur une autre faiblesse du système d'éducation, soit l'omission totale d'enseignement des fondements de la finance. *Père riche, père pauvre* et *Le Quadrant du CASHFLOW (Père riche, père pauvre, la suite)* constituent des outils éducationnels pour quiconque veut améliorer sa situation financière et approfondir ses connaissances en la matière.

Dans la série *Père riche, père pauvre*
Sont aussi disponibles chez le même éditeur
des mêmes auteurs

Robert T. Kiyosaki et Sharon L. Lechter

Père riche, père pauvre

Devenir riche ne s'apprend pas à l'école

Version française de *Rich Dad, Poor Dad, What the rich teach their kids about money – that the poor and the middle class do not!*

Cet ouvrage vous propose une comparaison entre la mentalité d'un père riche peu instruit, et celle d'un père pauvre, très instruit, pour conclure que nous devons faire notre propre éducation en ce qui a trait à l'argent pour apprendre à mettre l'argent à notre service au lieu de travailler au service de l'argent.

ISBN 2-89225-447-7 240 pages

Robert T. Kiyosaki et Sharon L. Lechter

Père riche, père pauvre (la suite)

Le Quadrant du CASHFLOW pour atteindre votre liberté financière

Version française de *The Cashflow Quadrant, Rich Dad's Guide To Financial Freedom*

Cet ouvrage vous révèle pourquoi certaines personnes travaillent moins, gagnent plus d'argent, paient moins d'impôts, et se sentent plus à l'aise financièrement. Un ouvrage pour ceux qui sont prêts à abandonner la sécurité d'emploi et à s'aventurer dans le monde de la liberté financière.

ISBN 2-89225-474-4 280 pages